Felicia Englmann

Wi wisch ju ä blesänd flight

riva

Felicia Englmann

Wi wisch ju ä blesänd flight

  KURIOSES AUS

DEM FLUGVERKEHR

riva

Bibliografische Information der Deutschen Nationalbibliothek:
Die Deutsche Nationalbibliothek verzeichnet diese Publikation in der Deutschen Nationalbibliografie; detaillierte bibliografische Daten sind im Internet über http://d-nb.de abrufbar.

Für Fragen und Anregungen:
info@rivaverlag.de

1. Auflage 2015

© 2015 by riva Verlag, ein Imprint der Münchner Verlagsgruppe GmbH
Nymphenburger Straße 86
D-80636 München
Tel.: 089 651285-0
Fax: 089 652096

Illustrationen: Felicia Englmann
Redaktion: Carina Heer
Umschlaggestaltung: Kristin Hoffmann
Satz: Carsten Klein
Druck: CPI books GmbH, Leck
Printed in Germany

ISBN Print: 978-3-86883-321-8
ISBN E-Book (PDF): 978-3-86413-384-8
ISBN E-Book (EPUB, Mobi): 978-3-86413-385-5

Weitere Informationen zum Verlag finden Sie unter
www.rivaverlag.de
Beachten Sie auch unsere weiteren Verlage unter
www.muenchner-verlagsgruppe.de

Inhalt

Auf dunklen Schwingen:
Der Albtraum vom Fliegen

»Ich kann sprechen – kannst Du fliegen?« – diesen Satz des Wellensittichs Pukki werden Sie nie vergessen. Ihre Oma hat ein Jahr gebraucht, um Pukki diese Weisheit beizubringen, doch Oma und Pukki haben in Ihrer kindlichen Seele nachhaltigen Eindruck hinterlassen. Sie konnten als Kind nicht fliegen. Der kleine Federfurz schon. Sie konnten mit einem Plastikflugzeug in der Hand durch die Wohnung rennen, der Federfurz hat Sie dabei überholt. Sie konnten mit rudernden Armen die Kellertreppe hinunterspringen, aber der Aufschlag unten war heftiger als erwartet. Sie erinnern sich noch an das Schimpfen Ihrer Eltern: »Du bist doch jetzt schon groß genug, um zu wissen, dass Menschen nicht fliegen können.«

Je nachdem, wann Sie geboren sind und welche Urlaubs- und Freizeitphilosophie Ihre Eltern hatten, sind Sie aber als mehr oder weniger kleines Kind dann doch geflogen. In einem Flugzeug. Nach Malle an den Strand, auf Besuch zu Tante Barbara in Berlin oder zu Freunden Ihrer Eltern, die in Alaska ein Blockhütten-Hotel eröffnet haben. Haben Sie diesen ersten Flug in guter Erinnerung? Nein. Sie wissen noch genau, dass Sie damals zu den Eltern gesagt haben: Blöd, langweilig, wann sind wir da, langweilig, hier stinkt's, das schmeckt nicht, langweilig, wann sind wir endlich da, mir ist schlecht. Wenn Sie erst als Jugendlicher oder Erwachsener zum ersten Mal geflogen sind, haben Sie das nicht gesagt, aber gedacht.

Sie wollen aber trotzdem wieder Fliegen. Weil Sie nach Malle wollen, zur Hochzeit Ihrer Freundin Jeanette nach Edinburgh oder weil der Chef Sie zu der Konferenz nach Han-Jin schickt, wo auch immer das ist. Das ist ein durchaus häufig vorkommender Fall. Viele vor Ihnen sind schon geflogen, und Sie selbst sind ja auch kein Erstflieger. Sie wissen im Grunde schon, worauf Sie sich einlassen. Und den Sturz von der Kellertreppe und die Langeweile haben Sie bereits vergessen. Das ist verständlich. Bei jeder gelungenen Ankunft freut sich der Flugreisende so dermaßen, dass der dann einsetzende Hormonrausch für eine emotionale Kurzzeitamnesie sorgt. Die Glückshormone löschen die Erinnerung an die vorherigen Qualen aus. Kaum ist man aus dem Flughafen raus, scheint alles doch eigentlich ganz toll gewesen zu sein. Ein bisschen so wie bei Frauen, die die Geburtsschmerzen vergessen, wenn sie das Neugeborene im Arm halten.

Ganz alltägliche Fälle aus Deutschland verdeutlichen jedoch, was passieren kann, wenn Menschen allzu leichtfertig fliegen anstatt zu Hause zu bleiben, mit dem Rad zu fahren oder den Kollegen zu überzeugen, die anstehende Dienstreise zu übernehmen.

Da ist zum Beispiel der Justizbeamte Markus Drogsbeck aus Rinteln. Er wollte eigentlich nur seinen alten Kumpel Wolfgang in Stuttgart besuchen. Anstatt für ein Bahnticket entschied er sich für einen extrem günstigen und schnellen Charter-Flug von Hannover nach Stuttgart. Als er jedoch am Flughafen ankam, erfuhr er, dass der Direktflug gestrichen war und man ihm statt dessen einen Business-Class-Flug mit

Emirates von Hannover nach München und von dort aus ein ICE-Ticket anbieten könne. Erst an Bord merkte Markus, dass der Flug einen Stopover in Dubai hatte. Weil er die Zeit nutzte, um sich an Bord und in der Lounge zu betrinken, wurde er etwas renitent, als er erfuhr, dass die Maschine von Dubai nach München zwei Stunden Verspätung haben sollte, und beschimpfte das dortige Bodenpersonal. Daraufhin wurde er verhaftet, und weil er als Zeichen des Protests seinen Reisepass verspeist hatte, verbrachte er drei Monate in einem arabischen Gefängnis, bis ihn die deutsche Botschaft freikaufte. Weil er nun vorbestraft war, verlor er seinen Job als Justizbeamter, was ihm aber nichts ausmacht, da sein Gehalt ohnehin für die nächsten 20 Jahre gepfändet worden wäre, um der Botschaft die Kosten zu erstatten. Markus Drogsbeck lebt jetzt wieder bei seiner Mutter in Kleinenbremen.

Der Münchner Biologe Prof. Dr. Jens-Uwe Klausner etwa wollte zu einer Tagung nach Dubrovnik reisen. Sämtliche Angebote für Flüge überstiegen sein von der Universität vorgegebenes Budget bei weitem. Er beschloss, die Bahn zu nehmen. Da dies aber zwei extra Reisetage in Anspruch nehmen würde und Prof. Klausners Ehefrau ihrerseits zu einer Tagung nach Toronto musste, von der sie erst zurückkehren würde, wenn ihr Mann schon im Zug sitzen musste, beschloss Prof. Klausner, für die Zeit seiner Abwesenheit den 10-jährigen Sohn bei seinen Eltern unterzubringen. Diese leben zwar in Hannover, freuen sich aber immer ein Loch in den Bauch, wenn der Enkel zu Besuch ist. Prof. Klausner plante also, drei Tage vor Beginn der Tagung mit dem Auto nach Hannover zu fahren, von dort den Zug nach Dubrovnik zu nehmen und dann nach der Tagung die zweitägige Rückreise anzutreten. Frau Klausner kam dann auf die Idee, nachzuschlagen, was Flüge von Hannover nach Dubrovnik kosten würden. Und siehe da: Sie waren um mehr als die Hälfte günstiger, und das Umsteigen in München in genau den Flug, den Herr Prof. Klausner ursprünglich für sich ausgewählt und dann als zu teuer verworfen hatte, brachte nur zwei Stunden Wartezeit mit sich. Die Klausners waren begeistert und buchten den Flug von Hannover. So würden Enkel, Eltern und Großeltern glücklich. Doch als die Klausners dann am Flughafen in Hannover ankamen, sahen Sie, dass der Flug nach München storniert worden war. Wegen der niedrigen Buchungsklasse ihrer Tickets konnten Klausners keinen Ersatzflug bekommen, der den nächsten oder übernächsten Flug von München nach Dubrovnik hätte erreichen können. Sie fuhren also wieder zu den Großeltern zurück, und hatten ihre Liebsten eben noch freundlich zum Abschied gewunken, reagierten sie nun etwas muffig auf die Verlängerung des Besuchs. Um Klausners endlich loszuhaben, gab ihnen Opa Klausner das Geld für einen Direktflug von Hannover nach Tirana und für den Fernbus Albanien-Kroatien gleich mit.

Doch auch die körperlichen und seelischen Auswirkungen des Fliegens auf den Menschen selbst können ebenso fatale Folgen haben wie eine verpatzte Buchung. Auch wenn es keinerlei Probleme oder Verspätungen gibt, ist die Psyche des Menschen auf einer Flugreise akut gefährdet und kann irreparable Schäden davontragen. In der Psychiatrie gibt es die Diagnose »Failed-Flight-Syndrome« für Menschen, die geistig verwirrt und manchmal auch in verwahrlostem Zustand auf Flughäfen aufgegriffen werden. Typische Symptome sind, dass die Patienten nicht wissen, wo sie sich befinden und wie sie dorthin gekommen sind und mit entsetztem Gesichtsausdruck einzelne Sätze wieder und wieder vor sich hin stammeln. Es sind Sätze wie: »Barfuß. Ganz Barfuß. In die Bordtoilette.«, »Ich kann fliegen, könnt ihr sprechen?« oder auch nur »Beinfreiheit. Beinfreiheit. Beinfreiheit«. Die Patienten sind nicht aggressiv, sondern stets ausgesprochen erfreut und dankbar, wenn sich jemand ihrer annimmt, sie umsorgt und sich lange, lange Zeit nimmt, ihre Probleme anzuhören, und sie nicht abwimmelt, sondern ernsthaft nickt und ihnen verständnisvoll über den Kopf streichelt. Das »Failed-Flight-Syndrome« ähnelt stark einer Psychose, doch die Therapie ist deutlich einfacher und die Heilungschancen stehen bestens. Ein paar Tage Zuwendung, eine warme Mahlzeit mit viel frischem Gemüse und ein großes Bett zum Ausschlafen, danach können die meisten Patienten die Kliniken wieder verlassen. In Einzelfällen führt die Erkrankung zu einer ausgeprägten Wellensittich-Phobie. Die Gründe dafür sind noch nicht erforscht, denn der Koffer, in dem sich der Bescheid zur Bewilligung entsprechender Fördermittel befand, wurde bei einem Flug verschlampt und bereits 2012 in der Lost-Luggage-Versteigerung in Bulawayo/Simbabwe verkauft.

Fliegen ist also stets hochriskant. Doch auch nach der Landung kann noch einiges schief gehen. Sabine Kraushaar, Hausfrau und Mutter aus Frankfurt am Main, wollte zu ihrer Schulfreundin nach Dublin fliegen. Wegen des günstigen Preises wählte sie eine Verbindung über London Heathrow. Weil der Flug aus Frankfurt tatsächlich mit nur 30 Minuten Verspätung in Heathrow landete, blieben Frau Kraushaar mehr als zwei Stunden Aufenthalt in London. Da alle wichtigen Kaufhaus- und Ladenketten Großbritanniens Filialen im Wartebereich betreiben, nutzte Frau Kraushaar die Zeit für eine ausgiebige Shoppingtour. Beladen mit Tüten von Harrods, WHSmith, Tie Rack, Boots, Barbour und Alexander McQueen sowie mehreren Flaschen Whisky erschien sie zeitlich sehr knapp am Gate. Wegen der Menge an Tüten weigerte sich die Airline, Frau Kraushaar einsteigen zu lassen. Eine solche Menge sei auf Regionalflughäfen nicht zulässig. Sie könne aber einen Ersatzflug über Moskau nach Dublin bekommen, da auf internationalen Flügen mehr Gepäck erlaubt sei. Sabine Kraushaar kaufte sich einen Koffer, lud ihn mit ihren frisch erstandenen Schätzen voll, checkte diesen ein und freute sich auf ihren Ausflug nach Moskau. Dort hatte sie fünf Stunden Aufenthalt, gönnte sich zunächst eine große Portion Bratwürste mit Kaviar, sah sich in den Filialen von GUM und Escada um und traf dann nette junge Männer, die sie im Restaurant zum Wodka einluden. Und dann zu noch einem. Weil sie deswegen den Flug nach Dublin verpasste, wurde sie auf eine Maschine über Stockholm umgebucht. Das letzte Mal gesehen wurde Sabine Kraushaar im Warte- und Transferbereich des Flughafens Astana in Kasachstan, wo sie einen improvisierten Stand mit Luxusartikeln aus aller Welt eröffnet hat.

Dies sind nur drei ganz alltägliche Geschichten, die deutlich zeigen, was der sprichwörtliche Albtraum vom Fliegen für ganz durchschnittliche Menschen bedeuten kann.

Sie haben sich dann also für eine Reise mit der Bahn, dem Auto oder dem Rad entschieden. Das ist klug. Völlig logisch. Und total natürlich. Verlassen Wellensittichküken etwa freiwillig ihr Nest, um zu fliegen? Nein. Sie müssen aus ihrer warmen, gemütlichen Bruthöhle klettern und losfliegen, weil sie drinnen von den Eltern nichts mehr zu essen bekommen und es im Nest zu müffeln beginnt. Sollen also die kleinen Federfurze ruhig sprechen lernen, Fliegen ist nichts für Menschen. So.

Sie sind sich eigentlich sicher, dass Sie mit der Bahn, dem Auto oder dem Rad verreisen wollen. Sie kennen Fälle wie die von Markus Drogsbeck oder Prof. Klausner von Leuten aus Ihrem Freundeskreis. Sie wissen also, dass Fliegen keine gute Idee ist. Aber dann war da neulich so eine wunderbare Dokumentation im Fernsehen ... Traumstrände mit bunten Fischlein und Bungalows auf Stegen mitten im Meer. Ihre Freunde haben Ihnen das Fotoalbum einer Kanada-Rundreise gezeigt. Der Chef sagt, Sie dürfen bei der nächsten Geschäftsreise nach Hamburg das Flugzeug nehmen anstatt der Bahn. Super, oder? Sie haben eine Zeitschrift gekauft, in der etwas stand über Wellness & Mountainbiken in Südafrika – könnte das nicht Ihnen und Ihrem Schatz gleichermaßen gut gefallen? Ihr Kollege schwärmt noch immer von der Tagung im chilenischen Punta Arenas, wo er so wunderbare Menschen kennengelernt und so großartige Steaks gegessen hat, dass er jederzeit sofort wieder hinfliegen würde, zumal er auf der Reise Zeit hatte, endlich alle Harry-Potter-Bände am Stück zu lesen.

Sie beginnen also, im Internet auf Reiseseiten zu stöbern. Halt! Vorsicht! Seien Sie auf der Hut! Die Reiselust wird Sie dazu verleiten, alles zu vergessen, was Sie gehört und vielleicht auch selbst erlebt haben, und einen Flug zu buchen. Sie werden alle Warnungen und Erfahrungen ignorieren und sich mit dem Reisefieber infizieren. Die wunderschönen Bilder vom Meer, von Burgen und Tempeln, von Wäldern und Tellern voller Essen, von lachenden Menschen – ihr Anblick überträgt das Reisefiebervirus. Das tückische an diesem Erreger ist, dass er sich immer seinem Wirt anpasst. Es besteht aus den Bestandteilen der Orte, an denen der Wirt schon einmal war, und jenen, die der Wirt gerne noch besuchen möchte. Es kann gleichermaßen an die Sehnsuchtszellen oder die Erinnerungsmatrix andocken und kommt manchmal auch mit ganz niedlichen Details daher, etwa so:

Erkennen Sie diesen Erreger wieder? Oder sieht Ihr Reisefiebervirus ganz anders aus? Mit einer Hello-Kitty-Haar-
spange aus Japan, einem Gürtel aus Tannenzapfen aus dem
Fichtelgebirge und Füßen wie die Trittbretter eines Cable
Cars in San Francisco? Zeichnen Sie es auf die nächste Seite:

Wenn Sie mögen, teilen Sie es auf der Facebook-Seite »Wi wisch ju ä blesänd flight«, um andere Leser vor dem hochansteckenden Virus zu warnen (www.facebook.com/wiwischju). Denn die Folgen sind verheerend – die Infizierten klicken willenlos »Ja, verbindlich buchen!«, wenn Sie eine Komponente ihres Reisefiebervirus auf einer Website entdecken. Es kann schon eine Palme sein, und schwupp, ist es geschehen. Es gibt nur eine einzige Möglichkeit, sich vor einem Ausbruch der Krankheit zu schützen: Sie dürfen ausschließlich auf den Seiten regionaler deutscher Tourismusanbieter, der Bahn und von Busunternehmen, die in die deutschen Nachbarländer fahren, surfen. Achten Sie darauf, keine »Rail & Fly«-Angebote anzuklicken und sehen Sie auch nicht nach, ob ein Flug nach Prag günstiger ist als eine Fahrt mit dem Expressbus, oder ein Flug nach Paris schneller als der Nachtzug mit Liegewagen. Oder ob es in einer Safari Lodge in Namibia vielleicht doch romantischer ist als in einem Hotel Garni im Sauerland. Denn das ist nicht so. Sehen Sie sich Dokumentationen über das Wattenmeer und den Bayerischen Wald an, kaufen Sie eine Jahreskarte für Ihr örtliches Freibad und investieren Sie in ein neues City-Bike.

Aber Vorsicht! Weil Sie auf Reiseseiten waren, sehen Sie nun, sobald Sie den Rechner hochfahren, Werbung und Sonderangebote für Reisen und Reiseseiten. Darauf sind niemals Flughäfen, Flugzeuge oder gar Flugzeuge von innen abgebildet, sondern immer Traumstrände, historische Altstädte und fröhliche, hübsche Reisende. Weil Sie mit dem Reisefiebervirus infiziert sind, sind Sie willen- und machtlos und werden darauf klicken. Und irgendwann landen Sie doch auf einer Seite, die Flugreisen anbietet. Dann packt Sie nicht nur das Reisefieber, sondern obendrein fangen Sie sich vielleicht sogar die noch fiesere Abart des Reisefiebervirus ein: das Fernwehvirus. Dieses funktioniert ähnlich wie ein Zombievirus, es überträgt sich quasi durch die Luft und schaltet das Gehirn aus. Man will nur noch eines: Weg! Weg! Weg! Möglichst weit! Mit dem Flugzeug! Jawohl!

Wahrscheinlich haben Sie ihn sich schon eingefangen – sonst hielten Sie doch nicht dieses Buch in den Händen …

Kranich und Co.:
Eine kleine Airlinekunde

Es zählt nur eine einzige Airline: nämlich, diejenige, die zum günstigsten Preis und zur besten Zeit von Ihrem Heimatflughafen zu Ihrem Ziel fliegt. Ob dies eine Linien-, Charter- oder Billig-Airline ist – interessiert das irgendjemanden? Oh ja, das tut es. Alle, die keine Flug-Pragmatiker sind, fuchsen sich in die Airlinekunde hinein. In der Luft geht es grundsätzlich zu wie auf der Straße: Es gibt verschiedene Wagenklassen, die üblicherweise auf verschiedenen Spuren unterwegs sind. Von den Lastwagen der Luft bekommen Fluggäste normalerweise nichts mit. Cargo-Maschinen steuern die Cargo-Terminals an und manchmal sogar eigene Cargo-Flughäfen. Cargo, Luftfracht, kann alles sein: die Ananas für den Supermarkt, die Panzer und Waffen für ein Krisengebiet ebenso wie die Hilfsgüter, die im selben Gebiet verteilt werden. Air-Cargo ist nicht lustig, Cargo ist einfach alles, was nicht per Schiff oder Lastwagen kommt. Nur im Film »Cast away – Verschollen« ist Cargo lustig, denn Tom Hanks reißt Luftfrachtpakete auf, findet dort alles Mögliche, (außer etwas wirklich Nützlichem) und bastelt sich dann aus einem per Luftpost verschickten Volleyball einen Freund. Wer nicht gerade Tom Hanks, ein Volleyball oder ein Logistiker ist, wird mit Cargo-Fliegern nie in Kontakt kommen. Das gilt auch für die Flieger auf der ganz linken Spur der Luftautobahn, den Rasern der Lüfte: Kampfjets und anderes militärisches Fluggerät. Wohl dem, der Zivilist ist und es nur aus der Ferne am Himmel vorbeizischen sieht.

Bleiben die mittleren Spuren, die sich alle Airlines teilen müssen. Wie Sie schon vermuten, sind sie sich sehr ähnlich, wollen es aber nicht sein, und arbeiten hart daran, sich zu unterscheiden: in Linienfluggesellschaften, Charterfluggesellschaften und Low-Cost-Carrier.

Linienflieger sind die Mittelklassewagen des Himmels – brav, zahlreich, international, irgendwie ähnlich und doch jede für sich irgendwie besonders, und wenn das Besondere nur der putzige Kimono-Schnitt der Stewardessenuniformen ist. Linienflieger haben einen Flugplan, der Monate vorher feststeht und dann auch abgeflogen wird, egal, ob die Maschine krachvoll ist oder nur drei Leute drinsitzen. Linienflieger haben mindestens zwei Klassen: Business und Economy. Die Business-Sitze sind immer vorne im Flieger, bieten genügend Platz für Beine und Bordgepäck, mehr Service, besseres Essen und mehr Freigepäck im Laderaum. Die Sitze der Economy-Class, nach den hölzernen Sitzbänken uralter Eisenbahnwaggons auch Holzklasse genannt, sind hinten im Flieger. Hier stapeln sich die Normalos aufeinander. Damit die schön neidisch werden, müssen sie beim Einsteigen immer erst durch die Business Class schlurfen, bis sie bei ihren Sitzen ankommen. Besonders große Flieger haben eine superluxuriöse First Class. Durch die darf das Normalvolk nicht mal durchschlurfen. Der neueste Gag ist die »Economy Plus«-, oder »Premium Economy«-Klasse: etwas mehr Platz und etwas mehr Chichi. Für mehr als etwas mehr Geld.

Manchmal sind Linien-Airlines staatlich. Besonders dann, wenn sie aus seltsamen Ländern kommen. Wenn ein Staat nur eine einzige Airline hat, ist dieser Staat meistens eine Diktatur, der es schlecht geht. Die DDR hatte nur die Inter-flug. Der Iran und Saudi-Arabien haben diverse staatliche und private Airlines. Nordkorea hat die Air Koryo. Deren Symboltier ist übrigens ein Kranich – aber das bedeutet nur, dass Nordkorea mit dem internationalen Trend geht. Der Kranich, ein Zugvogel, ist der internationale Symbolvogel der Zivilfliegerei und pappt auch auf Flugzeugen aus Litau-en, Japan, Polen, Singapur und China.

Am Symboltier lässt sich die Gattung einer Linienflug-gesellschaft nicht erkennen. Am Preis für die Tickets manch-mal, aber längst nicht immer, da können die Billigflieger behaupten, was sie wollen. An den Fluggästen und Zielen er-kennt man die Art der Airline schon eher. Denn im Gegen-satz zu Linienmaschinen fliegen Chartermaschinen fast aus-schließlich an Urlaubsorte, entsprechend tragen die Gäste FlipFlops, bunte Hemden, knielange Hosen oder geblüm-te Kleidchen, Fototaschen, eventuell auch Hüte in Bierfass-form. Die Flugzeuge werden zur Urlaubssaison zwischen Ostern und September von Reiseveranstaltern gemietet, um Touristen in die Ferien und wieder nach Hause zu brin-gen. Außerhalb der Ferienzeiten sind die Charterflüge deut-lich weniger, und es gehen auch während der Hauptsaison nur so viele, wie tatsächlich benötigt werden. Charterflüge sind die Fernbusse der Lüfte: voller Leute, die praktisch den-ken und einfach nur ans Ziel kommen wollen, die ein güns-tiges Angebot einem exotischen Ziel vorziehen. An Bord sind alle gleich – es gibt keine unterschiedlichen Sitzklas-sen. Die meisten Charterfluggäste haben eine Pauschalrei-se gebucht, sind rundum sorglos und in Urlaubslaune. Die kann ihnen eventuell schon am Gate verhagelt werden, denn Charterflieger sind diejenigen, die – wie Fernbusse von den

Mittelklassewagen – überholt werden. Die Charterfluggäste erkennt man dann daran, dass sie sich mit letzter Kraft am Tresen der Abflugbar am Gate festhalten, wo sie seit zehn Stunden auf ihren Flug warten und bereits nach fünf Stunden ihre Urlaubskasse für ein Clubsandwich und zwei Weizen auf den Kopf gehauen hatten. Mancher bietet dem Schankkellner in der elften Stunde seine neue Kamera im Tausch gegen ein letztes Bier.

Ob bei der Abfertigung am Gate, in der Flugzeugschlange beim Take-Off oder im Hinblick auf die Zeit, die zwischen Landung und dem Herbeirollen der Treppe zum Aussteigen vergeht: die Linienflieger haben die Nase vorn. Gesetzlich eingebaut ist ihre Vorfahrt nicht, aber wie bei einem schwereren Wagen oder S.U.V. auf der Autobahn haben die Busse das Nachsehen. Und die untermotorisierten Kleinwagen natürlich auch – das wären dann die Low-Cost-Carrier, auch Billigflieger genannt.

Charterfliegern und Billigfliegern ist gemeinsam, dass sie meistens in zweiter Reihe parken müssen. Die Plätze in der ersten Reihe am Terminal, wo die schicken Einsteigerüssel bis ans Flugzeug heranreichen, gehören den Linienfliegern. Charter- und Billigflieger bleiben irgendwo draußen auf dem Rollfeld stehen. Anstatt des Ein- und Aussteigerüssels bekommen die Passagiere eine schicke Flughafenrundfahrt im Bus und eine Nase Kerosin sowie bei Regen eine kleine Erfrischung gratis dazu. Das ist dann aber schon das einzige kostenlose Extra. Es gibt allerdings Gerüchte, dass eine Billig-Airline demnächst eine zusätzliche Gebühr von zwei Euro pro Fluggast für die Flughafenrundfahrt erheben will und 50 Cent Zuschlag, wenn es eine Regenerfrischung gibt – es sei denn, der Fluggast mietet sich vom Personal einen Schirm für zwei Euro. Der Unterschied zwischen Charterflie-

gern und Billigfliegern ist, dass Billigflieger die kostengüns-
tige Alternative zum Linienflieger sein wollen und nicht auf
gemütliche Pauschaltouristen, sondern auf pfennigfuch-
sende Individualreisende setzen. Das mögen Ibiza-Urlauber
sein, die sich die Partysause selbst im Internet zusammen-
stellen, geizige Geschäftsleute, pendelnde Fernbeziehungs-
paare oder Geheimagenten mit kleinem Budget. Während
Chartermaschinen ausschließlich Urlaubsziele mit einer
Bettenkapazität von mindestens 20000 ansteuern, setzen
Billigflieger auch auf Städteverbindungen. Wer soll sonst
auch die ganzen Scheidungskinder der Karrieremenschen
zwischen Berlin, Paris und London hin und her schippern
und die Junggesellenabschiede zu ihren Sauf-Wochenenden
nach Prag und Riga bringen?

Und so funktionieren Billig-Airlines: Sie tun nur so,
als wären sie billig, in Wahrheit kosten Flüge mit ihnen
mehr als mit der Linie, ja sogar manchmal mehr als ein
Business-Class-Ticket (besonders, wenn man ein Business-Class-Ticket für eine Billig-Airline bucht, was bizar-
rer Weise inzwischen möglich ist). Man erkennt sie daran,
dass sie am weitesten außerhalb parken, wie die Autofahrer, die sich das Geld für einen offiziellen Parkplatz bei einem Event oder Festival sparen wollen und lieber 20 Minuten einen Parkplatz suchen und dann eine halbe Stunde
durch den Matsch stampfen, als etwas fürs Parken auszugeben. Billig-Airlines erkennt man auch daran, dass sie bevor-
zugt Flughäfen anfliegen, die sonst niemand kennt oder die
nicht einmal in der Nähe des Ziels liegen. Das geben die Billig-Airlines aber natürlich nicht zu. Sonst würde ja niemand
mit ihnen fliegen wollen. So wird aus dem Flughafen Augs-
burg schnell einmal der Airport München West, aus der ol-
len Piste in Hahn im Hunsrück der Airport Frankfurt-Hahn

oder aus dem Flughafen Pisa der zentrale Flughafen der Toskana, obwohl er deutlich näher an Ligurien liegt als an Florenz, dem toskanischen Touristen-Hotspot. Im Internet sind auch schon extrem günstige Ticket-Angebote aufgetaucht, die den Flughafen Tokyo Nord mit guter Fähranbindung ans Stadtzentrum anpriesen – tatsächlich aber die russische Hafenstadt Wladiwostok anflogen, von wo es nur ein paar hundert Seemeilen nach Japan sind. Gäste von Billig-Airlines erkennen Sie daran, dass sie völlig desorientiert durchs Flughafengebäude stolpern und den Schalter zum Check-in nicht finden, da dieser sich in 200 Kilometern Entfernung am Rand eines seit den 1990er-Jahren aufgegebenen ehemaligen Bundeswehrflughafens befindet. Und daran, dass sie an Bushaltestellen und Regionalbahnhöfen in der Provinz auftauchen und fragen, wann der nächste Pendelzug in die Hauptstadt geht. Die Gemeinde Klein Berßen im Emsland hat deswegen bereits eine Erstaufnahmeeinrichtung für Mandarin sprechende Verirrte eröffnet. Denn irgendein asiatischer Low-Cost-Carrier scheint seine Fluggäste an einem Rollfeld in der Sprakeler Heide zu entlassen, das bisher nicht einmal die Einheimischen entdeckt haben – und die Tickets dafür auf das Ziel »Amsterdam Ost« ausgestellt. Die auch psychologisch geschulten Dolmetscher dort haben vor allem die Aufgabe, zu erklären, dass die Fernbusfahrt auf der eigens eingerichteten Linie vom Emsland nach Amsterdam etwa fünf Stunden dauert, der Anschlussflug nicht erreicht wird und von Klein Berßen aus auch nicht umbuchbar ist. Die meisten Gäste aber hatten aus Spargründen ohnehin Tickets geordert, die nicht umbuchbar sind. Ein Linienflug hätte nur etwa 30 Euro mehr gekostet.

Wer sind die Pappnasen, die sich einen solchen Flug andrehen lassen? Eben alle die, für die es nur eine Airline gibt: diejenige, die am schnellsten zum günstigsten Preis dem Ziel am nächsten (ach ja!) kommt.

Mit Airlines ist es aber nicht nur wie mit Autos auf der Straße, sondern auch mit Autos im Laden: Die Marke zählt. Nicht für jeden, aber doch für einige, die dann das Image der Marke prägen. Dem Normalflieger ist's gleich, denn der nimmt immer die Airline, die ihn am günstigsten und zu den besten Zeiten an sein Ziel bringt. Aber es gibt immer diese besonderen Typen, die man in jedem Flughafen trifft, und die sich ganz genau ihrer Airline zuordnen lassen.

Da ist etwa der Business-Fuzzi – immer einen Anzug an, immer das neueste iPhone an der Backe, immer einen Trolley im Schlepptau. Denen ist es wichtig, Linie zu fliegen, denn Linie bedeutet für sie Business. Sie sind Geschäftsleute und Vielflieger oder Geschäftsleute, die gelegentlich fliegen, aber gerne Vielflieger wären. Guido Fottner, ein mittelständischer Unternehmer aus der Nähe von Stuttgart, meidet konsequent Flüge mit Billig-Airlines, denn er findet, er und seine Arbeit sind es sich wert, standesgemäß unterwegs zu sein. Er fährt lieber mit dem ICE von Stuttgart nach Frankfurt und steigt dort in ein passendes Flugzeug nach Mailand ein, als bei der Wahl der Airline faule Kompromisse einzugehen. Guido ist außerdem Gewohnheitsmensch und fühlt sich immer dort am wohlsten, wo er alles schon kennt. Er liebt es, wenn das Gate immer die gleiche, vertraute Farbe hat, die Flugzeuge immer das gleiche Emblem tragen, die Flugbegleiterinnen die gleichen Uniformen und es auch immer den gleichen Snack gibt. Er mag es, Zeitungen zu bekommen und Gratisgetränke, die gibt's nämlich in den Billigfliegern nicht, und er mag auch das kleine Logo auf der Serviette und dem Besteck. Manchmal nimmt er Teile des Bestecks mit nach Hause, damit er sich auch dort fühlen kann wie im Flugzeug. Fliegen, das bedeutet für ihn, dass er jemand ist – einer, der auf Messen fährt, der große Internationale Deals einfädelt und der, okay, auch mal auf Montage muss, denn der Betrieb von Guido Fottners Familie stellt hochtechnische Geräte her, wie er gerne herumerzählt. Guido fliegt vor allem Linie, um sich selbst seiner Wichtigkeit zu versichern. Er hat die Blu-ray von »Up in the Air« mit George Clooney als Vielflieger schon mindestens 257 Mal angesehen und träumt davon, bei einer Milliarde Bonusmeilen ebenfalls eine Kundenkarte aus glänzendem Edelmetall mit persönlicher Gravur zu bekommen. In Wirklichkeit ist Guido allerdings ein ganz kleines Würstchen, das von den Eltern, denen der Betrieb gehört, herumkommandiert wird, aber das muss ja niemand wissen, der Guido unterwegs trifft. Derzeit hat Guido den silbernen Vielflieger-Status, eine Stufe über dem Einsteiger-Status, aber das wird sich ändern, das weiß er. Schneller ginge es natürlich, wenn er Business-Class flöge, aber die gönnen ihm die Eltern nicht.

Business-Class ist etwas für echte Linien-Vielflieger wie den Galeristen Cyril Steyner aus Hamburg. Er heißt eigentlich Markus Bauer, aber schon zu Beginn seines Studiums legte er sich einen weltmännischeren Namen zu. Cyril ist Vielflieger von Berufs wegen. Er reist zu Kunstmessen, Ausstellungen, Künstlern und Kunden. Im Gegensatz zu Guido Fottner hat er nicht eine, sondern verschiedene Vielflieger-karten, die meisten im höchsten Status. Ihm ist egal, welche Airline er nimmt, er will einfach nur möglichst schnell ans Ziel. Bonusmeilen hat er sowieso immer genügend. Seine Assistentin entscheidet, was gebucht wird, und nimmt den günstigsten Flug, es sei denn, es gibt einen, der ein wenig mehr kostet und ein 200-faches Meilenplus bringt. Mit den Meilen bucht sie dann gerne das Hotel. Manchmal bestellt sie sich auch von den Meilen des Chefs etwas Schönes aus dem Meilensammlerkatalog. Cyril Steyner ist egal, mit wem er fliegt, Hauptsache Business- oder First Class. Dass es Low-Cost-Carrier gibt, weiß er aus der Zeitung. Da er keinen Urlaub an Touristenzielen macht und auch keine Freundin hat, die da mal hin wollen würde, ist er noch nie Charter geflogen. Cyril Steyner ist ein Überflieger. Oder ein Schnösel, je nachdem. Jedenfalls ist er genau der Typ, den die Familie Bickelbacher aus Bad Vilbel nicht leiden kann – schon allein deshalb, weil er Vielflieger ist und dabei nicht auf seinen CO_2-Fußabdruck achtet. Axel und Sarah Bickelbacher sind achtsam. Daher fliegen sie nur ein Mal pro Jahr in den Urlaub. Weil sie dort möglichst viel schöne gemeinsame Zeit verbringen möchten, besonders mit ihrem Sohn Leon-Luca, buchen sie immer eine günstige Reise im Internet und wählen Billigflieger, um Leon-Luca vor Ort mehr bieten zu können. Auslandsreisen sind wichtig, um schon bei Kindern Toleranz im Herzen zu verankern, finden die Bickelbachers. Sie sind daher im vergangenen Jahr ganz bewusst in die Dominikanische Republik geflogen, damit Leon-Luca sehen kann, dass andere Kinder nicht so viel zu essen haben wie er. Auch Luxusurlaub wie etwa den in 5-Sterne-Hotels vermeiden Bickelbachers ganz bewusst, da Luxus den Charakter verdirbt. Wer Axel Bickelbacher einen Geizkragen nennt, der bekommt einen Vortrag über bewussten Konsum zu hören und dass dieser ja auch mit wenig Geld möglich sei, seit es etwa in Discountern auch Bio-Produkte gebe. Sarah Bickelbacher fügt dann noch hinzu, dass sie bei der Buchung ihrer Reisen darauf achte, die zwei Euro extra zum Ausgleich des ökologischen

Fußabdrucks mit zu bezahlen. Bickelbachers also fliegen mit dem Low-Cost-Carrier.

Und kennen Sie die Muggenthalers? Die beiden älteren Herrschaften aus Berlin sind typische Charter-Flieger. Ihnen ist es wurstegal, mit wem sie fliegen, denn sie interessiert die Studienreise mit anschließendem Badeurlaub an ihrem Traumziel. In Indien waren sie schon, in Mexiko und in Äthiopien; Sizilien und den Peloponnes heben sie sich für die Zeit auf, wenn sie etwas gebrechlicher sind. Heiner Muggenthaler möchte jetzt gerne einmal nach Andalusien, seine Frau Evi zieht es eher nach Moskau und St. Petersburg. Ihre Reisen wählen die Muggenthalers sorgfältig aus Katalogen aus, in denen auch irgendwo steht, mit welcher Airline sie fliegen, aber das interessiert die beiden herzlich wenig. Den Unterschied kennen sie ohnehin nicht. Bei der Reise an die türkische Riviera waren sie allerdings überrascht, dass der Flug zwei Stunden Verspätung hatte und ihre Mitreisenden die Zeit nutzten, um an der Bar im Terminal vorzuglühen. Muggenthalers gehen in der Zeit lieber im Terminal spazieren und suchen auf der Abflugtafel neue Fernwehziele.

Für die Muggenthalers gilt dasselbe wie für Sie: Es gibt nur eine einzige Airline. Was jedoch kaum jemand weiß: Das stimmt sogar. Alle Airlines der Welt gehören nämlich in Wirklichkeit dem britischen Unternehmer Richard Branson, wie die Verbraucherzentrale Bielefeld herausgefunden hat. Marken- und Discounterkekse in verschiedenen Geschmacksrichtungen kommen schließlich auch aus derselben Fabrik. Und Autos verschiedener Hersteller sind manchmal baugleich. Unterschiedliche Preise und unterschiedliche Etiketten dienen nur dazu, das Produkt verschiedenen Zielgruppen schmackhaft zu machen und

Vielfalt und Auswahl zu suggerieren, wo es in Wirklichkeit doch überall denselben Verdruss gibt. Die Strategie hat funktioniert. Branson baut laut Informationen der Verbraucherschützer von dem erwirtschafteten Umsatz Weltraumbahnhöfe in Lappland, Texas und Kasachstan und hat sich zum Privatvergnügen außerdem bereits die helle Seite des Mondes, die Insel Pitcairn und die Gemeinde Bad Kleinkirchheim gekauft. Leider halten fast alle Menschen diese Meldung für einen Aprilscherz und gehen daher auf die Suche nach dem besten und günstigsten Flug für ihre Reise – und nach der besten Airline.

TEST
Mit welcher Airline sollten Sie reisen?

Welche Skulptur würden Sie in Ihren Garten stellen?
A) Einen Kranich, weil Sie die Natur lieben.
B) Eine Harfe, weil Sie Musik lieben.
C) Eine blaue Kugel, weil sie zeigt, wie groß die Welt ist.

Wie oft fliegen Sie?
C) Einmal im Jahr, immer nach Malle.
A) Mindestens einmal im Monat.
B) Mehrmals im Jahr, immer nach Hamburg in die Firmenzentrale.

Lesen Sie gerne Zeitschriften?
B) Ja, aber nur das Tattoo-Magazin, das ich abonniert habe, weil man es an keinem Kiosk bekommt.
A) Selbstverständlich, besonders gerne Wirtschaftsmagazine.
C) Manchmal, wenn bunte Bilder drin sind.

Wie wichtig ist Ihnen gesunde Ernährung?
A) Nicht wichtig – im Berufsleben kann man darauf ohnehin nicht achten.
C) Nicht wichtig – ich esse, was ich kriege.
B) Sehr wichtig – ich esse lieber nichts als etwas Ungesundes.

Geben Sie Ihr Gepäck auf?
B) Nie – ich stopfe alles in mein 20 Kilo schweres Bordgepäck.
C) Immer – mit meiner Surfausrüstung darf ich leider nicht in die Kabine.
A) Gelegentlich – aber nur, wenn nichts Wichtiges drin ist.

Mögen Sie Menschen?
C) Ja – besonders, wenn sie feiern und lustig sind.
B) Ja – in der Schlange bei Lidl an der Kasse und beim Check-in trifft man immer sehr spannende Leute.

A) Nein – ich wünschte, alle Sitze hätten Trennwände wie in der der Business Class.

In Flughäfen bin ich immer als Erster ...
C) An der Abflugbar, Bierchen zischen.
A) In der Lounge, gratis vom Buffet futtern.
B) Im Duty-free-Shop, Schnäppchen jagen.

Auflösung:
Überwiegend A: *Der Autofahrer*
Die denken, Ihre Art des Reisens sei exklusiv und mondän. Sie wollen unmittelbar vor dem Einsteigen einen Kaffee im Pappbecher trinken, die Zeitung direkt auf den Schoß gelegt bekommen, rundum umsorgt werden, unterwegs entspannen und pünktlich und erholt ankommen. Fliegen Sie nicht. Mieten Sie sich eine Limousine mit Chauffeur. Ganz im Ernst.

Überwiegend B: *Der Normalflieger*
Fliegen ist für Sie so vertraut, dass es kein Erlebnis mehr ist, sondern Routine. Besonders, seit der seit langem stillgelegte ehemalige Militärflughafen in Ihrer an sich so ruhigen Kleinstadt wieder in Betrieb genommen und von einer Billig-Airline angeflogen wird. Die Strecke von daheim nach Frankfurt-Hahn sehen Sie seitdem öfter als Ihren Schatz, dem Sie aus dem Duty-free-Shop immer die Handcreme mitbringen. Sie ertragen Getümmel und Betrunkene ebenso stoisch wie Wartezeiten und Hungersnöte und können sich sehr gut allein beschäftigen. Sie legen keinen Wert auf saubere Sitze und auch nicht auf pünktliche Ankunft, denn das ist eh' alles während der Arbeitszeit, und der Chef kann schon sehen, was er davon hat, wenn er Sie ständig durch die Republik gondeln lässt. Weil der das weiß, bucht er für Sie die Billig-Airline, und weil Sie fatalistisch sind und es nicht anders kennen (und außerdem heimlich die geschäftlich erflogenen Meilen sammeln) buchen Sie den Billigflieger auch für das Wochenende mit Ihrem Schatz in London.

Oder Sie nehmen den Linienflieger, denn Sie wissen, dass der Unterschied mittlerweile gering ist.

Überwiegend C: *Der Fährschifftyp*

Sie buchen Ihre Urlaubsreise immer schon im Januar, damit nichts schief geht, und freuen sich wie ein Schnitzel über die günstigen Pauschalangebote, die es dann gibt. »All inclusive«, was will man mehr! Aber wissen Sie was: Sie sollten gar nicht fliegen. Nehmen Sie ein Schiff! Jeder Frachter hat Gästekabinen, die er günstig vermieten kann, und um die zu finden und zu buchen, brauchen Sie genau so lang wie für die Suche nach einem Pauschalschnäppchen. Da die meisten Matrosen aus Asien stammen, ist an Bord interkulturelle Unterhaltung und exotische Küche im Preis inbegriffen. Abends gibt es Party in der Seemannsbar. Am Ziel sparen Sie sich das Hotel, denn Sie bleiben einfach an Bord und fahren mit der nächsten Fracht zurück.

Wunder der Buchhaltung:
Woraus sich der Flugpreis zusammensetzt

Airlines sind wie Tankstellen: Sie winseln den Kunden gerne vor, dass der Großteil des Preises, den sie für ihr Produkt verlangen, Steuern und Abgaben sind, die sie leider nicht beeinflussen können. Tatsächlich ist aber die Flughafengebühr eine Scheingebühr – die Airlines setzen sie nur so hoch an, um behaupten zu können, es liege gar nicht an ihnen, dass die Tickets das kosten, was sie kosten. Die Airlines behaupten auch gerne, sie würden die Tickets ja eigentlich zum Freundschaftspreis verkaufen, nur der böse Staat, die gemeinen Mineralölkonzerne und die gierigen Flughäfen seien schuld an den steigenden Preisen. Sehen Sie hier den Unterschied zwischen der offiziellen und der tatsächlichen, jedoch inoffiziellen Kalkulation.

32

Offiziell:

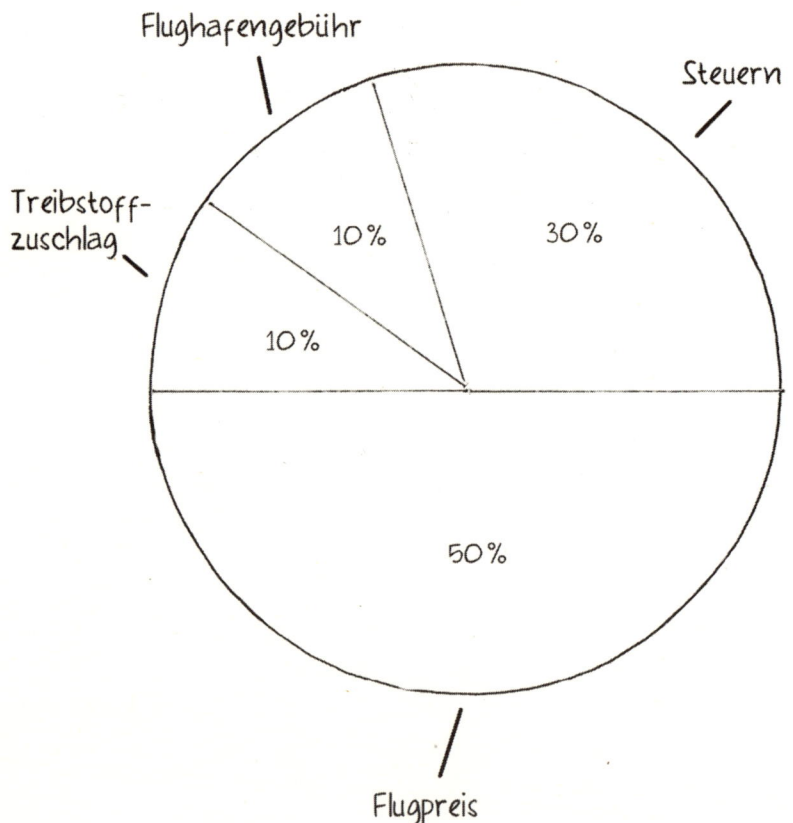

Inoffiziell:

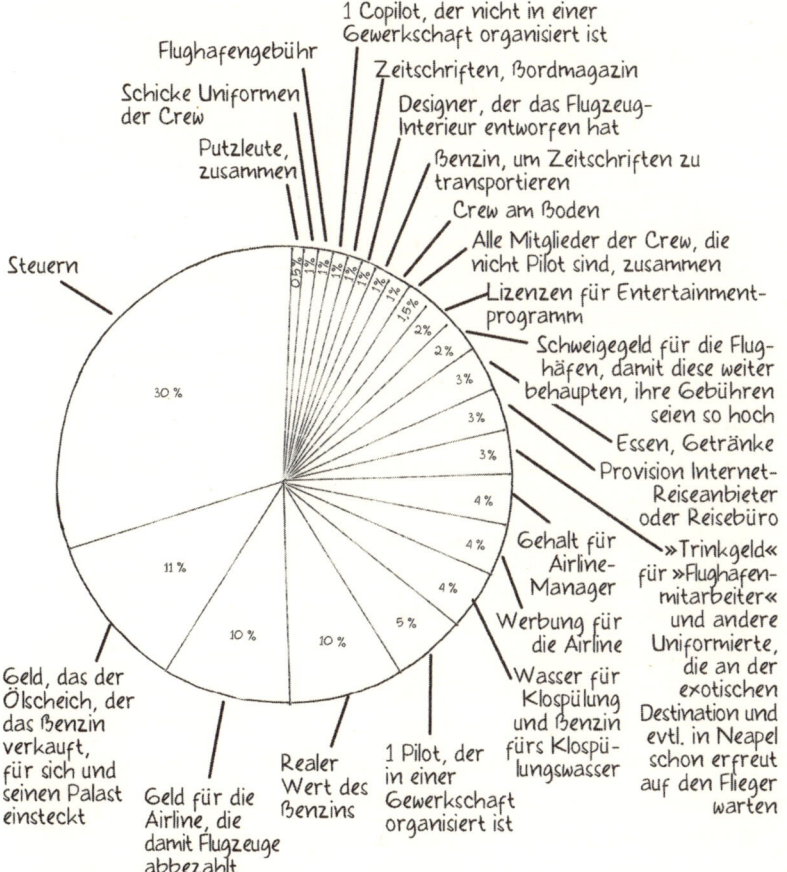

3,2,1 – ätsch!
Die Buchung

Früher war alles besser. Sie wollten verreisen, überlegten sich Ihr Reiseziel, reichten beim Arbeitgeber Ihren Urlaubsantrag ein, gingen in ein Reisebüro und verließen es eine Stunde später mit der gebuchten Reise. Eine Woche vor dem Abflug lagen dann die Reiseunterlagen inklusive der Tickets in Ihrem Briefkasten. Für die Generation Internet: Tickets waren längliche Heftchen im Querformat, links zusammengeklammert, mit rotem Durchschlagpapier zwischen den Seiten und umhüllt von glänzendem Papier mit dem Logo der Airline. Eine Verheißung in Papierform. Je dicker das Heftchen war, desto spannender war die Reise, denn für jede Flugstrecke gab es darin eine eigene Seite zum Heraustrennen. Darauf waren mit Nadeldruckern wundersame Buchstaben- und Zahlenreihen gedruckt, die nur unwesentlich verständlicher waren als die heutigen schwarz-weißen Krisselquadrate auf den elektronischen Bordkarten.

Solche Tickets gibt es heute nur noch in sehr spannenden Ländern, in denen die Reisebüros auch im 21. Jahrhundert noch so glamourös sind wie hier im Vor-Wende-Westdeutschland. In Teheran bekommen Sie bei der Buchung eines Inlandsfluges nach Isfahan mit der Airline Iran Aseman ein von Hand ausgefülltes Ticket, das außer den Mitarbeitern des Flughafens Teheran-Mehrabad niemand lesen

kann. Wenn Sie das Ticket mit druckfrischen Dollarschei-
nen anstatt mit der Landeswährung Toman bezahlen, bekommen Sie auf den Flugpreis von umgerechnet 20 Euro
nochmal Rabatt.

Heute kriegen Sie in Europa nicht nur kein schickes Ti-
cketheftchen und keine liebevoll handgeschriebenen Unterlagen mehr, Sie können sich auch abschminken, innerhalb
einer Stunde Ihren Flug zu buchen, geschweige denn Ihre
gesamte Reise. Es sei denn, Sie fahren seit Jahren mit dem
Pauschalanbieter Karawanken-Tours in dasselbe türkische
All-inclusive-Resort und sind sich zu 100 Prozent sicher, dass
dieses Resort von niemand anderem angeboten wird und der
Geschäftsführer von Karawanken-Tours eine Affäre mit der
Produktmanagerin der einzigen Charterfluglinie hat, die von
Ihrem Abflughafen in die Türkei fliegt, und daher garantiert
an die besten und günstigsten Kontingente kommt.

Ansonsten müssen Sie zusätzlich zu Ihrer Reise noch
mindestens zwei Tage Jahresurlaub für deren Buchung einplanen – nur für die Flugbuchung, wohlgemerkt. Denn natürlich gehen Sie nicht ins Reisebüro, sondern schauen im
Internet nach günstigen Flügen und Angeboten. Sie sehen
ja gelegentlich Fernsehwerbung und wissen, dass es da nicht
nur tolle Online-Reisebüros gibt, sondern noch tollere Online-Flugbörsen und vor allem Online-Reisebüros-und-Flugbörsen-Vergleichsportale sowie Vergleichsportale für sämtliche Online-Reisebüros-und-Flugbörsen-Vergleichsportale,
die Ihnen garantiert den günstigsten Preis ermitteln. Stellen Sie sich auf Ihrem Computer auch eine Playlist zusammen, die Sie ständig daran erinnert, dass Sie einen Flug buchen wollten – damit Sie nicht von einem Buchungs- zu
einem Bewertungsportal weitersurfen, dort auf ein Angebot für günstige Designermöbel klicken und schließlich

einen Satz neue Obstmesser bestellen anstatt sich um Ihre
Reise zu kümmern.

Songs für eine Playlist während der Suche nach Flügen:

- Helene Fischer: Copilot
- Frank Sinatra: Fly me to the Moon
- Reinhard Mey: Über den Wolken
- Journey: Wheel in the Sky
- Andreas Gabalier: Meine Stewardess
- Pink Floyd: Learning to Fly
- Hans Albers: Flieger, grüß mir die Sonne
- DJ Ötzi: Ich will mit dir fliegen
- Nelly Furtado: I'm like a Bird
- Wolf Biermann: Ballade vom preußischen Ikarus
- Seal: Fly like an Eagle
- Donikkl: Fliegerlied
- Herbert Grönemeyer: Flugzeuge im Bauch
- Red Hot Chili Peppers: Aeroplane
- Modern Talking: Jet Airliner
- Richard Wagner: Walkürenritt
- Marius Müller-Westernhagen: Berlin
- Gottlieb Wendehals: Hier fliegen gleich die Löcher aus dem Käse ...
- R. Kelly: I believe I can fly
- Mike Krüger: Guten Morgen, hier spricht Ihr Kapitän
- Die Toten Hosen: Ein guter Tag zum Fliegen
- Nicole: Flieg nicht zu hoch, mein kleiner Freund

Und jetzt also rein ins Internet. Natürlich wissen Sie, dass
bei den zunächst angezeigten Preisen meistens noch Gebühren dazu kommen, Sie haben sich ja mit dem Abschnitt
»Wie der Flugpreis zustande kommt« auseinandergesetzt
und ihn sich von Ihrem Steuerberater noch mehrmals erklä-

ren lassen. Sie sind ein kluger Verbraucher und haben noch nie ein »2 für 1«-Angebot im Drogeriemarkt auch nur angesehen, weil Sie wissen, dass das in Wirklichkeit gar kein Schnäppchen ist. Sie wissen, dass es nicht nur bei den Reiseportalen Angebote zu entdecken gibt, sondern auch bei den Airlines selbst, denn Sie bekommen schließlich von jeder Airline, mit der Sie jemals geflogen sind oder auch nur fliegen wollten, täglich eine mit »Newsletter« betitelte Reklame-Mail mit tollen neuen Angeboten, die nur eine Stunde lang oder an jedem geraden Freitag, den 13., in Schaltjahren gelten, deren Kontingent auf zwei Buchungen beschränkt ist oder die nur gelten, wenn Sie zusätzlich ein Round-the-World-Ticket nehmen. Aber das steht unten so klein in der Mail, dass es nicht einmal Ihr 22-Zoll-HD-Bildschirm anzeigen kann, geschweige denn Ihr Smartphone.

Betrachten wir exemplarisch den Food-Fotografen und Schnäppchenjäger Karl Speisebecher aus Berlin: Karls Idee war es gewesen, im Herbst 2012 eine Food-Messe in Chicago zu besuchen und dann noch ein paar Tage in Miami am Strand zu verbringen. Weil er wusste, dass nur Frühbucher die günstigen Tarife bekommen, trug er sich bereits im Sommer 2011 in die E-Mail-Verteiler sämtlicher Airlines ein, die Nordamerika von Schönefeld aus anfliegen oder zumindest mit nur einem Zwischenstopp dort hinfliegen. Er legte sich außerdem eine Standardabfrage zurecht, die er regelmäßig bei allen Online-Reisebüros, Online-Flugbörsen, Online-Reisebüros-und-Flugbörsen-Vergleichsportalen sowie Vergleichsportalen für sämtliche Online-Reisebüros-und-Flugbörsen-Vergleichsportale laufen ließ. Die Angebote waren tatsächlich verlockend. Karl begann, Reisepläne zu speichern und Angebote auszudrucken, um den Überblick zu behalten. Dabei stellte er fest, dass die Preise für seine möglichen Flüge stiegen und fielen wie Börsenkurse, und er begann, sie in einer Exceldatei zu dokumentieren. Manchmal schwankten sie innerhalb eines Tages um bis zu 50 Euro. Er beauftragte seine Food-Stylistin, die ein abgebrochenes BWL-Studium auf dem Buckel hatte, ihm passende Charts zu entwerfen und eine marktwirtschaftliche Analyse der Preiskurven zu erstellen, damit er nicht im falschen Moment zugriff. Da Karl selbstständiger Fotograf war, hatte er ja viel Zeit zum Schnäppchenjagen. Nicht auszudenken, wenn er fest angestellt gewesen wäre – der Chef hätte ihn bestimmt erwischt. Über Monate hinweg lässt es sich nicht verbergen, wenn man mehrere Stunden täglich mit der Preisrecherche zubringt. Als Jana ihn dann auch noch darauf aufmerksam machte, dass er die bei der Buchung eventuell anfallenden Gebühren durch die verschiedenen Portale, etwa die Zusatzgebühr für Kartenzahlung, zehn Euro Ausdruckgebühr für das Ticket, Reiserücktrittsversicherung, bei der man vergessen hat, den Haken wegzunehmen, und Zuschlag für Sitze, deren Tischchen sich auch wirklich herunterklappen lässt, engagierte Karl einen Programmierer für entsprechende Excel-Formeln, um stets nur den Endpreis in seine Charts eintragen zu können. Dadurch veränderte sich natürlich einiges, so dass Jana erneut mit der Arbeit beginnen musste. Karl begann, erste Aufträge abzulehnen, da er die Zeit dringend für die Flugpreischarts brauchte. Am 8. Mai 2012 war es schließlich soweit: Karl hatte den perfekten Flug beim perfekten Anbieter gefunden und sich schon durch die ersten 357 Fenster des Buchungsvorgangs gearbeitet, als sich die Seite der Online-Flugbörse (Fenster 358: Auswahl des Menüs an Bord) plötzlich aufhängte. Karl kannte das schon und erlitt nur eine milde Panikattacke. Er war ja inzwischen erfahren, denn auch bei detaillierter Preisrecherche musste er sich stets bis Fenster 362 durchklicken, um den tatsächlichen Endpreis angezeigt zu bekommen. Er kannte alle Tücken und alle versteckten Häkchen. Zudem hatte er von jedem seiner Schritte einen Screenshot gemacht, um alles wieder genau so eingeben zu können wie beim ersten Versuch. Nun aber ging rein gar nichts mehr – der Flug als solcher existierte beim nächsten Mal nicht mehr. Karl erlitt einen Nervenzusammenbruch und rief die Telefonseelsorge an, um sich in eine Klinik einweisen zu lassen. Der gutmütige Berater aber, der außer Karl an dem Tag noch keine Anrufer gehabt und daher viel Zeit mit Radiohören verbracht hatte, konnte den aufgelösten Fotografen beruhigen: Das Ganze lag daran, dass der neue Berliner Flughafen BER nun doch nicht wie geplant eröffnet würde.

Somit musste Karl seine gesamte Recherche von vorne beginnen, diesmal parallel für Tegel und Schönefeld, und weil dies lange dauern würde, verschob er seine Reisepläne um ein Jahr.

Den günstigsten Preis für einen Flug nach Chicago mit Weiterflug nach Miami und Rückflug nach Tegel für den Herbst 2012 gab es übrigens im türkischen Reisebüro im Vorderhaus des Gebäudes, in dem sich Karls Fotostudio befand. Da Karl aber schon lange nicht mehr als Fotograf arbeitete, bekam er das Plakat im Fenster des Reisebüros nie zu sehen. Karls ehemalige Assistentin berichtete dem Tierfotografen, mit dem sie inzwischen arbeitete, dass Karl die gesamten Wände seiner Wohnung mit Tabellen und Charts beklebt hatte und in den letzten Wochen ihrer Zusammenarbeit nur noch die Worte »Brandschutz«, »Aufsichtsrat«, »Gepäckbandgebühr«, »Fensterplatzzuschlag« und »absurd« vor sich hin gebrabbelt hatte.

Machen Sie es nicht wie Karl Speisebecher. Auch, wenn der Europäische Gerichtshof im Januar 2015 ein Grundsatzurteil gesprochen hat, nach dem künftig auf Buchungsseiten von Anfang an der Endpreis eines Fluges inklusive Steuern und Gebühren angezeigt werden muss, bleibt die Auswahl schwierig. Vergleichen Sie nicht so lange, bis wirklich alle guten Flüge weg sind. Wenn Sie fliegen wollen, tun Sie es – nicht um jeden Preis, sondern mit Sinn und Verstand. Ein ebenfalls freiberuflich tätiger Finanzberater aus Bottrop hat ausgerechnet, dass das Verhältnis der Suchzeit zur tatsächlichen Ersparnis, wenn die Suchzeit eine Stunde übersteigt, unrentabler ist als ein Sonnenstudio in Dubai. Seitdem verbringt er wieder mehr Zeit mit seinen Kindern, hat mehr Sex mit seiner Frau und hat gelernt, Querflöte zu spielen.

Das Reisebüro bei Ihnen um die Ecke hätte Ihnen den günstigsten Flug in genau der Zeit herausgesucht, die Sie gebraucht haben, dieses Kapitels bis hierher zu lesen. Vermutlich haben Sie den kleinen Laden noch nie betreten, da Sie ja schließlich alle Online-Reisebüros, Online-Flugbörsen, Online-Reisebüros-und-Flugbörsen-Vergleichsportale und vor allem Vergleichsportale für sämtliche Online-Reisebüros-und-Flugbörsen-Vergleichsportale kennen und dort so oft surfen und stöbern, dass auch auf allen anderen Seiten, die Sie im Internet ansurfen, Werbung nicht nur für die Online-Reisebörsen aufpoppt, sondern auch genau die Flüge und Hotels, nach denen Sie zunächst gestöbert haben. Bietet das Reisebüro um die Ecke etwa einen solchen Service?

Bullshit-Bingo:
Flugreiseversprechen

Spielregeln:

Achten Sie, während Sie vor dem Rechner sitzen und vergleichen, auf die Worte, mit denen die Buchungs-Seiten Ihnen die Reise schmackhaft machen wollen. Vergleichen Sie diese mit der Tabelle und kreuzen Sie jedes Wort in der Tabelle an, das Ihnen begegnet. Sobald Sie eine Spalte oder eine Reihe voller ausgekreuzter Kästchen haben, rufen Sie »Bingo« - und verlassen die Seite. Buchen Sie nur dort, wo am wenigsten Bullshit steht.

Nur noch 2 Plätze frei	Günstig	Experten	Pauschal	Service
Sorglos	Angebot	Jetzt buchen!	Rabatte	Bonus
Sicher	Sonne	Garantiert	Meilen	Nur heute
Package	Sparen Sie	Top	Zufrieden	Sichern Sie sich
Beliebt	Aktion	Kostenlose App	Deal	Entspannt

Da Sie aber noch nie im Reisebüro um die Ecke waren, wissen Sie es nicht besser und machen sich als mündiger Konsument und Pfennigfuchser an die Online-Buchung. Wenn Ihr Schatz nach er folgter dreimonatiger Recherche, Überlegung und Diskussion immer noch mit Ihnen zusammen ist und sogar mit Ihnen verreisen will, wird er am Buchungstag in nur 20 Minuten einen vermeintlich noch günstigeren Flug mit einer noch besseren Airline auftun, bei der aber nur noch zwei Plätze frei sind, daher buchen Sie sofort.

In Fenster 260, kurz vor Flugbuchung, entdecken Sie noch ein total günstiges Hotel und nehmen es gleich mit dazu, weil es dort nur heute 10 Prozent Rabatt für Kunden Ihrer Airline gibt und für den Rabatt nur noch drei Zimmer frei sind, von denen zwei, so meldet das System, gerade von anderen Kunden angesehen werden. In Fenster 264 kreuzen Sie dann nach der auf dem Schirm angezeigten Buchungsbestätigung noch übermütig an, dass Sie ein asiatisch-vegetarisches Menü haben wollen – Sie wollen schließlich den vollen Service auskosten –, und in Fenster 273 geben Sie dann im Freudenrausch des erledigten Kaufes aus Versehen die Vielfliegernummer der Konkurrenz-Airline ein. Wann und wie sich dies beides rächen wird, werden Sie schon noch rechtzeitig erfahren.

Wenn Sie dann etwa eine Stunde später die eTickets aus dem Spamfilter fischen, fallen Sie sich jubelnd in die Arme und lassen die Korken knallen. Während Sie sich auf Ihre Reise freuen und die zweimonatige Recherche für den Mietwagen beginnen, müssen Sie nun nur eines beachten: Sehen Sie bloß nicht nach, was Ihre Reise am nächsten Tag bei einem anderen Anbieter kostet. Und holen Sie um Himmels Willen keinen Katalog aus dem Reisebüro, um Ihrer Mutter Bilder von dem schönen Hotel zu zeigen. Sie werden nämlich dann feststellen, dass Sie zu dem Preis, zu dem Sie Ihre Reise gebucht haben, beim Reisebüro locker noch einen dreitägigen Städtetrip nach Paris dazu bekommen hätten. Oder einen Mietwagen der Oberklasse. Übrigens: Wenn Sie direkt bei der Airline Ihrer Wahl gebucht hätten, hätten Sie noch einen gratis Chauffeur-Service dazu bekommen.

Expeditionsvorbereitung:
Zwischen Buchung und Abreise

Zwischen dem Ausdrucken der Buchungsbestätigung und dem Packen für die Reise bleibt nun nichts mehr für Sie zu tun als sich zu freuen – denken Sie. Falsch gedacht. Nun geht es an die Reisevorbereitungen, und damit ist nicht der Kauf von Sonnencreme, Reiseführern und Batterien für die Kamera gemeint. Wie bei einem Speditionsunternehmen ist gute Planung das A und O bei der reibungslosen Zustellung der Güter, und dem eigentlichen Transport geht monatelange Vorarbeit voran. Um wieder an die Autobahn zu denken: Wenn eine übergroße Turbine mit einem Schwerlaster von Haren an der Ems nach München transportiert werden soll, fährt man ja auch nicht einfach so eines Morgens los. Da Fliegen ungleich komplizierter ist als alles andere, ist ja wohl klar, dass es ohne Vorbereitungen nicht geht.

Zunächst gilt es, einen Sitzplatz zu reservieren. Das haben Sie bei der Buchung übersehen. Der Sitzplatz ist entscheidend für den Flug, denn am falschen Sitzplatz sind nicht nur Urlaube gescheitert, sondern auch schon Vorstellungsgespräche und große internationale Meetings, Modelkarrieren sind im Sande verlaufen und Menschen haben sich plötzlich gegen Kinder und Familie entschieden. Also Vorsicht. Es gibt Websites und anonyme Selbsthilfegruppen, die Sie bei der Sitzplatzwahl beraten, aber wer die zehn

Grundregeln der Sitzplatzwahl beherrscht, ist zumindest gegen das Schlimmste gefeit:

Zehn Tipps zur Sitzplatzwahl

○ Der beste Platz ist der am Notausgang. Er bietet Beinfreiheit, und die anstregendsten Sitznachbarn (nämlich die mit Kleinkindern, unbewegliche 200-Kilo-Leute oder Leute, die grundsätzlich nicht willens oder fähig sind, anderen im Notfall zu helfen) dürfen dort nicht sitzen. Doch egal, wie früh Sie buchen – die Plätze am Notausgang sind immer schon besetzt.

○ Der zweitbeste Platz ist der in der vordersten Reihe, die Ihre Buchungsklasse erlaubt. Sie kommen von dort aus in maximaler Geschwindigkeit rein und raus, bekommen als erster Leckerli, Zeitschrift und Essen (bei dem Sie auch noch die volle Auswahl haben), haben in Service-Pausen die Möglichkeit, mit der Crew zu flirten, können bei der Stürmung der Bordküche wegen übergroßen Hungers aufgrund von Verspätung als Erster ans Fach mit der Schokolade gelangen und kommen fast immer ungehindert zum Klo. Aber auch diese Plätze sind immer schon besetzt, wenn Sie buchen.

○ Super in den großen Fernreisefliegern sind die Plätze mit extra Beinfreiheit direkt am Bulkhead, den Trennwänden innerhalb der Kabine. Wenn man ein Baby hat. Denn dann kann man ein Baby in ein Reisekörbchen legen und dieses am Bulkhead einhängen. Wenn man kein Baby hat und trotzdem einen Platz am Bulkhead reserviert, sitzt die Frau mit dem Baby und einem weiteren, etwa zweijährigen Kind, neben einem. Wer am Bulkhead sitzen will, sollte also ein Baby haben, alle Babys lieben und wenig Schlafbedürfnis haben. Wenn Sie am Bulkhead reservieren und kein Baby haben, kann es sein, dass Sie beim Check-in den Platz ganz hinten bekommen.

○ Wählen Sie nie den Platz ganz hinten oder in der Reihe unmittelbar vor dem Bulkhead. Nicht, weil die Familien mit den Babys in der nächstfolgenden Reihe sitzen, sondern, weil am Bulkhead auch Toiletten und Küche untergebracht sind. Setzen Sie sich nur dort hin, wenn Sie gerne Menschenmassen an sich vorbeiziehen sehen und gegen Gerüche und Geräusche unempfindlich sind. Wenn Sie sich nirgendwo wohler fühlen als auf dem Jahrmarkt mit all seinen spannenden Leuten und aufregenden Aromen – dann wählen Sie die Reihe vor dem Bulkhead.

○ Manche Airlines bieten Economy-Plus-Sitzreihen an, in denen man mehr Beinfreiheit hat. Das sind gerne die Reihen in der Nähe des Notausgangs. Sie kosten nur wenige Euro mehr als andere Reihen. Buchen Sie diese nicht. Denn Brett und Amy Shillinger, die als dickste Menschen Iowas im Guinness-Buch der Rekorde stehen, denken irrtümlicher Weise, dass diese Plätze nicht nur mehr Beinfreiheit, sondern auch eine größere Sitzbreite bieten. Und sitzen natürlich neben Ihnen.

○ Wenn Sie Ruhe vor den Toilettengängern haben wollen, wählen Sie einen Sitz in einer der Sitzreihen, die möglichst weit vom Einstieg entfernt sind, aber auch nicht ganz hinten. Sie werden Ruhe haben. Auch vor dem Getränke- und Essensservice, denn der kommt bei Ihnen als letztes an.

○ Wählen Sie bei großen Flugzeugen niemals, niemals die Sitze in der Mitte des Flugzeugrumpfs zwischen den beiden Gängen – es sei denn, Sie reisen mit Kind, Kegel, Kegelclub oder anderen größeren Gruppen. Mit denen haben Sie in der Mitte einen Riesenspaß, denn Sie können sich dort fühlen wie in einem Omnibus auf Schulausflug und laute Lieder singen.

○ Außer Sie gehören zu denjenigen, denen leicht übel wird.
Dann sollten Sie den Platz in der Mitte der Mitte nehmen.
Nicht, um im eventuellen Ernstfall möglichst viele andere Reisende in Mitleidenschaft zu ziehen, sondern, weil das Flugzeug sich an dieser Stelle am wenigsten bewegt. Im A380
in der Mitte zu sitzen fühlt sich allerdings so an, als würde
der Kölner Rosenmontagszug um einen herumziehen: Während im linken Gang der Trolley mit Getränken vorbeizieht,
erscheint am Horizont schon der Trolley mit dem On-Board-
Shopping, und im rechten Gang zieht die Karawane in Richtung Toiletten, manchmal auch singend und nach Getränken
fragend. Nur leider wirft niemand Kamelle in Ihre Sitzreihe.

○ Wenn Sie als Paar reisen und einen Sitz neben sich frei haben
wollen, wählen Sie Ihre Sitze möglichst weit hinten und nehmen Sie einen davon am Fenster. Den zweiten dann am Gang
in derselben Dreiersitzgarnitur zu wählen ist schlau, denn die
Mitte einer Reihe bleibt in der Regel frei, es sei denn, der Flug
ist komplett ausgebucht. Sollte doch jemand den Mittelsitz
beanspruchen, können Sie großzügig Fenster- oder Gangplatz
zum Tausch anbieten. Niemand wird das ablehnen.

○ Wenn Sie allein reisen und darauf spekulieren, dass ein Platz
neben Ihnen frei bleibt, wählen Sie einen Gangplatz in einer
der letzten Reihen, in der bereits ein einzelner Fensterplatz reserviert ist. Hier setzt sich dann nur noch jemand hin, wenn
der Flieger wirklich komplett voll ist.

○ Sogar in der Business-Class gibt es miese Sitzplätze. Die ganz
vorne nämlich (Toilettennähe) und im A 380 die ganz hinten –
da ist nämlich die Bar, und da geht es gerne so hoch her, dass
man sich den Rosenmontagszug aus der Economy-Class zu-
rückwünscht.

Wenn Sie Ihre Sitzplätze haben, sollten Sie eine Pilgerreise in den nächstgelegenen Wallfahrtsort unternehmen und darum bitten, vor den Schlimmsten Sitznachbarn des Universums (siehe Sonderteil: »Die Sitznachbarn des Grauens«) verschont zu bleiben. Wenn Sie mögen, können Sie auch noch um gutes Wetter und den ganzen anderen Kram bitten, den man brauchen kann. Schutz vor Blitzen und auch das tägliche Brot. Die Wallfahrt sollten Sie nicht mit dem Auto unternehmen, sondern zu Fuß und am besten mit einem Gepäcktrolley im Schlepptau sowie einem Rucksack auf dem Rücken. Denn gleich nach der Buchung beginnt das Training: Trolleyziehen, Trolleyheben, Ellbogen beim Einstieg oder in der Warteschlange am Flughafen ausfahren (hierfür empfiehlt sich ein Volkshochschulkurs in Selbstverteidigung oder einer asiatischen Kampfkunst). Ergänzend zum Kraft- und Nahkampftraining sollten Sie auch Sprints für den Gate-Wechsel trainieren, Klimmzüge, um über Ihren schlafenden Sitznachbarn hinweg zur Toilette zu gelangen, Schlangenmensch-Akrobatik für die Bordtoilette und Flic-Flacs und Flugrollen zum Überspringen des Getränketrolleys auf dem Weg dorthin. Die US-amerikanische Fitnessstudio-Kette »Crash« bietet dafür eigens Kurse an, die »Airfitness« heißen. Diese beinhalten neben einem fordernden Zirkeltraining und dem Kampfsport Übungen zur Thrombose-Prävention: Diese sind im Sitzen zu absolvieren und fördern die Blutzirkulation. Am Ende jedes Kurses steht dann die Einheit »Traveller-Yoga«, die dabei hilft, jede Situation der Reise mit Ruhe und Entspannung zu meistern. Wegen des großen Erfolges der »Airfitness« sind ein Buch und eine Übungs-DVD sowie ein Spiel für Wii, Playstation, X-Box und alle anderen gängigen Konsolen gerade in Arbeit.

Doch nicht nur Ihren Körper und Ihren Geist, auch Ihre Ausrüstung müssen Sie vorbereiten. Ins eingecheckte Gepäck gehört alles, was Sie am Ziel Ihrer Reise benötigen, aber niemals die Dinge, die Sie dringend benötigen. Ins Handgepäck kommt alles, was Sie während des Fluges brauchen. Hand- wie Aufgabegepäck müssen Sie kennzeichnen – am besten nicht mit den Anhängern von Airline, Reiseveranstalter oder Gepäckhersteller, wenn Sie nicht wollen, dass Ihr Gepäck genau so aussieht wie das aller anderen Leute an Bord. Schwarzer Koffer mit rotem Anhänger – na, viel Spaß beim Suchen. Daher sollten Sie vor der Abreise ein Bastel-Wochenende einplanen. Besticken Sie kleine Schildchen mit Ihrer Adresse, die Sie dann in das Innenfutter aller Gepäckstücke einnähen. Formen Sie Gepäckanhänger aus buntem FIMO und befestigen Sie sie mit kleinen Stahlkettchen an der solidesten Stelle Ihres Gepäcks. Wenn Sie keinen Hartschalenkoffer sondern eine Stofftasche haben, nähen Sie daran eine extra Außentasche fest, in die Sie den Anhänger hineinstecken können, damit er nicht unmittelbar nach dem Check-in abreißt, sondern erst dann, wenn der Gepäckpacker in Ulaanbaatar, wohin Ihre Tasche versehentlich geflogen wird, die Adresse auf dem Anhänger gelesen und die Tasche wieder in Richtung Ihrer Heimat geschickt hat.

Wenn Sie talentiert im Basteln und sprachbegabt sind, sticken und schreiben Sie Ihre Adresse auch in arabischer und kyrillischer Schrift, in Sanskrit und Kanji. Wenn Sie fünf linke Daumen haben, verwenden Sie den praktischen *Wi wisch ju ä blesänd flight*-Gepäckanhänger.

Die Anhänger des Reiseveranstalters kommen mit der Post, die der Airline gibt es am Flughafen. Problem nur: Alle sehen gleich aus. Sie sind aber nicht wie alle. Designen Sie daher hier Ihren eigenen Anhänger und kleben Sie ihn auf einen Anhänger der Airline oder stecken ihn in das Anhängeretui des Reiseveranstalters.

Ihr Handgepäck:
Das Überlebenspaket für alle Lebenslagen

Ginge es nach den Airlines, hätten Damen an Bord nur eine kleine Handtasche für Handy, Geldbeutel und Schlüssel dabei, Herren sollten den Kram am besten in die Hosentasche stecken. Aber – denkste. Die Leute wissen schon, warum sie immer so große Taschen an Bord schleppen. Auch für einen 45-Minuten-Flug von Berlin nach München braucht man ein Überlebenspaket. Hier ist Ihre Packliste:

Grundversorgung
– Müsliriegel und Fruchtschnitten, Bundeswehrkekse, Traubenzucker, Äpfel: Damit überstehen Sie auch einen mehrtägigen Aufenthalt in einem eingeschneiten neufundländischen Kleinflughafen.
– Schokolade: für die Nerven.
– Scharfe Lutschbonbons: um durch Lutschen Gerüche von Sitznachbarn, aus der Bordküche und von der Toilette zu überdecken.
– Kaugummi: gegen Nervenzusammenbrüche und Zahnbelag, für bessere Laune und Druckausgleich.

- Ingwerbonbons: gegen Übelkeit und als Alternative zu den scharfen Bonbons, die irgendwann ein Loch in die Magenwand brennen.
- Taschentücher: um alles Schreckliche aufzusaugen – umgeschütteten Saft, Spritzer auf der Klobrille, verspritzte Kaffeemilch, Tränen und was sonst noch so anfallen kann.

Medien
- Lehrbuch Finnisch: Sie haben auf einer Flugreise Zeit, mindestens eine Fremdsprache zu lernen.
- MP3-Player: nicht vergessen, die Tonbeispiele der Finnisch- und Lettisch-Lehrbücher darauf zu laden.
- Bücher oder E-Reader mit langer Akkulaufzeit: Bücher sind besser, denn wer weiß, wann Sie das nächste Mal eine Steckdose sehen?
- Kopfhörer: weil die Kopfhörer im Flugzeug nicht verdienen, den Namen Kopfhörer zu tragen.
- Ladegeräte für Handy, MP3-Player und E-Reader: Nicht, dass Sie dafür Steckdosen finden werden. Aber Sie brauchen Sie nach der Ankunft, wenn Ihr Koffer verschlampt wurde.
- Handy, darin eingespeichert: die Hotline der Airline, des ADAC, des Online-Reiseanbieters, eines zuverlässigen Reisebüros, das den Rücktransport organisieren kann und eines Rechtsanwalts, der auch nachts erreichbar ist, wenn man Sie gegen 4 Uhr vor dem Teheraner Flughafen ausgesetzt hat; außerdem sollte das Handy GPS-Funktion haben.

Reiseapotheke:
- Durchfallmedikament: weil das belegte Brötchen, das Sie im Flughafen gekauft haben, dort schon länger in der Vitrine gelegen hat.

– Blähungsmedikament: weil die Saucen der Bordmahlzeit aus einem Zwiebel-Sellerie-Extrakt mit extra viel Geschmacksverstärkern bestehen.
– Sodbrennen-Kautabletten: weil der Wein nicht der feinste Tropfen ist.
– Reisekaugummi: weil auch der Beste mal in Turbulenzen kommt, die stärker sind als sein Körper.

In Ihrem Flüssigkeitenbeutel:
– Parfum/Rasierwasser-Miniatur: Gegen Fremd- und Eigengerüche aller Art.
– Vomex A Sirup: siehe Reisekaugummi.
– Kreislauftropfen: siehe Vomex A.
– Augentropfen und Nasenspray: Wenn Sie Ihre eingetrockneten Schleim- und Hornhäute nach dem Flug nicht mit einem Hobel abschälen wollen, halten Sie sie feucht. Die Kabinenluft wird es nicht tun.
– Handdesinfektionsmittel: Sie denken, die Haltegriffe in der U-Bahn sind voller Bakterien und sollten von niemandem angefasst werden? Na, dann kommen Sie mal in den Flughafen ...

Aus dem Duty-Free-Shop
– ½ Liter Wodka: Hilft gegen und ist gut für alles. Auch, wenn das Desinfektionsmittel ausgeht. Kann in Extremsituationen sowohl getrunken als auch verkauft und getauscht werden.

Kleidung:
– Leichter Stoffschal: ja, auch im Sommer bei 40 Grad. Dann nämlich zeigen die Airlines und Flughafen, was ihre Klimaanlage so alles drauf hat.

- Zwei Ersatz-Slips, da die Wahrscheinlichkeit hoch ist, dass der Koffer verschwindet.
- Plastik-Pelerine: siehe Kapitel »Der Getränkeservice – Na dann mal prost ... « und »Drunter und drüber – Der Survival-Guide für Turbulenzen«.

Joker:
- Kleines, möglichst niedliches und lächelndes Stofftier: Wenn es besonders schlimm kommt, können nur noch ein Teddybär, der kleine Maulwurf, Ernie oder ein Kätzchen-Beanie-Baby Sie trösten.

Letzte Ausfahrt Sehnsucht:
Der Flughafentransfer

Mittlerweile wissen Sie, dass bei einer Flugreise ohne genaue Planung und beste Organisation nichts funktionieren wird. Die Fahrt zum Flughafen ist da keine Ausnahme. Ihr Arbeitskollege hat Ihnen neulich in der Kantine ja schon klugscheißerisch verkündet, dass das gefährlichste am Fliegen die Fahrt zum Flughafen ist – so rein wegen der Unfallstatistik. Fliegen an sich ist ja nicht gefährlich, aber die deutschen Autobahnen, tsstss...

Warten Sie nicht bis zum Abend vor der Abreise, um sich zu entscheiden, welches Verkehrsmittel Sie zum Flughafen bringen wird. Auch wenn Sie schon oft geflogen sind, erwägen Sie alle Optionen gründlich und sorgfältig. Sie können mit dem eigenen Auto fahren, die öffentlichen Verkehrsmittel nutzen, Rail&Fly bemühen und damit auch noch die Deutsche Bahn in Ihre Reiseplanung mit einbeziehen, einen Fahrdienst bestellen, ein Taxi nehmen, sich von einem lieben Menschen fahren lassen oder zu Fuß gehen. Ja, zu Fuß gehen. Das hätte sich schon in vielen Fällen als die beste, weil einfachste und schnellste Lösung herausgestellt, wenn die Reisenden sie nur in Betracht gezogen hätten. Sogar, wenn der Flughafen zehn Kilometer außerhalb der Stadt liegt.

Wenn Sie in einer Stadt mit eigenem Flughafen leben, ist die Reise zum Flughafen, neudeutsch auch als »Transfer« bezeichnet, noch komplizierter, als wenn Sie von weiter weg anreisen, denn je weiter Sie vom Flughafen entfernt leben, desto weniger Optionen haben Sie, selbigen zu erreichen. Es sei denn, Sie wollen, dass die Reise zum Flughafen länger dauert als ein Flug von dort nach Sydney. Sie können auf dem Weg zum Flughafen natürlich einen Zwischenstopp bei Bekannten einlegen, die Sie seit der Schulzeit nicht gesehen haben. Das ist charmant – finden auch die ökonomisch denkenden Bickelbachers aus Bad Vilbel und laden sich vor der Abreise gelegentlich selbst zur Übernachtung bei Freunden in Flughafennähe ein. Mutter Sarah findet, dass es für Leon-Luca nicht gut ist, am Abreisetag so in Stress zu geraten und schon in den frühen Morgenstunden mit den öffentlichen Verkehrsmitteln quer durch die Stadt zu müssen. Für Leon-Luca sei es viel besser, am Abreisetag ein ordentliches Frühstück bei netten Leuten zu bekommen und dann mit dem Auto zum Flughafen gebracht zu werden. In letzter Zeit mussten die Bickelbachers feststellen, dass alle Bekannten in Flughafennähe immer spießiger werden und ihnen hanebüchene Ausreden auftischen, wenn es ums Übernachten geht. Sie überlegen, jetzt öfter vom Flughafen München aus zu fliegen und dort vor der Abreise nette ehemalige Arbeitskollegen von Axel zu besuchen, die viel Verständnis für die Bedürfnisse von jungen Familien haben.

Wer einfach nur schnell zum Flughafen will, für den ist die Übernachtungsschnorrerei natürlich keine Option. Doch »einfach nur schnell« mit dem Schatz und Gepäck oder mit schickem Business-Outfit und Handgepäck zum Flughafen zu kommen ist genau so leicht dahingesagt wie »einfach nur schnell« am 24. Dezember vormittags etwas im Supermarkt einzukaufen, »mal kurz« die Wohnung neu zu

streichen oder »eben rasch« theoretische Physik zu studieren – also völlig unmöglich.

Zur Anreise mit der Bahn oder lokalen öffentlichen Verkehrsmitteln gibt es bereits eine große Auswahl an Fachlite-
ratur. Lesen Sie diese sorgfältig, bevor Sie sich entscheiden,
dieses Verkehrsmittel zu wählen. Eine Ausbildung zur Fachkraft im Fahrbetrieb kann hilfreich sein. Achten Sie in jeden
Fall rechtzeitig auf die Streik-Ankündigungen der Lokführer-
und Transportgesellschaften, laden Sie die App aller örtlichen
Verkehrsmittelbetreiber auf Ihr Smartphone und recherchie-
ren Sie Ausweichrouten sowie Ausweichrouten zu den Ausweichrouten. Betanken Sie vorsichtshalber auch Ihren Wagen
und stellen Sie sich darauf ein, sich sieben Stunden vor der
Abflugzeit auf den Weg zu machen, auch wenn Ihr Flughafen nur 25 Kilometer weit entfernt ist. Bei Rail&Fly-Angebo-
ten addieren Sie pro 100 Kilometer zwei weitere Stunden. Ein
abgeschlossenes Studium in Geografie kann bei dieser Rei-
seform hilfreich rein. Guido Fottner etwa, der Mittelständler aus dem Stuttgarter Raum, musste schon einmal mit dem
Auto anstatt dem ICE zum Frankfurter Flughafen, weil die
GDL mal wieder auf den Barrikaden stand. Guido war sehr
unglücklich, als er erfuhr, dass an diesem Tag auch die A3 wegen eines unplanmäßig in einer Baustelle explodierten Blind-
gängers gesperrt war. Als er nach sechsstündiger Landstra-
ßenfahrt am Frankfurter Flughafen eintraf, erreichte er zwar
noch seinen Flug nach Hamburg, musste bei seiner Rück-
kehr jedoch feststellen, dass die Parkgebühren den Preis des
Fluges bei weitem übertrafen. Immerhin hatte er Bonusmeilen gesammelt, mit denen er an der Flughafentankstelle das
Kerosin für die Heimfahrt bezahlen konnte.

Bei der logistischen Planung Ihres Flughafentransfers wird
Ihnen Folgendes auffallen: Der Flug, den Ihr Schatz entdeckt

hat, war deshalb so günstig, weil die Abflugzeit 6:20 Uhr ist. Bei der Buchung fand Ihr Schatz das toll, weil sie dann das zweite Frühstück schon am Urlaubsort einnehmen können. Jetzt stellt sich jedoch heraus, dass Sie schon um Mitternacht zu Hause aufbrechen müssen, um ihn erreichen zu können. Und dann aber keine öffentlichen Verkehrsmittel mehr fahren. Auch der Bus der Airline vom Hauptbahnhof zum Flughafen fährt zwischen 21.00 Uhr und 5.00 Uhr nicht. Ihr Schatz, nun zerknirscht, muss also bei den Eltern anrufen und sie bitten, Sie zum Flughafen zu fahren, und Ihr Schatz wird Sie bezichtigen, bei der Buchung nicht auf die Abflugzeit geachtet zu haben. Die aufgeblasenen, besserwisserischen Schwiegerleute werden dann um 2 Uhr morgens feixend bei Ihnen vor der Haustüre stehen, Ihr Schatz wird den ganzen Urlaub über nach Mitbringseln für die Schwiegerleute suchen, und die ganze Geschichte wird dann auf Jahre hinweg bei jedem Familienfest wieder auf den Tisch kommen. Fliegen kann auch sozial einen hohen Preis haben.

Den Muggenthalers aus Berlin ist das wurst. Sie buchen die Studienreise, die ihnen gefällt, und fragen dann im Freundeskreis herum, wer sie wohl zum Flughafen bringen und wieder abholen kann. Meistens sind es die Dommels, ein ebenso rüstiges Rentnerpaar aus dem Nachbarhaus, das Heiner Muggenthaler seinerseits ebenfalls schon öfter nach Tegel und wieder zurück chauffiert hat. Mit den ganzen lärmenden Touristen, mit den Rucksackmenschen und den verirrten Amerikanern, die partout nach BER und nicht nach TXL wollen, möchten sich die Muggenthalers in ihrem Alter nicht mehr herumärgern müssen. Die Dommels wollen das auch nicht und bestehen darauf, auch ihre Tochter regelmäßig zum Flughafen zu fahren, obwohl die protestiert und sagt, mit dem Bus ginge es schneller.

Rüstige Rentner oder Arbeitslose im Freundeskreis zu haben, die ein Auto besitzen, ob Schwiegerleute, Eltern oder Nachbarn: Das ist für den Normalflieger die beste Methode, um zum Flughafen zu kommen. Das Rentnertaxi fährt pünktlich und zuverlässig, versäumt nie die Autobahnausfahrt, fährt keine Umwege und kostet nur einen Kühlschrankmagneten aus Griechenland oder eine Packung Shortbread aus London. Mit dem echten Taxi oder Uber fährt nur Cyril Steyner, weil der so ein Schnösel ist, dass ihn kein Rentner zum Flughafen kutschieren mag. Aber Cyril ist es ja egal, was die Welt kostet. Auch Sie würden ja gerne das Taxi nehmen, um auf die Schwiegereltern zu verzichten, aber Ihr Schatz findet, das Taxi ist zu teuer.

In der Abflughalle des Terminals treffen sich dann alle wieder: die Übermüdeten, die mit der Bahn oder S-Bahn gekommen sind, die Entnervten, die sich von den Schwiegereltern haben fahren lassen, die Muggenthalers, die noch mit den Dommels einen Kaffee trinken und die Dommels dann lautstark verabschieden. Guido Fottner, der die Distanz vom Parkhaus zum Terminal unterschätzt hat und jetzt schon aus der Puste ist und Cyril Steyner, der ein sauertöpfisches Gesicht macht, weil ihm niemand hilft, seinen Trolley und seine Flasche Stilles Wasser vom Taxistand ins Terminal zu tragen. Die Bickelbachers sind schon im Anflug auf das Terminal. Und Sie stehen irgendwo in der Mitte und haben nur einen Gedanken: All die Leute zu überholen und der erste am Check-in zu sein.

Eigentlich wollten Sie nur noch das Gepäck aufgeben:
Der Check-in

Italienische Freizeitforscher haben schon in den 70er-Jahren herausgefunden, dass zwischen der mitgeführten Gepäckmenge und der Aufmerksamkeit des Gepäcktragenden eine umgekehrte Proportionalität besteht. Zu Deutsch heißt das: Je mehr Kram jemand dabei hat, desto dämlicher benimmt er sich. Zugfahrer kennen das vom Hauptbahnhof: Je größer der Rucksack der Traveller, desto wahrscheinlicher ist es, dass sie genau an der engsten Durchgangsstelle stehen bleiben, um etwas aus ihrem Brustbeutel zu kramen. Je schwerer die Sporttasche, desto höher die Wahrscheinlichkeit, dass der in vollem Tempo dahin schreitende Träger plötzlich stehen bleibt, sich umdreht und dabei Ihnen, die gerade hinter ihm gehen, die Tasche in den Bauch rammt.

Im Flughafen ist es ganz genau so: Der Mensch mit Gepäck wird zum Neandertaler. Schon ein einfacher Handgepäckstrolley reicht aus, und der Mensch benimmt sich, als habe er jede Erziehung vergessen, könne nicht mehr Lesen, sich nicht mehr orientieren und habe ein Gesichtsfeld wie bei 2,5 Promille. Man nennt diesen Zustand das Luggage-Syndrom. Mit diesem werden Sie nun in der Abflughalle konfrontiert, wenn Sie versuchen, die anderen zu überholen und als Erster am Check-in-Schalter zu sein. Hier ist allerhöchste Vorsicht geboten: Dumpfbacken mit Luggage-Syndrom sind schwieriger zu überholen, als man meint.

Da kommt etwa gerade die Familie Bickelbacher die Rolltreppe herauf. Vater Axel zieht einen riesigen schwarzen Rollkoffer hinter sich her, Mutter Sarah einen kleinen knallorangefarbenen Hartschalenkoffer und eine große Stoffumhängetäsche mit pfiffigem Blumenmuster, Sohn Leon-Luca trägt einen Rucksack in Form eines Hasen. Gleich nach dem Verlassen der Rolltreppe bleiben die drei nebeneinander stehen, sodass sich alle Nachkommenden an ihnen vorbeidrängen müssen. Axel und Sarah kippen ihre Köpfe ein wenig nach hinten, so als wollten sie sich in der Neonbeleuchtung sonnen. Axel sagt: »Ah, der Fluch-Hafen«, und Sarah beginnt dann, in ihrer Handtasche nach den ausgedruckten Tickets zu kramen. In der Zeit hat sich hinter den Dreien bereits eine Menschentraube versammelt, die ersten Menschen können den Rolltreppenauslauf nicht mehr verlassen, doch die Rolltreppe schiebt beharrlich weiter. Sarah murmelt in ihre Handtasche hinein: »Ja, wo sind denn die Tickets?« Axel dreht den Kopf nach links, nach rechts, und pflaumt einen Mann, der sich gerade noch mit aufgeschürften Ellbogen aus der Menschentraube retten konnte und über Axels Koffer stürzt, in aller Männlichkeit an: »Mann, hast du keine Augen? Pass doch auf! Ich hab ein Kind!« Der Stau hat inzwischen schon den Fuß der Rolltreppe erreicht, die ersten Menschen stürzen und werden niedergetrampelt, weil die Trolley-Neandertaler von unten einfach weiter auf die Rolltreppe drängen.

»Da sind sie ja!«, jauchzt Sarah. Sie und Axel beugen sich über die Tickets und lesen. Leon-Luca zieht derweil seine Funktionsschuhe aus und wirft sie quer durch die Halle und zwischen die Füße von Siw Miller-Korhonen, die gerade vom Taxistand herbeifedert. Die elegante Stewardess kennt das Luggage-Syndrom aber schon und umfährt die Hindernisse mit abenteuerlichen Kurven ihres eigenen Trolleys und entgeht durch elegante Hüpfer auf ihren schwarzen High-Heels allen Anschlägen. Die in New York und Berlin aufgewachsene Tochter finnisch-deutscher Eltern ist auf Flughäfen zu Hause, daher macht sie immer alles richtig und sieht dabei auch noch gut aus. Sie ist als eine der wenigen gegen das Luggage-Syndrom immun.

Während Sie noch Siw Miller-Korhonen hinterhersehen, fällt Ihnen auf, dass Sie bis eben selbst mit in den Nacken gekipptem Kopf dagestanden hatten und hinter Ihnen ein älterer Mann auf dem Boden liegt, der über Ihre abgestellte Reisetasche gestürzt ist. Das Luggage-Syndrom erwischt einfach jeden, sobald er das Flughafengebäude betritt.

»Ah, Air Hamburg!«, sagt Axel und nickt. Dann kippen er und Sarah die Köpfe wieder in den Nacken und sehen sich um. »Hier entlang!«, sagt Axel. Sarah sammelt erst mal den Inhalt von Leon-Lucas Hasenrucksack wieder zusammen, den der Kleine in der Zwischenzeit ausgeleert hat, weil er mit seinen Keksen die Leute füttern will, die auf einem Haufen stöhnend hinter ihm liegen. »Ich hab dir tausendmal gesagt, Leon-Luca, der Rucksack bleibt zu! Die Dinkel-Orangen-Kekse gibt es erst nach dem Check-in«, schimpft Sarah.

Sie beeilen sich, um die Bickelbachers zu überholen, denn sie fliegen mit derselben Airline. Sie sausen also quer durch die Abflughalle auf die weithin sichtbaren knallgrünen Check-in-Schalter von Air Hamburg zu, bleiben dann aber doch kurz stehen, weil sich ihr Blick an der großen Abflugtafel verfängt. Der Stehenbleibezwang an der Infotafel ist Teil des Luggage-Syndroms, haben die italienischen Forscher herausgefunden, da die Tafel so groß ist, dass sie sogar bei Infizierten Aufmerksamkeit erregt. Dass Sie jetzt den Kopf in den Nacken kippen ist, ein Fehler. Denn jetzt treffen Sie Guido Fottner.

Er wurde schon als Schüler nicht richtig ernst genommen. Er trug zwar Kaschmirpullover und besaß einen Schulranzen aus echtem Lama-Leder, ritt aber jeden Morgen auf einer deutschen Dogge die drei Kilometer zur Schulbushaltestelle und verbrachte die dann folgende dreiviertelstündige Fahrt zur Schule stets mit dem Lösen von mathematischen Puzzles und Geduldspielen aus Holz. Seine Eltern hatten zwar das Geld für die teure Ausstattung, aber wegen des Unternehmens nicht die Zeit, Guido zum Bus oder gar zur Schule zu bringen. Sie stellen Umwälzpumpen für Fischteiche her, die besten der Welt – dieselben übrigens, die Guido jetzt verkauft, montiert und wartet. Während seines BWL-Studiums hatte es Guido ebenfalls schwer, denn weil auf seinen Kaschmirpullover immer noch Eisbären eingestickt waren und er einfach nicht von den Geduldspielen lassen konnte, hatte er bei seinen Kommilitoninnen einfach keine Chance. Ernst genommen wird er leider immer noch nicht, was an seiner Krawatte mit den lustigen eingestickten Fischlein liegen mag, die ihm seine Mutter zum Geburtstag geschenkt hat. Aber Guido will endlich wirklich dazu gehören, und daher hat er sich nicht nur einen Maßanzug gekauft, sondern auch einen Trolley. Einen schwarzen, und nicht aus

Leder, sondern aus strapazierfähigem Kunststoffgewebe in genau den erlaubten Maßen.

Der Trolley ist Ausweis der Geschäftsreisenden, er ist der Flughafenporsche, der Vielfliegerferrari. Der Galerist Cyril Steyner hat einen aus Oasenziegenleder. Mit Trolleys lassen sich Konflikte austragen wie mit alten Autos bei Stock-Car-Rennen, hat Siw Miller-Korhonen schon als Kind gelernt. Daher ist es für Siw wichtig, selbst einen besonders dezenten und haltbaren Trolley zu fahren, der unter dem Radar der Fluggäste fährt und deshalb nie geklaut werden wird, und außerdem zehn Jahre länger zu benutzen ist als jeder Designertrolley. Denn je teurer der Trolley, desto schneller bricht eine der Rollen ab, reißt die Fronttasche ein oder verformt er sich so, dass er um drei Zentimeter nicht mehr dem vorgeschriebenen Gepäckmaß entspricht. Für Profiflieger ist das nichts. Den besonders schönen Trolley von Cyril hat Siw bereits entdeckt und hofft leise, dass der Besitzer bei ihr in der First sitzen wird. Der wäre so ganz nach ihrem Geschmack. Andere Mädchen mag man mit schicken Autos oder dicken Uhren beeindrucken, aber Stewardessen achten bei Männern auf elegantes, edles Gepäck.

Guido Fottner ist in dieser Hinsicht bei Siw und ihren Kolleginnen chancenlos. Er hat sich einen Trolley aus deutscher Produktion zugelegt, der massiver und schwerer ist als die aller anderen, und mit dem fährt er jetzt ausgerechnet Ihnen, die Sie gerade vor der Anzeigetafel stehen und gucken, wann der nächste Flug nach Timbuktu geht, über die Zehen. Dabei bleibt er mit dem Reißverschluss an ihrem Hosenbein hängen, der Saum reißt ein, und vor Schreck lassen Sie Ihre Tasche oder Ihren Rucksack fallen, in der in diesem Moment die Glasscheibe Ihres iPhones zerbricht. Auf diesen Moment

hat Guido Fottner 20 Jahre lang gewartet: »Passen Sie doch
auf!«, schnauzt er Sie an, mit dem Feuer eines ganzen Lebens
im Blick. Sie bleiben ruhig und sagen einfach gar nichts, denn
Sie wissen: Geschäftsleuten mit Trolleys darf man nicht in
die Quere kommen, denn sie sind es, die die deutsche Wirtschaft am Laufen halten, und ohne die deutsche Wirtschaft,
insbesondere die mittelständischen Unternehmer wie Guido
Fottner, wären Sie gar nicht hier am Flughafen, denn jeder
weiß ja, dass Ihr billiges Ticket nur möglich ist, weil die reisenden Geschäftsleute die teuren gekauft haben und damit
Ihren Flug mitfinanzieren. Sie sollten für Leute wie Guido
Fottner also stets einen kleinen roten Teppich parat haben,
den Sie ihm bei Bedarf im Terminalgebäude, vor dem Kaffeeautomaten und natürlich beim Check-in ausrollen. Wie sie
Mittelständler und Consultants (also Heuschrecken-Zuar-
beiter, denen Sie keinen Teppich auszurollen brauchen) unterscheiden? An Guido Fottners Trolley baumelt ein Beanie-
baby in Form einer deutschen Dogge. Es wurden auch schon
Mittelständler oder Angestellte mit roter Schleife am Trolley gesehen (dann findet man ihn am Gepäckband leichter,
wenn man ihn beim Rückflug doch einchecken muss, weil
man im Hotel auf Firmenkosten die Schnapsflaschen aus der
Minibar eingepackt hat).

Während Sie noch wehklagen und Guido Fottner schnaubend weiterzieht, werden Sie von den Muggenthalers überholt. Diese haben nur einen gemeinsamen Koffer und eine
gemeinsame Bordgepäckstasche, beide geschleppt von Heiner, während Evi ohne Gepäck und mit klarem Kopf vorangeht, Guido geschickt umschifft und deutlich vor Ihnen
beim Check-in und Baggage-Drop-Off eintrifft.

Ganz, wie sie es aus dem vergangenen Jahrtausend gewohnt sind, wollen die Muggenthalers nun an einem der

Schalter ihre Unterlagen und ihre Ausweise hinlegen, artig Fragen beantworten und dann ihren Koffer auf das Band hieven. Doch da steht schon ein Drachen von Bodenstewardess mit einem Lächeln, das die Welt gefrieren lassen könnte. Der Drachen war einmal First-Class-Stewardess und eine Kollegin von Siw Miller-Korhonen. Doch dann half sie eines Tages in der Economy aus und lernte dort einen ganz wunderbaren Mann kennen. Den hat sie nun geheiratet, und seit sie zwei Kinder hat, fliegt sie nicht mehr First Class, sondern arbeitet frustriert an der Schlange vor dem Check-in und lässt nur die in die Schlange, die die entsprechenden Unterlagen vorweisen können.

»Ihre Bordkarten bitte!«, faucht sie jeden Tag 160 965 Mal (an Freitagen 194 639 Mal, sonntags etwas seltener). Die Muggenthalers gucken verdutzt, und Evi hält dem Drachen die Papiere hin, die der Nachbarssohn für sie ausgedruckt hat. »Sie müssen noch einchecken«, sagt der Drache, und verweist die Muggenthalers an den Automaten. Murmelnd und brummelnd pflanzen sich Evi und Heiner dort auf. Sie grinsen ein wenig schadenfroh, denn Sie haben ja online schon eingecheckt und können die Muggenthalers jetzt wieder überholen. Weltläufig halten Sie dem Drachen Ihr iPhone entgegen. »Ihr Bildschirm ist gesprungen«, sagt der ungerührt. »Bitte drucken Sie Ihre Bordkarte am Automaten aus.« Sie erklären, dass Sie die ausgedruckte Bordkarte in der Tasche haben, diese aber erst suchen müssen. »Dann suchen Sie sie hier und zeigen Sie sie mir«, faucht der Drache.

Währenddessen checken die Muggenthalers nicht einfach nur am Automaten ein. Nein, sie haben es geschafft, Zugang zum Internet zu bekommen, checken gerade das Wetter am Urlaubsort, bestellen noch eben einen Blumenstrauß für die Tante in Puttgarden, die nächste Woche Geburtstag hat, stöbern nach einer neuen Wohnzimmergarnitur und öffnen nebenbei ein Chat-Fenster, um mit der Tochter in Singapur Kontakt aufzunehmen. »Toller Service!« Die Schlange hinter den Muggenthalers wird länger und länger.

Während Sie noch in der Tasche nach den Ausdrucken wühlen, ziehen die Bickelbachers »Aha!«, »Hier ist es!«, »Da sind wir!« und »Komm jetzt, Leon-Luca« trompetend an Ihnen vorbei in die mit Bändern abgesperrte Warteschlange. Denn die Bickelbachers haben ihre Bordkarten ausgedruckt. Man geht ja schließlich mit der Zeit, und dieses Online-Dingens ist schon pfiffig.

Die Muggenthalers haben dann auch endlich ihre Bordkarten in der Hand, und dann wird der Bildschirm schwarz. Nichts geht mehr. Die Leute hinter den Muggenthalers sehen sich nach dem Drachen um. Der kontrolliert gerade weitere Bordkarten. Die ersten schlüpfen, als der Drache gerade nicht schaut, unter dem Absperrband durch und reihen sich hinter den Bickelbachers in der Schlange ein. Sie hinterher. Die Muggenthalers, die gerade den offiziellen Eingang beim Drachen genommen haben, haben noch einige Schleifen vor sich, bis sie den Kopf der Schlange erreichen. Aber auch weiter vorne geht nicht viel. Sie stehen. Und stehen. Und stehen. Bis Axel Bickelbacher halblaut in die Runde sagt: »Wieso haben wir eigentlich zu Hause schon eingecheckt und die Bordkarten ausgedruckt, wenn wir jetzt doch wieder in der Schlange stehen?« Sie würden ihm am liebsten lautstark beipflichten, fürchten aber, dann einen Dinkelkeks angeboten zu bekommen. Die Wahrheit, der Axel Bickelbacher fast auf die Spur gekommen wäre, ist, dass das Anstehen am Check-in und Baggage-Drop-Off deutlich länger dauert, seit man den Check-in »bequem und schnell« zu Hause erledigt. So wie schon die Reiseanbieter bei der Buchung wälzt man die Arbeit, die im Ticketpreis inklusive ist, auf die Kunden ab, die sich als »Digital Natives« für besonders schlau und kompetent halten und daher gar nicht mitbekommen, dass sie mit ihren eigenen Werkzeugen manipuliert werden. Seit es nicht mehr für jeden einzelnen Flug drei Check-in-Schalter, sondern für alle Flüge einer Airline sieben Schalter für den Check-in und den Baggage-Drop-Off gibt, dauert die Wartezeit am Schalter für alle, die Gepäck aufgeben wollen, zehn Mal so lang wie früher, und die Airline spart sich nicht nur das Geld für die gedruckten Karten, sondern auch zwei Drittel des Bodenpersonals. Deshalb steht der Drache, bestausgebildet, nun auch als Hostess vorne an der Kordel und betreut zusätzlich den Automaten, denn für den Schalterdienst wurde niemand gebraucht, als sie nach der Elternzeit wieder zurück in den Job kam.

Bis Sie vorne am Schalter sind, haben Sie die ersten acht Lektionen Finnisch auswendig gelernt, die Grammatik und die Landeskunde inklusive. Ihnen fällt auf, dass die Leute, die sich vorhin am Drachen vorbeigemogelt haben und keine ausgedruckten Bordkarten vorweisen können, auch nicht länger am Schalter stehen als die Leute, die mit fertigen Ausdrucken kommen. Aber Sie wundert schon gar nichts mehr. Als Sie die Lektion 9 beginnen, sind auch Sie vorne am Schalter. »Suasittelen silakkaa ja uusia perunoita« sagen Sie geistesabwesend. »Nein, ich möchte weder Strömling noch neue Kartoffeln«, sagt die junge Frau am Schalter. Eine Finnin. Sie kontrolliert Ihre Bordkarte und gleicht Ihre Passdaten mit dem Computer ab, nimmt Ihren Koffer entgegen, klebt ein grünes Schild um den Griff, gibt Ihnen die kleinen, quadratischen »Baggage Tag«-Belege und wünscht einen schönen Tag. Aus dem Augenwinkel sehen Sie, wie der Drache gerade versucht, den Automaten wieder in Gang zu bekommen. Sie kleben den »Baggage Tag«-Sticker nun hier in dieses Album – unterwegs werden Sie noch zahlreiche weitere Aufkleber bekommen, die Sie hier sammeln können.

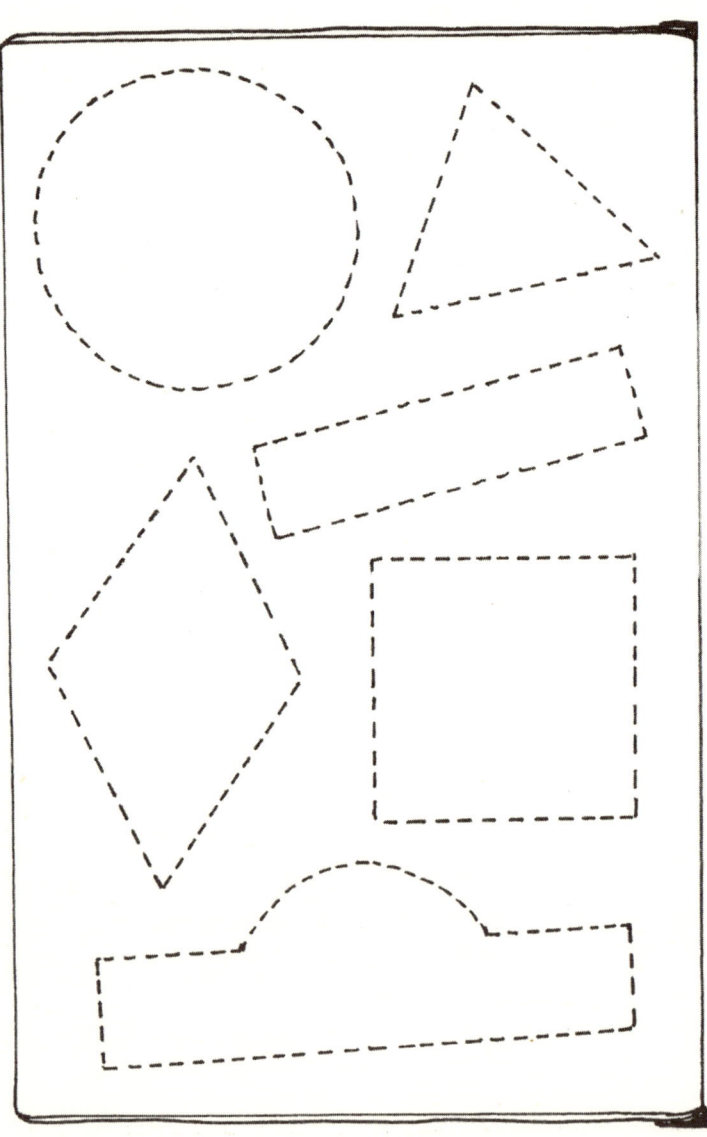

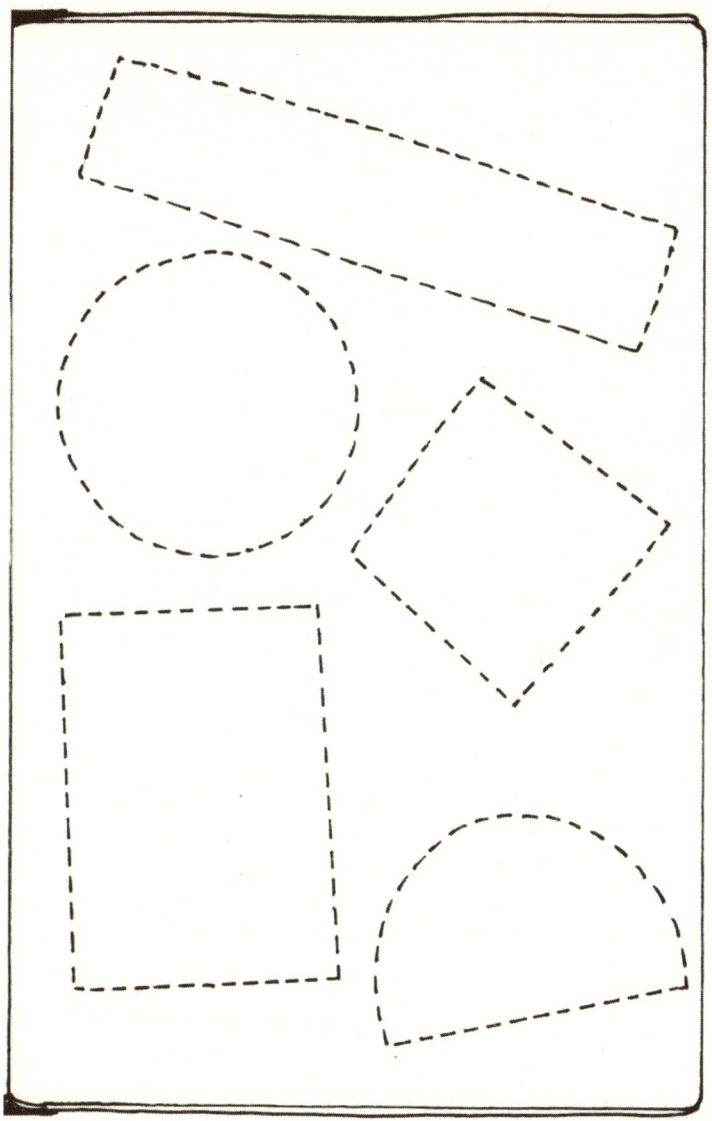

Bullshit-Bingo:
Sprüche der Bodenstewardess beim Check-in und Baggage-Drop-Off

Die beruhigende Tatsache zuerst: Sie selbst werden nicht bei einem einzigen Flug alle diese Sätze ins Gesicht gesagt bekommen, egal ob Sie in Bonn einchecken oder in Bagdad. Aber einen davon hören Sie mindestens. Die anderen auch – wenn Sie in der vordersten Reihe des Anstellwurms angekommen sind. Legen Sie Ihr Sprachlehrwerk nun zur Seite und hören Sie zu, was vor und neben Ihnen diskutiert wird.

Spielregeln:

Haken Sie jeden Satz, den Sie hören, ab. Wenn Sie vier Sätze gesammelt haben, dürfen Sie sich im Abflugbereich einen Espresso gönnen.

Wo soll's denn hingehen?	Bitte haben Sie Verständnis.	Für diesen Flug werden keine Meilen gutgeschrieben.	Haben Sie den Koffer selbst gepackt?
Wir sind leider überbucht.	2 Kilo Übergepäck. Das macht 143,78 Euro.	Würden Sie diesen netten Herrn hier vorlassen? Sein Flug ist schon aufgerufen.	Nur diese eine Tasche?
Fahrräder dürfen nicht ins Handgepäck.	Dieses Angebot gilt nur für Inhaber der diamantenen Mitgliedskarte.	Ihren Mutterpass, bitte. (...) Ach, Sie sind gar nicht schwanger?	Leider gibt es keine zwei Plätze mehr nebeneinander.
Dieser Schalter schließt jetzt. Bitte stellen Sie sich dort drüben an.	Wir wissen leider auch nicht, wann wir Sie mitnehmen können.	Das von Ihnen angefragte Upgrade ist nicht verfügbar.	Dieser Buchungscode existiert leider nicht.

Von Flaschengeistern und Krämern:
Die Sicherheitskontrolle

Die Sicherheitskontrolle ist wie eine Supermarktkasse: Alles kommt aufs Band, wird gescannt, und dann kriegt man die Quittung, die man anstandslos zu zahlen hat, oder man lässt einen Teil der Ware einfach da. Während sich aber das Prinzip Supermarktkasse inzwischen bei den meisten Menschen herumgesprochen hat und schon mit Kleinkindern geübt wird, scheitern die Menschen an der Sicherheitskontrolle. Die einen halten das piepsende Tor für ein Portal in ein Paralleluniversum und zelebrieren das Durchschreiten mit kultischen Handlungen, die anderen halten das Band für die Zufahrt zu einem Sperrmüllschredder und klammern sich so lang mit aller Kraft an ihr Gepäckstück und jedes Accessoire in ihren Hosentaschen, bis man sie mit Gewalt zur Aufgabe zwingt. Die Nächsten denken, dass die Leute da am Band von der Stasi oder der NSA sind und willkürlich in den Sachen anderer Menschen herumschnüffeln dürfen, und dass das piepsende Portal kein Metalldetektor ist, sondern ein Nackt-Scanner, der die Fotos dann auch gleich mit Namen und Adresse, die aus dem neuen bionischen Pass ausgelesen werden, online stellt, an die Adressdatei einer Drückerkolonne für Schlankheitsmittel verkauft oder Sie damit als Kandidaten für das »Dschungelcamp« anmeldet. Sie wagen sich daher nur äußerst zögerlich durch den Detektor All das sorgt für Schlangen. Warteschlangen. Airlines und Flughäfen tun einiges, um ihre Gäste entsprechend vorzubereiten, damit die Kontrollen schneller und die Schlangen kürzer werden: Sie schreiben ins Internet, wie die Sicherheitskontrollen ablaufen, sie zeichnen Plakate mit putzigen Männchen, die das tun, was die Leute tun sollen, manche drehen sogar kleine Filmchen mit echten Leuten, die vorführen, was zu tun ist. Volkshochschulen in großen Städten bieten Intensivkurse im Sicherheitskontrollen-Survival an, jedes Führungskräftetraining kennt die Einheit »How to get through security«, aber diese Fortbildungsmaßnahmen werden leider allzu selten besucht. Es gibt kostenlose Selbsthilfegruppen, in denen sich das Loslassen vom Handgepäck trainieren lässt. Die amerikanische Modezeitschrift *Vogue* hat schon einmal Sonderausgaben für das perfekte Outfit für einen Flug herausgebracht, nämlich ohne Gürtel, Stiefel und Kram in den Rocktaschen. Sogar ohne Kurs könnte man üben: das schnelle Ausziehen des Mantels und gleichzeitige Bereitlegen des Flüssigkeitsbeutels mit der anderen Hand, das Aufklappen des Laptops mit den Zehen, während man im Handstand den Inhalt der Hosentaschen in ein Plastikkörbchen fallen lässt, das man mit den Zähnen festhält, dann einen Handstandüberschlag nach vorne machen, dabei die Stiefel aufschnüren, sie auf das Band ins Körbchen werfen und mit diesem Schwung direkt das Metalldetektorportal passieren. Den Weltrekord im Schnell-Sicherheitskontrolldurchgang hält ein Japaner, der all dies innerhalb von vier Sekunden schafft. Er hat dafür mehrere Jahre geübt und eine russische Zirkusschule besucht.

Doch was machen die Leute, die in der Schlange stehen? Sie werden zu Schafen, doofen Herdentieren, die nur bis zum nächsten Grashalm denken können und nicht bis zum Ende der Schlange. Sie schauen in die Luft, blöken aufgeregt, machen Selfies, halten die Tickets und Pässe bereit (obwohl sie die hier gar nicht brauchen) und gucken, ob es in der Schlange nebendran nicht etwas schneller geht und man nicht vielleicht die Schlange wechseln sollte, wie eben auch an der Supermarktkasse.

Was die Schlangenschafe, auch im Supermarkt, vergessen, ist: Nicht die Länge der Schlange ist relevant, auch nicht der einzelne Bremser, der gerade vorne steht und alle aufhält, weil er in seiner Hosentasche nach Kleingeld wühlt, sondern alle Bremser und Schnarchnasen, die zwischen dem ersten und dem letzten Schaf in der Schlange stehen. Die sind es, die die Wartezeit verlängern. Mit geübtem Blick lassen sie sich erkennen und Schlangen vermeiden, in denen mehr als einer von ihnen steht. Die Typologie der neun schlimmsten Sicherheitskontrollbremser hilft, Staus und Frust zu vermeiden.

9. Die asiatische Reisegruppe:
Man meint ja, Asiaten seien gut organisiert, höflich und diszipliniert. Daher rät George Clooney in »Up in the Air« seiner jungen Kollegin, sich möglichst hinter Asiaten in der Schlange anzustellen. Das gilt für Einzelreisende, trifft aber nicht auf Gruppen von Asiaten zu, denn diese geben Denken und Verantwortung gerne an die Gruppenleitung ab und ignorieren dann Plakate, Anweisungen des Flughafenpersonals und eigene Lebenserfahrung. Sie tun und verstehen nur, was der Chef sagt, und das erst in den Moment, wenn er es sagt und am besten noch vormacht. Da der Chef immer vorangeht, ist er aber schon durch das Portal, wenn die anderen drankommen, daher diskutieren diejenigen, die weiter hinten anstehen, be-

sorgt, was denn jetzt zu tun sei. Die Herren trennen sich nur ausgesprochen ungern von ihren Handtäschchen, die Damen schnattern erst eine Runde, bevor die erste ihre Schuhe auszieht, und weil sie höflich sind, helfen sie sich alle gegenseitig aus der Jacke und streiten sich dann darum, wer als Nächster durch das Portal gehen darf. Das ist niedlich, aber das dauert.

Zeitverlust pro Person in der Gruppe: 1 Minute.
Erkennungszeichen: Vorne in der Gruppe steht ein Chef, kenntlich an einem kleinen Fähnchen an Rucksack oder Handtasche.

8. Die selbstbewussten Rentner

Sie meinen, sie wissen alles und vor allem alles besser. Sie meinen, die Regel, dass man keinen Nagelknipser in der Handtasche dabei haben darf, gelte nur für junge Dinger. Sie sind der Ansicht, wegen ihres krummen Rückens die beige Funktionsjacke nicht ausziehen zu müssen, weil das zu beschwerlich sei, und wegen des Ischias ihren Zehn-Kilo-Trolley nicht auf das Band heben zu müssen. Sie finden auch, dass man ihnen ansieht, dass von ihnen kein Schaden ausgehen kann, dass sie anständige und rechtschaffene Leute sind, für die die Regeln des Flughafens nur eingeschränkt gelten – denn diese Regeln sind für das ganze junge und ausländische Pack da, das nicht weiß, wie man sich zu benehmen hat. Sie finden, es ist eine Unverschämtheit, dass das Flughafenpersonal ihr Alter und ihren Status nicht respektiert und darüber auch nicht diskutieren möchte. Bis diese Rentner sich dann aus ihren Klamotten gepellt haben und die Bauchtasche abgeschnallt ist, vergeht eine gewisse Zeit. Weitere Zeit vergeht, wenn man ihnen das Kölnischwasser-Fläschchen aus der Tasche holen will, und sie partout nicht einsehen, warum die anderen nicht einsehen, dass davon keine Gefahr ausgeht. Da die selbstbewussten Rentner immer mindestens in Paaren, oft auch als Gruppe auftreten, bestärken sie sich gegenseitig in ihrer Meinung und halten zusammen wie Pech und Schwefel, wenn es darum geht, den Nagelknipser zu verteidigen.

Zeitverlust: Drei Minuten pro Rentner und Gepäck- bzw. Kleidungsstück.
Erkennungszeichen: Beige Kleidung, bei Herren oft Funktionsweste, bei Damen Tasche mit praktischem breiten Schulterriemen, Gesundheitssandalen mit Fersenriemchen.

7. Der Krämer

»Ein Stück Handgepäck« ist das, was der Krämer nicht verstehen will. Er hat einen Trolley dabei, außerdem eine Laptoptasche, eine Gürteltasche, einen Rucksack, eine Plastiktüte vom Duty-free-Shopping, einen Brustbeutel, um den Oberschenkel eine Sicherheits-Geldtasche, einen Stockschirm und einen Hut. In seinem Trolley hat er einen prall gefüllten Flüssigkeitenbeutel. Der Krämer tut so, als wäre nichts, legt in aller Gemütlichkeit alle seine Gepäckstücke ab und packt jedes Ding einzeln in eine Plastikwanne. Damit sind Gerät und Personal dann erst mal beschäftigt, denn irgendwo in dieser Taschenkollektion steckt eine vergessene Nagelfeile – meistens in einem Beutel in der Innentasche einer Seitentasche.

Zeitverlust: Fünf Minuten
Erkennungszeichen: Gepäck für zehn Leute.

6. Die Babuschka

Sie hat nur eine kleine Handtasche, vielleicht auch einen Rucksack. Sie sieht harmlos und sympathisch aus. Aber die Babuschka ist nicht zu unterschätzen. Weil sie immer friert, trägt sie außer einer Jacke auch eine Strickjacke und darunter eine Weste und einen Rollkragenpullover. Um die Hüfte hat sie einen Rollkragenpulli gebunden und über dem Arm hat sie zur Sicherheit noch einen Kapuzen-pulli. Natürlich hat sie sich auch einen großen Schal um-geschlungen, im Winter trägt sie Handschuhe und eine pfiffige Filzkappe vom Weihnachtsmarkt. Sie ist nett und gebildet, sie legt anstandslos ihr Gepäck und ihre Jacke ab, zeigt Flüssigkeiten und Laptop vor. Sie versteht nicht, warum sie die anderen Jacken und die Weste auch ablegen soll, warum das so liebevoll drapierte Halstuch plötzlich ins Körbchen soll, und jammert bei jedem Kleidungsstück: Sie friert dann, das ist keine Jacke, die Mütze abzuset-zen ruiniere ihr die Frisur. Unter den Kleidungsschichten kommt dann der Schmuck zum Vorschein: dicke silberne Armreifen und eine bis zum Bauchnabel reichende Kette aus suppentellergroßen grünen Glassteinen. Wie, die soll sie auch ablegen? Jetzt wird die Babuschka weinerlich. Die Armeife hat sie noch nie abgelegt, greint sie und zuppelt etwas unmotiviert daran herum, um dünne Yoga-Ärm-chen freizulegen. Die Babuschka friert nämlich immer, weil sie sehr dünn ist, wie das innerste kleine Püppchen einer russischen Matrjoschka. Dann kommen die Schu-he dran. Die Babuschka trägt, weil sie ja so leicht friert, immer Stiefel. Meistens solche zum Schnüren. Kniehoch. Mit 20 Ösen. Die Babuschka winselt. Alle anderen in der Schlange auch.

Zeitverlust: 10 Minuten im Sommer, im Winter bis zu 20 Mi-nuten.
Erkennungszeichen: Voluminöses Halstuch in Pastellfarben, im Winter Filzkappe.

5. Der Witzbold

Wie die Babuschka sieht auch er auf den ersten Blick unauffällig aus. Er hat einen Rucksack dabei und ist eher der
sportliche, unkomplizierte Typ. Meistens ist er mit seinen Kumpels unterwegs, denn Witze machen nur Spaß,
wenn man jemanden im Rücken hat, der auch garantiert
darüber lacht. Der Witzbold hat einen Schokoriegel in der
Jeansjacken-Innentasche und sagt beim Abtasten: »Bom-
be!«, wartet kurz auf den Schock, und löst dann auf: »Ka-
lorienbombe! Hahahaha!«. Er stöhnt lustig, wenn er am
Hintern abgetastet wird und hat ein Feuerzeug in Re-
volverform im Handgepäck. Wenn die Security-Mitar-
beiter nicht von seinen Sprüchen abgelenkt sind und es
entdecken, holen Sie den Grenzschutz, der sich mit fünf
Mann auf den Witzbold wirft und ihn an den Haaren weg-
schleift.

Zeitverlust: 15 Minuten.
Erkennungszeichen: T-Shirt mit witzigem Spruch und Publi-
kum.

4. Der Techie

Er hat ein sehr, sehr großes Gepäckstück dabei. Darin befinden sich eine Packung Kaugummi sowie ein Tab-
let-PC, ein Laptop, eine GoPro-Kamera, ein Fotoapparat
mit echtem Film, ein Smartphone, ein Satelliten-Handy,
ein GPS-Ortungsgerät, ein mobiler Bluetooth-Lautspre-
cher sowie Lade- und Verbindungskabel für all diese Geräte. Was wie ein Plastik-Armband aussieht, ist der Fit-
ness-Monitor des Techies. In seiner Hosentasche steckt
ein MP3-Player. Bis der Techie den Kontrolleuren all die
Geräte eingeschaltet und vorgeführt hat, vergeht einiges

an Zeit, denn nicht bei allen ist der Akku voll aufgeladen – und die Kontrolleure, selbst verkappte Techies, lassen sich gerne über die technischen Details, den Kaufpreis und den Nutzen jedes Geräts aufklären.

Zeitverlust: 18 Minuten
Erkennungszeichen: DJ-Kopfhörer um den Hals.

3. Der Flaschengeist

Irgendwann hat er schon mal gehört, dass man keine Flüssigkeiten mit in den Sicherheitsbereich nehmen darf. Und wenn, dann in kleinen Fläschchen, die alle in einen durchsichtigen Beutel passen. Aber irgendwie hat er auch gedacht, dass das mal wieder vorbeigeht, so wie die Kontrollen auf Wurstbrote während der Maul- und Klauenseuche in England oder die Temperaturmessungen wegen Ebola. Irgendwer hat doch auch gesagt, dass das eh nichts bringt und wieder abgeschafft wird, und außerdem ist ja ein Glas Honig keine Flüssigkeit, das darf man bestimmt so mitnehmen. Und wer wird schon, wo man doch auf Flügen viel trinken soll, etwas gegen eine 1,5-Liter-Wasserflasche sagen? Artig packt der Flaschengeist seine Tasche auf das Band und will mit der Flasche im Arm weitergehen. Als man ihm sagt, dass er die Flasche wegwerfen muss, protestiert er lautstark und sieht es nicht ein, die Ressource zu verschwenden. Er stellt sich demonstrativ vor das Portal und beginnt, die Flasche auszutrinken. Soll er etwa sowohl das Wasser als auch das Pfand sausen lassen? Na, von wegen! Hat er die Pulle endlich leer, warten auf der anderen Seite schon die Kontrolleure, um ihm den Honig abzunehmen und ihn darauf hinzuweisen, dass auch der Labello und das Deo in die Flüssigkeitentüte müssen, die der Flaschengeist natürlich nicht dabei hat, weil er ja gar keine Flüssigkeiten mit sich führt. Achtung: Den Flaschengeist gibt es sowohl in männlicher als auch in weiblicher Ausführung.

Zeitverlust: Je nach Trinkgeschwindigkeit bis zu 20 Minuten.
Erkennungszeichen: Flasche in der Hand.

2. Das Schreikind

Der Metalldetektor ist für das Schreikind das Tor zur Hölle. Es wird dort nicht hindurchgehen. Es wird auch seinen kleinen bunten Rucksack nicht hergeben und auf das Band legen. Der Papa soll seine Sachen auch nicht aufs Band legen, und der Buggy soll da erst recht nicht hin. Weil diese Maschine einfach alle Sachen frisst, für immer, mit seinem eckigen Maul und den Plastikfetzenlefzen. Das Kind klammert sich an den Eltern fest und brüllt aus Leibeskräften. Es spreizt sich. Es läuft rot an. Die Zunge vibriert im Mund. Vier erwachsene Männer müssen das Kind festhalten, damit die Mutter ihm den kleinen Rucksack abnehmen kann. Wenn die Mutter dies übers Herz bringt. Das Personal muss Spielzeug herbeibringen. Irgendwer hält es für eine gute Idee, das Kind in den Maschinenrachen blicken zu lassen. Das Kind beginnt, um sich zu schlagen. Kein Dinkelkeks kann es locken, nicht einmal echte Schokolade zieht noch. Das Kind muss sich austoben, auf den Boden werfen, mit Schaum vor dem Mund auf dem Teppich herumrollen. Erst, wenn alle Energie aufgebraucht ist, geht es weiter.

Zeitverlust: Je nach Durchsetzungswillen der Eltern und Kraft des Kindes bis zu 30 Minuten.
Erkennungszeichen: Rucksack in Hasengestalt.

1. Der Hamster

Er ist einer von den Männern, die Rucksäcke infantil finden, Aktenkoffer zu altmodisch und Herrenhandtaschen indiskutabel. Daher steckt er alles in seine Hosen- und Jackentaschen. Seine Frau sagt ihm ständig, dass dadurch die Hosen kaputt gehen und die Hemden Kuliflecken bekommen, den Hamster interessiert das nicht. Er trägt alles, was er im Alltag braucht, ganz selbstverständlich immer am Körper. Als wäre es ein Teil von ihm. Daher kommt der Hamster nicht von selbst auf die Idee, seine Taschen auszuleeren. Die Geldbörse legt er noch brav ins Körbchen, die Jacke zieht er aus. Dann geht er das erste Mal durch die Schleuse. Huch, das Handy aus der Sakko-Innentasche. Nochmal – oh, der Schlüssel aus der Sakko-Außentasche. Achja, da ist ja noch der Kuli in der Hemdtasche. Nächstes Mal. Ach, Mensch, klar, das Kleingeld in der Hosentasche. Drittes Mal. Ei ja, genau, die Pitchgabel vom Golf steckt noch in der hinteren Hosentasche. So geht es weiter. Am Ende ist ein Körbchen voller Metallgegenstände beisammen: das Kupfer-Armbändchen, der Autoschlüssel, der Laserpointer, die Manschettenknöpfe, der Terminkalender mit den metallenen Ecken, das Feuerzeug, der Flaschenöffner, alles ist zum Vorschein gekommen. Im Scanner haben die Security-Leute derweil schon gesehen, welche Schätze der Hamster noch so in seinen Jackentaschen versteckt hat, und fragen: Ist das Kästchen da eine Fernbedienung für das Tor einer Garage oder ein iPod? Ist das ein Objektivdeckel oder ein Spielchip aus dem Casino? Der Hamster freut sich derweil, dass er lang verlorene Gegenstände wie den Flaschenöffner wiedergefunden hat.

Erkennungszeichen: Kein Handgepäckstück.
Zeitverlust: Bis zu 40 Minuten, je nach Größe der Taschen.

TEST

Wie viel Geld werden Sie zwischen Sicherheitskontrolle und Boarding ausgeben?

Sie haben es geschafft und sind auf der anderen Seite der Sicherheitskontrolle angekommen – in einer neuen Welt. Hier warten Geschäfte und Restaurants auf Sie, sofern Sie jetzt nicht zum Gate rennen müssen, weil Sie hinter einem der acht schlimmsten Bremser festgesteckt sind. Die Versuchung ist groß. Wie viel Sie ausgeben, hängt von Ihrer Grundkonstitution ab. Gute Vorsätze sind zwecklos, denn noch der geizigste Gast wird etwas ausgeben. Die Frage ist nur wie viel. Finden Sie hier heraus, welche Summe Sie einplanen sollten.

Eine Bodylotion im Duty-Free-Laden ist von 19,99 auf 17,99 Euro reduziert. Was tun Sie?

A) In mein Handy blicken: Dort habe ich die Preise meines lokalen Drogeriemarkts und des On-board-Shoppings meiner Airline notiert, man muss ja schließlich vergleichen.

B) Meine Lieblings-Lotion! Super! Kauf ich gleich zwei davon!

C) Ich zapfe unauffällig etwas vom Tester in einen mitgebrachten Zipperbeutel.

Sie sind hungrig. Was nun?

B) Ich esse ein Krabbenbrötchen an einem der Stände im Zentralbereich, und weil mir das nicht reicht, noch eine handbelegte Pizzaschnitte an dem Imbiss direkt am Gate. So feine Spezialitäten gibt es bei uns in der Kantine nie.

A) Ich packe mein von zu Hause mitgebrachtes Sandwich aus.

C) Ich kaufe im Selbstbedienungslokal eine Brezel und klaue dabei noch ein belegtes Brötchen.

Ihr Schatz will am Gate noch ein kleines Bier trinken und sich damit in Urlaubslaune bringen. Wie finden Sie das?

C) Bierchen gibt es zwar gleich im Flieger, aber Vorglühen hat noch keinem geschadet.

B) Man lebt ja schließlich nur einmal. Da sind 9,90 Euro für 0,3 Liter Weizen doch mal drin.

A) Wenn mein Schatz mich einlädt, dann gerne. Auf uns!

Einer der Läden bietet unglaublich praktische Universal-Reisestecker an. Sie sind auch schön designed. Nehmen Sie einen mit?

C) Solchen Kram gibt es doch kostenlos im Hotel. Ich habe schon eine ganze Sammlung an Steckern aus allen Ländern der Welt.

A) Ich habe schon einen – den gab es 1998 mal bei Tchibo.

B) Mensch, den Reisestecker habe ich ganz vergessen. Gut, dass es diese Flughafenshops gibt!

Ihr Kind hat sich die Finger und das Gesicht mit Schokoladeneis verschmiert. Die Drogerie bietet in Gurkenwasser getränkte Wischtücher an. Wenn Sie drei Packungen nehmen, können Sie sich noch ein Röhrchen Vitaminpillen aussuchen.

B) Herrlich. Warum gibt es so tolle Angebote nicht auch in den heimischen Drogeriemärkten?

C) Das ist nicht mein Kind. Kinder sind mir zu teuer.

A) Ich weise mein Kind zurecht und gehe mit ihm in den Waschraum. Das Trinkgeld für die Toilettenfrau kostet mich weniger als die Wischtücher. Das Eis hätten wir uns sparen sollen.

Eine Uhrenfirma bietet sportliche Armbanduhren zum Sonderpreis an. Das Design ist vom vergangenen Jahr und in ziemlich schrillen Farben, aber ein Blick ins Smartphone verrät, dass das Angebot wirklich gut ist. Greifen Sie zu?

C) Nein. Ich habe schon eine Uhr im Handy.

A) Nein. Wir hatten in den 80er-Jahren Armbanduhren von diesem Hersteller und waren gar nicht zufrieden.

B) Ja! Was für eine wunderbare Geschenkidee! Ich warte, bis mein Schatz auf der Toilette ist und kaufe eine Uhr, um sie heute Abend am Strand als Überraschung zu präsentieren.

Auflösung

Überwiegend A: 19,99 Euro

Ihnen kann niemand etwas vormachen. Sie würden sogar einen echten Kaschmirpullover im Angebot für 50 Euro noch ausschlagen, wenn Sie der Meinung sind, dass Sie ihn selbst für weniger Geld stricken könnten. Damit Sie etwas als Schnäppchen bezeichnen, muss es nicht nur günstig, sondern auch nützlich und sinnvoll sein. Doch der Tag wird kommen, an dem Sie dem verführerischen Duft eines Designer-Duschgels erliegen. Und dann werden Sie erkennen, dass es ein Leben jenseits der Pfennigfuchserei gibt – und es mit diesem Duschgel für 17,99 beginnt. Von den im Vergleich zum Ladenpreis gesparten zwei Euro kaufen Sie Ihrem Kind ein Eis.

Überwiegend B: 345,20 Euro

Wenn Sie reisen, dann richtig! Schon zu Hause ziehen Sie Ihre Spendierhosen an und setzen die Preis-Ignorier-Brille auf. Sparen können Sie schließlich das ganze Jahr über. Ihre Kreditkarte ist also schon durchgewetzt, bevor es richtig losgeht. Der Flughafen und der Luxusartikelstand von Sabine Kraushaar sagen: Bitte beehren Sie uns bald wieder! Doch der Tag wird kommen, an dem Sie sich mit dem Meeresfrüchteteller am Airport den Magen verderben und Ihr Schatz Ihnen verbietet, auch nur noch eine Souvenirtasse mitzubringen.

Überwiegend C: 1,30 Euro

Mit Ihnen macht der Flughafen kein Geschäft. Im Gegenteil: Sie schaffen es, jedes Mal mit mehr zu gehen, als Sie gekommen sind. Sie geben 1,30 Euro für die Brezel aus und haben das Sandwich für 4,70 Euro mitgehen lassen. Vermutlich haben Sie den Kuli, mit dem Sie die Postkarten aus dem Urlaub schreiben, aus der Firma mitgenommen, und vermutlich werden Sie im Hotel nicht nur die kleinen Duschgel-Fläschchen, sondern auch die kleine Tüte mit den Wattestäbchen einpacken. Doch der Tag wird kommen, an dem Sie ganz allein in einem Provinzflughafen gestrandet sind und 10 Stunden auf einen Anschlussflug warten müssen. Und dann werden Sie feststellen, dass man Handcreme-Pröbchen nicht essen kann.

Alle Mann an Bord:
Boarding

Mit mindestens einer Einkaufstüte in der Hand, darin der Wodka für Ihr Handgepäck, kommen Sie nach einem etwa 45-minütigen strammen Fußmarsch am Gate an. Der Weg war hart, aber Sie waren ja gut vorbereitet: Das harte Training hat sich ausgezahlt, außerdem tragen Sie Treckingschuhe, haben einen Kompass dabei und einen ausgedruckten Plan des Flughafens, auf dem Sie Ihr Gate eingezeichnet haben. Sie sind unterwegs rasenden Trolleymenschen ausgewichen, haben ein ausgesetztes Kleinkind gerettet, einer orientierungslosen Gruppe junger Amerikaner kurz Ihren Kompass geliehen und einem alten Herrn erste Hilfe geleistet, der wegen zu vieler Schnapsflaschen in der Einkaufstüte einen Hexenschuss bekommen hat. Auf halber Strecke wurden Sie von einem kleinen Elektroauto angefahren, das erst hupte, als Sie schon unter den Vorderreifen lagen. Diese Dinger sind der Schrecken des Flughafens, wenn man nicht gerade gebrechlich oder gehbehindert ist und daher auf ihnen mitfahren darf. Die Autos sind so leise wie Katzenpfoten und schleichen sich auf ihren Gummireifen an nichtsahnende Reisende an, um diese anzurempeln wie im Autoscooter oder zu erschrecken.

Auf der gepolsterten Ladefläche des Autos sitzt das Ehepaar Muggenthaler und meckert, dass die jungen Leute auch immer mitten im Weg gehen müssen. Im selben Moment rennt ein sehr schneller, sehr sportlicher Mann an Ihnen vorbei: Das ist Tafari Makele aus Eritrea, der gerade für die erste internationale Meisterschaft im Gate-Running trainiert. Tafari schafft es inklusive Orientierung in einem unbekannten Flughafen in weniger als fünf Minuten, von der Sicherheitskontrolle zum Gate zu kommen, dort herauszufinden, welches das Ersatzgate ist, und dieses dann auch zu erreichen. Diese neue Sportart des 21. Jahrhunderts ist eine Mischung aus Sprint, Ausdauer, Hindernislauf und analogem Geocaching. Tafari gilt als einer der Favoriten bei dem Wettkampf. Sein Vorteil ist, dass er selten fliegt, aber sehr gerne mit der Bahn reist und dabei schon in jungen Jahren sein Rüstzeug in Sachen urbaner Orientierung und Durchsetzungsvermögen erworben hat. Er ist allen anderen, die sich den psychischen Belastungen des Fliegens und weniger den körperlichen Anstrengungen des Bahnfahrens stellten, also ein paar Jahre Training voraus.

Wenn Sie also nach 45 Minuten am Gate angekommen sind, müssen Sie sich erst mal ausruhen und die blauen Flecke von dem Elektroautounfall mit Eiswürfeln aus der Bar kühlen. Immerhin ist der Flug am Gate schon angeschrieben, aber es sind noch keine Mitarbeiter der Airline am Tresen. Direkt vor dem Tresen aber steht schon der umtriebige Mittelständler Guido Fottner, den Trolley fahrbereit in der Hand. Er will der Erste im Flieger sein, damit er ohne Zwischenstopp zu seinem Platz gelangen und sein Gepäck auch genau in dem Fach über seinem Sitz platzieren kann und nicht warten muss, wenn andere Leute noch rumkramen und den Gang blockieren. Er will einsteigen, sich hinsetzen und gut.

Sie atmen tief durch und sehen sich um. Der Schmerz in Ihrem Körper lässt langsam nach, Ihre Atmung normalisiert sich. Wenn Sie Glück haben, sind Sie mit einer Airline unterwegs, die am Gate einen Kaffeeautomaten aufgestellt hat und Zeitungen auslegt. Meistens aber sitzen Sie auf einer speckigen Bank, umgeben von Kekskrümeln, eintrocknenden Bananenfäden, Folienresten, Pappbechern und Bonbonpapieren. Sie haben nun Zeit, sich umzusehen und Ihre Mitreisenden zu beobachten. Die Muggenthalers etwa sitzen aufgeräumt in der Nähe des Gates und lesen in einem Reiseführer. Der Elektroauto-Fahrer hat ihnen ihr Handgepäck brav auf den Sitzplatz neben ihnen gestellt, damit sie es gleich greifen können. Evi Muggenthaler findet das gut, denn so kann sich auch kein junges Ding mehr zu ihnen auf die Bank setzen. Guido Fottner trommelt mit den Fingerkuppen auf dem Tresen, hinter dem immer noch niemand sitzt. Ein junger Typ mit einer sehr großen Tasche knibbelt an den Knöpfen irgendeines technischen Geräts herum. An der Bar ein paar Meter weiter sitzt eine Gruppe junger Männer mit einheitlichen T-Shirts, die sie als Mitglieder eines Kegelclubs ausweisen. Am Horizont sind schon die Bickelbachers zu sehen: Leon-Luca möchte auf gar keinen Fall das Transportband benutzen und wirft sich schreiend auf den Boden. Sein Hasenrucksack bebt. Aber es ist ja noch gut Zeit bis zum Beginn des Boardings. Mehr als genügend Zeit sogar. Sie können nun Vokabeln wiederholen, im Kopf das große Einmaleins durchgehen oder zählen, wie oft das Kleinkind in der übernächsten Bankreihe hinfällt, während es zwischen seinen Eltern hin- und herdackelt. Oder bei Ihrem Nachbarn über die Schulter in dessen Zeitung gucken und mitlesen.

Sie können auch die Flugzeuge und kleinen Service-Autos beobachten, die draußen vor dem Fenster stehen oder vorbeifahren. Das »Follow Me«-Auto ist mit seinen Karos ja noch ein echter Hingucker. Aber die Flugzeuge selbst sind vergleichsweise langweilig. Da stecken die Airlines Abertausende von Euros in Werbung und Corporate Identitiy, lassen die Flugzeuge regelmäßig neu lackieren, aber in welcher Farbe? Weiß mit dem Logo der Airline drauf. Skandinavische Airlines zeichnen schon mal die Mumins, diese süßen nilpferdartigen Trollwesen, oder bunte Blumen auf ihre Flugzeuge. Doch dafür, dass jedes Flugzeug lackiert ist, sind Flugzeuge in Deutschland ziemlich langweilig designed. Entwerfen Sie hier Ihr eigenes Flugzeugdesign und machen Sie aus einem Verkehrsflieger ein geblümtes Hippie-Mobil, eine Riesenraupe, einen Penis oder was Ihnen sonst so einfällt:

Sie bemerken eine gewisse Unruhe am Gate. Die Bickelbachers sind soeben schnaufend und prustend eingetroffen, hecheln »gerade noch geschafft« und »das war aber knapp«. Leon-Luca hat Schokolade an den Fingern und der Hasenrucksack sieht etwas mitgenommen aus, aber er macht ein fröhliches Gesicht, während seinen Eltern die Schweißperlen auf den stressgezeichneten Stirnen stehen. Die Bickelba chers suchen nun eine Sitzgelegenheit mit je einem Sitz für jedes Familienmitglied und einem Sitz, auf den sie ihre Gepäckstücke stapeln können. Es gibt aber nicht einmal mehr zwei zusammenhängende freie Sitze im Bereich des Gates. Deshalb geht Vater Axel mit Leon-Luca doch lieber die Flugzeuge und kleinen Autos auf dem Rollfeld anschauen.

Die Uhr steht nun genau auf Boardingzeit. Am Schalter ist immer noch kein Personal zu sehen. Guido Fottner blickt auf seine Armbanduhr und stampft mit dem Fuß auf. Eine Durchsage weht durch das Terminal: »Attnshnallpasssngersofflightgh6755tolondnplsntrsagtchrngtogtkrn67«. Guido Fottner stampft schon wieder mit dem Fuß auf und trompetet los: »Ein Gate-Change! Immer das Gleiche!« Er trabt in die Richtung los, aus der alle gerade gekommen sind. Drei Minuten später springt die Anzeigetafel über dem Gate um und verrät: »Wegen einer Verspätung des Fliegers bei der Ankunft ist das neue Abfluggate Gate Nummer 67.« Murren, Rascheln und Knistern beginnt. Die Muggenthalers sind empört und wissen nicht, wie sie nun das Elektrowägelchen herbeordern können. Sarah Bickelbacher rauft sich die Haare. Sie holen den Flughafenlageplan und den Kompass hervor und machen sich auf den Weg. Ihr Sitznachbar mit der Zeitung bleibt ungerührt sitzen. Der Kegelclub klatscht rhythmisch und skandiert »Ihr könnt nach Hause geh'n, Ihr könnt nach Hause geh'n!« Der Technik-Typ raunt Ihnen im Vorbeigehen zu: »Das ist ein Algorithmus. Immer, wenn man überpünktlich am Flughafen ist, hat der Flieger Verspätung. Wenn man spät dran ist, ist der Flug pünktlich und man muss zum Gate rennen. Und wenn man spät am Gate ist, gibt es einen Gate Change. Faszinierend!«. Er macht sich mit Ihnen und allen anderen auf den Weg zum neuen Gate. Unterwegs kehrt der Kegelclub nochmal bei einer Bar ein. Die Muggenthalers finden an einem anderen Gate einen flughafeneigenen Rollstuhl, in dem sie sich abwechselnd gegenseitig schieben. Sie sehen unterwegs, wie Tafari Makele gehockte Sprünge über Bankreihen trainiert. Leon-Luca wirft sich schon wieder schreiend auf den Boden, diesmal, weil er unbedingt wie alle anderen Leute auch auf dem Förderband fahren will und nicht versteht, warum der Papa mit ihm daran vorbeigeht. Unterwegs helfen Sie einer älteren Dame, die glaubhaft versichert, dass sie seit Tagen im Flughafen herumirrt, den Weg zur Flughafenseelsorge zu finden und kaufen ein Sandwich, um Ihre Energiereserven aufzufüllen.

Am neuen Gate stehen überraschenderweise lauter Leute, die vorher nicht am Gate waren, und Sie wissen: Dieser Flug wird voll. Der junge Technik-Fan steht schon wieder neben Ihnen und raunt Ihnen zu, dass diese Leute nur deshalb schon hier sitzen, weil sie zu spät gekommen sind und deshalb den Gate Change schon beim Einchecken mitbekommen haben. Bevor Sie etwas antworten können, wird der Technik-Fan von Heiner Muggenthalers Rollstuhl überfahren. Gemeinsam schaffen es die alten Herrschaften, sich ganz nach vorne zu arbeiten. Guido Fottner drängelt sich bis zum Servicetresen vor und beschwert sich lautstark über das Chaos und die schlechte Kommunikation. Damit hat er sich wieder ganz vorne positioniert. Weil die Angestellten hinter dem Tresen jetzt schon herumrumoren, Blätter von links nach rechts tragen und an der Schiebetür nesteln, bildet sich eine Schlange vor der Boarding-Schleuse. Denn nicht nur Guido Fottner sondern auch viele anderen wollen die Ersten im Flugzeug sein. Guido bringt seinen Trolley schon mal in Abwehrstellung. Pass und Boardingkarte hat er bereits in der Hand. Die anderen allerdings auch.

Am Horizont sind die Bickelbachers zu sehen, wie sie gerade versuchen, dem völlig erschöpften Leon-Luca den Hasenrucksack abzunehmen, den er aber unbedingt selbst tragen möchte und sich daher mit Händen und Füßen wehrt.

Eine der Angestellten am Tresen ergreift das Mikrofon und sagt: »Sehr geehrte Damen und Herren ...« Fast alle, die auf den Bänken sitzen, springen jetzt auf und sammeln sich in einer Traube vor der Boarding-Schleuse. Diejenigen, die weiter hinten in der Traube stehen, murren. Die Durchsage ist inzwischen weitergegangen, ohne dass jemand der Stehenden zugehört hat, nämlich so »... steigen zunächst Eltern mit Kindern und Gäste mit Gehbehinderungen ein.« Ganz am Ende der Traube steht eine junge Frau mit einem Baby im Arm und sieht sehr unglücklich aus. Seitlich neben dem Gate sitzt ein alter Mann im Rollstuhl, seine Tochter schiebt ihn jetzt auf die Schleuse zu. Nur ungern machen die anderen ihm Platz. Die Frau mit dem Baby versucht, in der Schneise des Rollstuhls nach vorne zu kommen, scheitert aber an Guido Fottners Trolley. Jetzt kommen die Bickelbachers angerast, Vater Axel rumpelt durch die Menschentraube, Mutter Sarah hinterher, Leon-Luca mitsamt dem Hasenrucksack dahinter. Die Frau mit dem Baby schließt sich an. Andere Eltern sind noch gar nicht von den Sitzbänken aufgestanden. Es gibt nämlich zwei Boarding-Typen: Die Aufsteher und die Sitzenbleiber. Unabhängig von Sitzreihe, Alter, Destination und Art des Reisens gibt es diejenigen, die gar nicht früh genug im Flieger sein können. Das sind meistens nicht die Eltern mit Kindern oder die Leute in »Sektion A-B«, die laut Durchsage als erste boarden sollen. Sondern es sind die, die auch bei Konzerten mit freier Platzwahl als Erste da sind, am ersten Tag des Schlussverkaufs schon vor der Öffnung vor dem Laden stehen, am Pool morgens um 5 mit dem Handtuch Liegen reservieren. Sie wollen auch als Erste im Flieger sein, dass ja niemand auf ihrem Platz sitzt, denn im Kino ist es ihnen trotz Platzkarten schon passiert, dass da irgendwelche Dumpfbacken einfach auf ihren Stühlen saßen. Dieselben Leute drängeln sich auch vor, wenn es irgendwo etwas gratis gibt und schreiben Mails mit CC an den Geschäftsführer, wenn sie der Ansicht sind, dass ihnen im Büro jemand einen Bleistift aus dem Stiftebecher geklaut hat. Sie wollen nicht verstehen, dass es mit den Bleistiften genau so ist wie mit den Sitzplätzen im Flieger: Es sind genug für alle da.

Die andere Art von Leuten sind die Sitzenbleiber. Sie wissen, dass sich niemand auf ihren Platz setzen wird. Und selbst wenn, wären diese Leute schnell verscheucht. Die Sitzenbleiber haben keine Lust, im Pulk zu stehen. Sie sind Individualisten und lassen sich auch nicht mitreißen, wenn alle aufstehen und zum Gate gehen. Sie machen nämlich aus Prinzip nie das, was alle anderen machen. Es sind die Typen, die bei der Weihnachtsfeier in der Arbeit nicht mittanzen, auch wenn alle auf der Tanzfläche sind. Sie machen das aus Gemütlichkeit, aber auch, weil sie denken, dass sie schlauer sind als die Masse. Meistens sind sie es, etwa jetzt beim Boarding. Die Menschentraube würde die Familie mit Kleinkind oder den kleinen alten Mann in Sektion A, die als erste boarden dürften, ja ohnehin nicht durchlassen. Man kann also getrost sitzenbleiben. Denn von den Leuten im Pulk, die sich haben mitreißen lassen, haben einige ihren Pass nicht griffbereit, andere haben ihre Bordkarte verloren. Bei einem ist der Akku des Handys leer, auf dem die elektronische Bordkarte gespeichert ist, und bei wieder einem anderen ist das Handy-Display gesprungen, so dass der Eincheck-Automat den QR-Code nicht scannen kann. Das hält auf. Die Leute in der Menschentraube trippeln aufgeregt hin und her, als würde jede Verzögerung bedeuten, dass die Chance auf einen Sitzplatz im Flieger schwindet. Andere schimpfen und rempeln – das sind die Business-Class-Passagiere, die übersehen haben, dass es für sie eine eigene Schleuse gibt, damit sie an der Traube vorbeigrätschen und als Allerallererste im Flugzeug sein können. Sie finden es unmöglich, mit dem Economy-Fußvolk in einer Traube zu stehen und gar zu warten, bis die Seltenflieger ihre Tickets hervorgekramt haben.

Unmittelbar als Sie an der Reihe sind, klingelt Ihr Handy. Es ist Ihre Mutter, die wissen möchte, ob Sie gut angekommen sind. Sie haben jetzt Hände und Ohren voll und können weder eine gedruckte Bordkarte noch eine Handybordkarte vorzeigen, bis Sie Ihre Mutter abgewimmelt und auch beruhigt haben, indem Sie ihr erklären, dass es mit dem Flieger so ist wie mit der Bahn – dass es meistens erst zu der Zeit losgeht, zu der man schon ankommen sollte.

Dabei müssen sich alle sofort hinter dem Automaten erst einmal wieder gedulden, entweder in der Schlange im Tunnel, der zum Flugzeug führt, oder im Bus, der dort hinfährt. Guido Fottner war immerhin einer der ersten im Bus und hat einen Sitzplatz ergattert, den er auch nicht hergibt, als die Muggenthalers einsteigen und sich begehrlich nach Sitzplätzen umdrehen. Und ist der Bus dann losgefahren oder ist man vom Tunnel in den Flieger vorgerückt, steht man schon wieder, weil vorne einer bei der Stewardess nach dem Wetter fragt, ein anderer den Gang blockiert, weil er noch sein Buch aus der Innentasche der Seitentasche seines Rucksacks holen muss und noch ein anderer seinen Mantel ausgezogen hat und gegen den Strom wieder zurücklaufen will, um den Mantel in einen Garderobenschrank zu hängen.

Die Sitzenbleiber bekommen von all dem nichts mit. Sie warten, bis sich die Traube verkleinert und die Schlange lichtet, schlendern dann ganz entspannt zum Schalter und nehmen einfach den zweiten Bus. Im Flieger halten sie sich nicht mit der Gepäckablage auf und packen ihre Tasche einfach unter den Sitz.

Egal, ob Sie zu diesen Sitzenbleibern gehören oder gleich hinter Guido Fottner im Flieger waren – jetzt sitzen Sie da und warten. Denn erst jetzt, als sein Name ausgerufen wird, fällt dem Typen mit der Zeitung vom ersten Gate auf, dass alle weg sind und es einen Gate Change gab. Während Sie warten, sehen Sie durch das Fenster, wie schwarze Limousinen an das Flugzeug heranfahren. Das sind die First-Class-Gäste. Cyril Steyner ist unter ihnen. Lässig steigt er aus dem Fond des Wagens, und federt wie James Bond die Gangway hinauf. Oben steht schon Siw Miller-Korhonen, um ihn in Empfang zu nehmen. Am liebsten würde sie Cyril für diesen glamourösen Auftritt Kusshändchen zuwerfen. Den leicht rauchigen Ton in ihrer Stimme, als sie Cyril an Bord begrüßt, können Sie in der Holzklasse leider nicht hören. Dafür geht die Zu-spät-Kommer-Show weiter: Da rennt jetzt der Zeitungleser von vorhin herbei, schweißüberströmt. Einige Minuten später findet sich auch der Kegelclub ein, der unterwegs noch ordentlich tanken war und erst auf das dritte Ausrufen reagiert hat. »Boarding Completed«, tönt es als Durchsage. Alle da. Dann kann's ja losgehen.

Fliegerdenglisch – Deutsch:
Ein Schnellkurs

Den Schnellkurs Finnisch haben Sie ja schon in der Warteschlange beim Check-in erfolgreich abgeschlossen. Jetzt können Sie die Zeit nutzen, um die Sprache »Fliegerisch« zu lernen. Eigentlich ist die Sprache der Luftfahrt Englisch, doch damit tun sich sogar Piloten oft genug schwer, wie man an den genuschelten Durchsagen erkennen kann. Englisch ist die Sprache der Fliegerei, seit die Fliegerei erfunden wurde. Warum weiß niemand mehr so genau. Vermutlich, weil die Brüder Wright und Charles Lindbergh Englisch sprachen und als Flugpioniere große internationale Helden wurden. Otto Lilienthal, August Euler und Hugo Junkers waren auch große Flugpioniere, aber Deutsch war dann doch zu schwierig. Geschweige denn das Russisch der Luftfahrtpioniere Moschaiski, Ziolkowski und Antonow. Wer war dieser Herr Antonow gleich nochmal? Egal, man benannte jedenfalls Flugzeuge nach ihm. Doch auch an Bord von diesen spricht man Englisch. Praktischerweise ist dies eine der am leichtesten zu lernenden Sprachen der Welt, daher beherrschen auch tadschikische Fluglotsen und angolanische Copiloten sie wie ihre zweite Muttersprache. Berichte, dass das nicht der Fall sei und es im internationalen Luftraum ständig Beinahe-Crashs gebe, sind vom russischen Geheimdienst gestreut. Genau wie die YouTube-Videos von asiatischen

Piloten, die vor dem Terminal stehen und keine einzige Reporterfrage richtig beantworten können. In der russischen Version dieser Videos ist nämlich zu sehen, dass genau dieselben Asiaten die Frage nach den Verdiensten von Herrn Antonow in fließendem Russisch beantworten können.

Doch die russische Propaganda ist zu subtil, um heute noch verstanden zu werden. Englisch ist schon schwer genug, und das liegt nicht an den Vokabeln, sondern an den verborgenen Bedeutungen hinter den Vokabeln. Die ist auch noch von Englisch zu Englisch verschieden. Wenn man etwa jemandem sagen will, dass er seinen Hosenstall (respektive die Ladeluke des Flugzeugs) aus Versehen offen hat, sagt man in amerikanischem Englisch möglichst laut: »Oh my god! Look at that! It's wide open! It's a disaster!« (Oh mein Gott! Schaut mal da! Total offen! Katastrophe!). Amerikanisch ist immer zu laut und zu übertrieben, weshalb ein Gespräch über eine offene Hose klingen kann wie eine akute Erdbebenwarnung. Ganz anders Briten, die an dieser Stelle sagen würden: »Sir, excuse me. I apologize for mentioning it, but I think it might just be a good idea for you to just quickly check your zipper, if you find the time.« (Entschuldigen Sie bitte, und verzeihen Sie, dass ich es erwähne, aber ich denke, es könnte eventuell eine gute Idee sein, wenn Sie rasch Ihren Reißverschluss überprüfen, wenn Sie dazu kommen.) Bei den Briten klingt ein Befehl wie ein devoter Ratschlag. Nicht nur bei offenen Hosen, sondern auch in der Luftfahrt sorgt Englisch für Verwirrung, denn wenn der Pilot bei einer amerikanischen Ansage der Luftsicherheit reflexartig auf den Knopf für das Auslösen der Sauerstoffmasken drückt, überhört er die britische Ansage meist. Man hat daher versucht, sich auf ein einheitliches Luftfahrtenglisch zu einigen, das dann jeweils in die Landessprache zu übersetzen ist. Daher ist die jeweilige Landessprache die eigentliche fliegerische Sprache, angereichert mit Bedeutungen, die aus dem Englischen kommen und in keinem Lexikon stehen – hier also Fliegerdenglisch. Dieses Glossar hilft Ihnen, die wichtigsten Begriffe des Fliegerdenglisch in deutscher Sprache zu verstehen und auch die englischen Begriffe richtig auszusprechen, falls Sie sie brauchen sollten. Was in Englisch über den Lautsprecher gesprochen wird, verstehen Sie ohnehin nicht.

Abstützen
Fliegerenglisch: Brace! (bräiß!)
Luftfahrtsprache: Aufforderung an die Passagiere, die Abstützposition einzunehmen, da es zu einer harten Landung kommen könnte.
Deutsch: Panik! Jetzt! Mit Recht! Und Beten nicht vergessen!

Aufsetzen
Fliegerenglisch: Touchdown
Luftfahrtsprache: Wenn das Hauptfahrtwerk den Boden berührt und schon fast nichts mehr schief gehen kann – es sei denn, man muss durchstarten, die Reifen des Fahrwerks platzen, das Fahrwerk bricht, jemand anderer rollt auf die Landebahn, man schießt über die Landebahn hinaus …
Deutsch: Ein Ruck, der das Signal zum Klatschen gibt – da jetzt ja nichts mehr schief gehen kann. Meint man.

Ankunftszeit
Fliegerenglisch: Delay (diläi)
Luftfahrtsprache: Zeitpunkt der Ankunft der Passagiere am Terminal, wie auf deren Tickets aufgedruckt.

Deutsch: Zeitpunkt, an dem die Passagiere das Flugzeug tatsächlich verlassen, sich mit letzter Kraft ins Terminal schleppen, nach Luft schnappen und um einen Tropfen Wasser bitten. Niemals identisch mit der Zeit, die auf den Tickets aufgedruckt ist.

Besatzung
Fliegerenglisch: Crew (kru)
Luftfahrtsprache: Alle außer dem Kapitän, denn die Ansage heißt ja »Der Kapitän und seine Crew begrüßen …«
Deutsch: Alle, die eine Uniform anhaben und nett lächeln. Der Typ, der nicht lächelt, aber am meisten verdient, ist der Kapitän.

Bitte entschuldigen Sie …
Fliegerenglisch: Apologize (apollo-tscheis)
Luftfahrtsprache: Wir können nichts dafür, es ist uns auch total egal, aber wir entschuldigen uns, damit die Beschwerde eventuell ausbleibt oder milder wird.
Deutsch: Blas uns doch den Schuh auf, wenn dir was nicht passt.

Bordküche
Fliegerenglisch: Pantry (päntry)
Luftfahrtsprache: Mit neuester Technik ausgestattete Küche, um Gourmet-Menüs zuzubereiten. Vorne und/oder hinten im Flugzeug, in größeren Vögeln zusätzlich auch in der Mitte.
Deutsch: Stinkendes, großes Kabuff zum Lauwarmmachen von Speisen und Kaffee sowie Rückzugsort, Treffpunkt, Kneipe und Schwatzbasis der Stewardessen. Einziger Platz im Flugzeug mit genügend Fußraum.

Bordtoilette
Fliegerenglisch: Lavatories (lävätorries)
Luftfahrtsprache: In den Flugzeugraum verbaute Kabine zum Verrichten menschlicher Notdurft und für Maßnahmen zum Erhalt der persönlichen Körperhygiene.
Deutsch: Stinkendes, Klaustrophobie hervorrufendes Kabuff direkt neben der Bordküche, das man mit Pipi an den Schuhsohlen und Bazillen an den Händen wieder verlässt, also immer dreckiger als vorher. (An die Kerle, die Sex in der Bordtoilette haben, um damit in den Mile-High-Club zu kommen: Respekt!)

Chefstewardess
Fliegerenglisch: Purser (pörser)
Luftfahrtsprache: LeitendeR FlugbegleiterIN
Deutsch: Altes Mädchen, das es nicht geschafft hat, von einem First-Class-Passagier oder wenigstens einem Zahnarzt aus der Economy geheiratet zu werden, daher seit 30 Jahren Stewardess ist und bis zur Teamleiterin befördert wurde.

Danke, dass Sie sich für ... entschieden haben.
Fliegerenglisch: Thank you for choosing (Sänk ju for tschuusing)
Luftfahrtsprache: Instrument der Kundenbindung: Denn erst, wenn man sich bedankt und den Namen der Airline wiederholt, fällt dem Kunden auf, mit wem er so gut unterwegs war.
Deutsch: Danke, dass du so lange im Netz gestöbert hast, bis du auf diesen Flug gekommen bist, auch wenn es dir pups-egal war, welche Airline den billigsten Flug hatte und du dich für den Preis und nicht für die Marke entschieden hast.

Fenster

Fliegerenglisch: Window (Winndoo) – Windauge
Luftfahrtsprache: Ausguck für Passagiere.
Deutsch: Öffnungen im Rumpf, die einzubauen viel Geld kostet, aber ohne die es kein Mensch in der Röhre aushalten würde.

Flugbegleiter

Fliegerenglisch: Cabin Attendants (käbin ätttendens)
Luftfahrtsprache: Damen und Herren, die für Sicherheit und Komfort der Fluggäste sorgen.
Deutsch: Kellner und Bauchladenverkäufer, die im Krisenfall so tun, als könnten sie etwas gegen brennende Triebwerke ausrichten oder ein Schlauchboot mit dem Mund aufblasen.

Flugsicherheitsbegleiter

Fliegerenglisch: Sky Marshal (Skei Marschl), auch: Air Marshal (Är Marschl)
Luftfahrtsprache: Zivil gekleideter, aber bewaffneter Sicherheitsbeamter auf vielen Flügen weltweit und allen Flügen in den USA. Meistens Militärangehöriger, in Deutschland Angehöriger der Bundespolizei. Unterschied zu Flugbegleitern: Der Flugsicherheitsbegleiter serviert keinen Kaffee.
Deutsch: Das Phantom der Lüfte. Hat jemand außer in amerikanischen Kinofilmen schon einmal einen Air Marshal gesehen? Oder kennt jemanden, der einen gesehen hat? Eben nicht. Man kann nur hoffen, dass sie keine Schusswaffe dabeihaben – sonst könnte es bei Gebrauch neben den Bösewichten auch die Passagiere aus dem Fenster saugen wie in der finalen Szene von »Goldfinger«.

Gang

Fliegerenglisch: Aisle (äil)

Luftfahrtsprache: Freiraum zwischen den Sitzreihen

Deutsch: Ein Un-Ort, dessen Luftraum geschützt ist und der von keinem Passagier betreten werden sollte, denn dort ist das autonome Territorium der Flugbegleiter. Der Gang ist Laufsteg, Bühne und Trolley-Runway. Für Ellbogen und Füße, die auf den Gang hinausragen, wird keine Haftung übernommen, denn Gangplatz (»Aisle Seat«) bedeutet nicht, dass man sich breit machen kann. Am Fensterplatz kann man sich schließlich auch nicht aus dem Fenster hängen. Der Gang ist auch nicht dazu da, um dort Liegestütze zu machen, sein Baby abzulegen oder eine Modenschau zu veranstalten.

Gegenwind

Fliegerenglisch: Head Wind (häd wind)

Luftfahrtsprache: Wind, der von vorne kommt und das Flugzeug daher entweder langsamer macht oder mehr Treibstoff verbrauchen lässt, kurz: ein blöder Heißluftbläser.

Deutsch: Die Ursache, häufiger aber die Ausrede für → Ankunftszeit. Alternative Bedeutung: Was Ihnen entgegen bläst, wenn Sie Ihren vorderen Sitznachbarn bitten, die Rückenlehne wieder gerade zu stellen.

Genießen Sie ...

Fliegerenglisch: Enjoy ... (entschoi)

Luftfahrtsprache: Formel, um den Passagieren zu suggerieren, dass gleich etwas Großartiges (Flug, Film, Mahlzeit, Landung, Transfer) bevorsteht.

Deutsch: Na dann mal viel Spaß ... (harrharrharr).

Nichtraucherflug

Fliegerenglisch: Non-Smoking-Flight (non smokin flait)

Luftfahrtsprache: An Bord wird nicht geraucht (außer im Cockpit, denn da sieht es keiner).

Deutsch: An Bord wird nicht geraucht. Punkt. Wer trotzdem raucht, bekommt einen Fallschirm umgeschnallt und wird, je nach Flugstrecke, über Guantanamo, Nowosibirsk, Pjöngjang oder dem Indischen Ozean abgeworfen. Ausnahmen gibt es nur in Privatjets, Buschfliegern oder bei Airlines, die keine Zulassung für den Flugbetrieb in der EU haben. Dass das Nichraucherzeichen immer noch in jedem Flugzeug über jedem Sitz neben dem Anschnallzeichen eingebaut ist, ist nur der Sparsamkeit der Airlines geschuldet: Die Flugzeughersteller bauen es serienmäßig ein, Ausbauen kostet extra.

Notausgang

Fliegerenglisch: Emergency Exit (imärtschenzi exit)

Luftfahrtsprache: Luke, durch die Passagiere im Notfall das Flugzeug verlassen, und vor der eine Sitzreihe mit besonders viel Platz zur nächsten steht.

Deutsch: Die Plätze, auf denen die Raffkes sitzen, die vor über einem Jahr gebucht haben und sich für ganz schlau halten. Der Platz, an dem man nicht sitzen darf, wenn man geh- oder sonst wie behindert ist und nicht willens, anderen im Notfall zu helfen. Ausnahme: Man hat eine skischuhgroße Orthese an, aus der Schrauben heraustehen, mit denen man das Sitzpolster in einer engen Sitzreihe beschädigen könnte. Dann kriegt man den Sitz mit dem großen Fußraum sofort.

Problem
Fliegerenglisch: Problem (brobbläm)
Luftfahrtsprache: Zwischenfall, den man aber nicht so nennen darf, weil die Leute sonst durchdrehen. Daher ist auch ein abgerissener Flügel nur ein »Problem«.
Deutsch: Eine Petitesse oder eine Katastrophe. Wenn es ein echtes Problem wäre, würde der Captain sicher nicht darauf hinweisen. Wenn Kapitän oder Personal per Durchsage darauf hinweisen, dass es ein Problem gibt, ist dieses nicht schwerwiegend und vor allem sind immer die anderen schuld. Etwa in: »Es gibt ein Problem. Der Flughafen hat uns noch keine Parkposition zugewiesen« oder »Wir haben gerade das Problem, dass an unserem Zielflughafen Nebel herrscht und wir dort nicht landen können.« Wenn das Problem eine Katastrophe ist, erklärt sich dies von selbst, etwa wenn die Sauerstoffmasken von der Decke fallen oder ein Triebwerk brennt. Nur, wenn noch Zeit dafür ist, wird die Crew durchsagen, dass es ein Problem gibt und man nun notlanden wird.

Reiseflughöhe
Fliegerenglisch: Cruising Altitude (krusing ältitjud)
Luftfahrtsprache: Die Höhe, in der das Verhältnis zwischen Spritverbrauch und Flugzeit am günstigsten für die Airline ausfällt.
Deutsch: Cruising bedeutet so manches. Spaßkreuzfahrt, Spritztour, schwule Aufreißtour ... all das kann mit etwas Phantasie ein Flug auch sein. Normalerweise aber bedeutet das Erreichen der »Cruising Altitude«, dass der Kapitän auf Autopilot stellt, die Füße hochlegt und sich erst mal einen Kaffee kommen lässt. Die Höhe wieder verlassen wird er nur, wenn Kollisionen drohen, Turbulenzen das Flugzeug

schädigen könnten oder die Winde so ungünstig sind, dass übermäßig viel Kerosin verbraucht wird.

Rollen, Nicken, Gieren
Fliegerenglisch: Roll, Pitch, Yaw (roll, pitsch, ja)
Luftfahrtsprache: Die drei Fluglagewinkel, die aus Rollen, Nicken und Gieren bestehen und die Lage des Flugzeugs im Raum bestimmen. Das Flugzeug um diese drei Achsen zu drehen, ist einer der ersten Höhepunkte der Pilotenausbildung.
Deutsch: Wackel, hops, schlinger.

Rückenwind
Fliegerenglisch: Tail Wind (täil wind)
Luftfahrtsprache: Wind, der das Flugzeug von hinten anschiebt. Das spart Flugbenzin, weil man dann die Triebwerke drosseln kann. Man könnte auch schneller fliegen, aber dann käme man zu früh an, und das würde Verwaltungskosten verursachen.
Deutsch: Der Wind, von dessen Existenz man als Passagier nichts mitbekommt, außer man liest auf dem Flugstatus-Bildschirm des Entertainmentsystems die aktuellen Daten wie Flughöhe, geplante Ankunftszeit, Entfernung zum Ziel – und ganz am Ende stehen dann die Winde. Rückenwind hat übrigens nichts mit den Blähungen der Mitreisenden zu tun!

Schott
Fliegerenglisch: Bulkhead (balkhäd)
Luftfahrtsprache: Trennwände in der Kabine
Deutsch: Trennwände, hinter denen sich Küche und Toilette oder völlig verbotenes Territorium befinden. Wenn ein Vor-

hang im Gang hängt, befindet sich dort die Zonengrenze zur Business- oder First Class. Sie ist genauso gut gesichert wie einst die deutsche Zonengrenze.

Schwimmweste
Fliegerenglisch: life vest (laif west)
Luftfahrtsprache: Aufblasbare Rettungsweste mit Pusteröhrchen zum Aufblasen, Trillerpfeifchen und kleinem Licht, das sich bei Kontakt mit Wasser automatisch einschaltet.
Deutsch: Das kleine Päckchen unter dem Sitz des Vordermanns, das verhindert, dass sowohl die Füße als auch eine winzige Tasche unter den Sitz passen. Es ist wie das Rettungsboot auf der Titanic: Man wird es hoffentlich nicht brauchen, denn wer weiß schon, ob genug Westen für alle da sind. Und ob die Weste wirklich das ist, was einem das Leben rettet.

Stewardess
Fliegerenglisch: Cabin attendant (Cäbin attendänt)
Luftfahrtsprache: veralteter, politisch inkorrekter Name für Flugbegleiterin.
Deutsch: Die Stewardess, das Frollein der Luftfahrt: »He, Frollein, noch ein Bier bitte!«

Turbulenz, Klarluft-
Fliegerenglisch: Clear Air Turbulence (klier är törbulenz)
Luftfahrtsprache: Turbulenzen bei wolkenlosem Himmel, die nicht vorhersehbar sind und die Schäden hervorrufen und nicht angeschnallte Passagiere verletzen können.
Deutsch: Luftloch. Diese Dinge, in denen es ohne Vorwarnung abwärts geht wie im Fahrstuhl, so dass durch die Massenträgheit die inneren Organe bis in den Kopf steigen.

Turbulenz, klitzekleine
Fliegerenglisch: Minor Turbulence (meinör törbulenz)
Luftfahrtsprache: Unruhige Lage des Flugzeugs aufgrund von Winden und Luftverwirbelungen.
Deutsch: Es wackelt wie Hulle. Der Kaffee tritt über das Ufer seines Bechers. Hier zeigt sich sehr schön, dass das britische Flugzeug-Englisch zu Untertreibungen neigt.

Gepäckablage über den Sitzen
Fliegerenglisch: Overhead Compartment (owerhäd kompartment)
Luftfahrtsprache: Stauraum oberhalb der Sitzreihen, in dem die Fluggäste ihr Handgepäck und ihre Garderobe unterbringen können.
Deutsch: Der Raum, der immer schon mit dem Kram anderer Leute, der Video-Anlage, dem Arztköfferchen der Crew sowie mit Kissen und Decken vollgestopft ist, wenn man seinen kleinen Rucksack dort ablegen möchte.

Wir wünschen Ihnen einen angenehmen Flug
Fliegerenglisch: We wish you … (wi wisch ju ä blesänd flight)
Luftfahrtsprache: Vorläufige Verabschiedung des Personals von den Passagieren, die bis zum Getränkeservice erst mal sich selbst überlassen werden.
Deutsch: Ab jetzt Klappe halten, Zähne zusammenbeißen und nicht beschweren.

Zeit bis zur Landung
Fliegerenglisch: Time to Destination (taim tu deßtinäschn)
Luftfahrtsprache: Noch verbleibende Flugzeit bis zum Zielort, basierend auf dem Verhältnis von Entfernung zu Fluggeschwindigkeit.

Deutsch: Zeit, bis das kleine Flugzeug auf dem Flugstatus-Bildschirm des Entertainmentsystems über dem eckigen Punkt, der das Ziel markiert, steht. Warteschleifen, Landung, Taxiway etc. kommen noch dazu.

Eine verhängnisvolle Affäre:
Die Crew und du

Sie denken, eine Stewardess »Saftschubse« zu nennen wäre unhöflich. Noch unhöflicher als »Kellnerin der Lüfte«, aber nicht halb so unhöflich wie »Security-Tanzmaus«, »Trollidolli« oder »Cockpitmatratze«. Sie denken falsch. Schon allein »Stewardess« zu sagen ist unhöflich, denn die Damen und Herren (und alles dazwischen) heißen »Flugbegleiter«. Sie sind als allererstes für die Sicherheit der Gäste zuständig, hat man ihnen am ersten Tag der Ausbildung erzählt. Servieren ist nur etwas Nachgeschaltetes. An ihrem ersten Arbeitstag dachten sie das auch noch. Seitdem versuchen sie, den äußeren Schein zu wahren und keine Saftschubse zu sein, sondern eine Fachkraft für die Sicherheit der Lüfte.

Bevor die Gäste an Bord gehen, stecken sie alle die Köpfe zusammen, fassen sich an den Schultern und hüpfen als Knäuel im Kreis, dabei singen sie: »Wir sind Flugbegleiter und die Triebwerke drehen sich nur um uns!« Danach gibt's eine bunte Pille, die allen ein Lächeln ins Gesicht zaubert, und es wird gemeinsam der streng geheime internationale Airline-Tanz aufgeführt. Er ähnelt dem »Clubtanz« in Ferienanlagen, ahmt verschiedene Vögel und Tiere nach und kann auch auf High Heels und mit engen Röcken getanzt werden. Den ersten solchen Tanz hat eine amerikanische Airline in den 1980er-Jahren eingeführt, nachdem

ein Großteil des Personals in eine berufliche Sinnkrise geraten war und mit Streiks drohte, wenn sich an ihrem Berufs-
bild nicht etwas änderte. Die Unternehmensberater kamen
zu folgendem Ergebnis: Die Mädels waren völlig zu Recht
in einer Sinnkrise. Niemand ist gerne Kellnerin, besonders
nicht dann, wenn man, wie im Flugzeug, nicht einmal ein
Trinkgeld erwarten kann. Sie erzählten den Mädels also das
Märchen vom Sicherheitsberater der Lüfte und behaupte-
ten, der Tanz würde sie zu etwas ganz Besonderem machen,
solange er geheim blieb. Da Stewardessen nicht gerade so
schlau wie Atomphysikerinnen sind, fielen alle drauf rein,
und der Tanz verbreitete sich auf der ganzen Welt. Ihn zu
lernen gleicht einem Initiationsritus. Ihn vor dem Boarding
zu tanzen zaubert dieses geheimnisvolle Lächeln in die Gesichter der Flugbegleiter, diese stolze Haltung in ihren Rücken, die beide sagen: »Du, Gast, hältst mich zwar für eine
Saftschubse, aber ich weiß, dass ich keine bin. Das verrate
ich aber niemandem außer meinen Kollegen. Wir sind die
geheime Schwesternschaft der mächtigen Trollidollis, und
Du, Gast, wirst fressen, was wir Dir vorsetzen.«

Nehmen Sie Siw Miller-Korhonen aus der First Class. Sie
hat in drei Ländern als Au-Pair gearbeitet und spricht außer ihren Muttersprachen Englisch und Finnisch auch noch
Spanisch und Französisch. Sie kann sich besser schminken
als jede Kosmetikerin und ist auch ohne Friseurin immer
top gestylt. Gerne legt sie kokett ihren Finger ans Kinn und
sagt: »Ach, ich hätte eigentlich auch Medizin studieren können.« Hat sie aber nicht. Auch Friseurin, Kosmetikerin oder
Fremdsprachenkorrespondentin hätte sie werden können.
Wurde sie aber nicht. So schiebt sie den Saft-Trolley durch
den Gang, bringt Kissen und Decken, hängt Mäntel auf, legt
Zeitungen zurecht, schenkt Champagner nach und erzählt

den Kolleginnen aus der Business und der First, dass man
es als Flugbegleiterin wirklich weit bringen kann, wenn man
auf sich achtet und ehrgeizig ist. Nämlich von der Economy
in die First. Die perfekte Flugbegleiterin, so findet Siw Miller-Korhonen, wäre hübsch wie Gisele Bündchen, smart wie
Hilary Clinton, klug wie das Schachgenie Judit Polgár und
mit 30 mit einem Gast aus der First Class verheiratet. Der
perfekte Fluggast ist für sie so jemand wie James Bond, nur
ohne Waffe: elegant, gepflegt, hart im Nehmen, immer at-
traktiv und niemals aufdringlich oder in Meckerlaune. Doch
sogar in der First Class sind diese Kerle Mangelware.

Siws Kolleginnen aus der Economy haben daher mit Bau-
ernschläue ein anderes Idealbild entwickelt: Der perfekte
Fluggast ist der, der gar nicht erst einsteigt. Jeder freie Sitz
ist ein guter Sitz und bedeutet mehr Zeit, um zusammen
in der Bordküche zu sitzen und sich auszumalen, wie das
Leben sein sollte. Immer wieder sagen da jüngere Kolleginnen »Ich hätte auch Germanistikprofessorin werden können« oder »Ich hätte auch zur Polizei gehen können, da geht
es auch um Sicherheit«, während sie die Reste aus den eben
abgeräumten Bechern ins Klo schütten.

Ältere Kolleginnen – und man altert in 15.000 Fuß Höhe
ziemlich schnell – haben etwas mehr Realismus und malen
sich gerne den perfekten Fluggast aus. Eines der Mädels hat
diese Fantasien auf der Website »Rants of a Sassy Stew« (frei
übersetzt »Freches Saftschubsengemecker«) zusammengestellt.

Der perfekte Gast:

– Er nimmt die Crew zur Kenntnis, indem er sie beim Boarding mit einem Lächeln begrüßt.

– Er passt auf: bei den Sicherheitshinweisen, bei allen Durchsagen, und …

– Er setzt Kopfhörer ab und nimmt Ohrstöpsel heraus, wenn es Durchsagen gibt oder er jemanden von der Crew anspricht.

– Er bestellt schon bei der ersten Nachfrage präzise und genau das Getränk mit genau den Extras, die er möchte, also »einen Kaffee mit Milch und Zucker bitte«, übertreibt es aber dennoch nicht und verlangt nie eine »Cola mit zwei Eiswürfeln«.

– Er sagt Bitte und Danke (auch wenn er den Kaffee ohne Zucker bekommen hat).

– Er berührt niemals den Servierwagen.

– Er berührt niemals die Flugbegleiterin, zupft auch nicht an ihrem Ärmel, winkt ihr nicht, schnippt nicht mit den Fingern und tippt ihr nicht auf die Schulter.

– Er steckt keinen Müll in die Sitztasche, gibt der Flugbegleiterin aber nur dann Müll zum Wegwerfen, wenn diese gerade eine Müllsammelrunde macht.

– Bevor er etwas bestellt oder ein Kissen verlangt überlegt er, ob etwas oder jemand anderer gerade wichtiger ist als er selbst.

– Er stellt sich während des Boardings nicht in den Gang und kramt in seinen Sachen herum.

– Er ist niemals barfuß, sondern trägt stets Socken, und zieht sich die Schuhe an, um auf die Toilette zu gehen.

– Er spült nach dem Toilettengang.

– Er wechselt die Windel seines Babys auf der Toilette und nicht auf dem Nachbarsitz oder dem Klapptisch.

– Er beschwert sich nicht darüber, dass eines der optionalen Hauptgerichte „aus" ist, er meckert auch nicht über Turbulenzen, die Verspätung, das Baby in der ersten Reihe oder anderes, das die Crew nicht ändern kann (oder will, oder wird).

– Er sagt niemals: „Heben Sie mir mal den Trolley in das Fach da" oder „Können Sie bitte beim Zielflughafen anrufen und sagen, dass wir zu spät kommen, damit die mit dem Anschlussflieger auf uns warten?"

Während die Stewardessen weiterträumen, können sie dann aber schon mal zusehen, dass sie mit den Sicherheitsbelehrungen anfangen. Dafür sind sie ja schließlich da. Aber dafür machen sie ein sehr mürrisches und peinlich berührtes Gesicht, wenn es losgeht: das Sicherheitsballett, der eine große Auftritt der uniformierten Ladys - bei dem nur leider fast niemand zusieht. Okay, jeder kennt den Tanz. Okay, im Ernstfall bringt er eh' nichts, weil dann alle im Flugzeug durcheinander springen würden wie fünf Wellensittichküken in einem Nistkasten, in den sich eine Hornisse verirrt hat. Okay, es ist unwahrscheinlich, dass man nach dem Aufschlagen noch in die Verlegenheit kommt, eine Schwimmweste anzulegen. Aber was, wenn doch?

Die Performance als solche ist ausgesprochen sehenswert, und sie ist bereits als immaterielles Kulturerbe von der UNESCO geschützt. Was kaum jemand weiß, ist, dass sie weltweit einheitlich funktioniert und im Gegensatz zum Teamtanz sogar von einem namhaften Choreografen entwickelt wurde: Der sowjetische Startänzer Boris Hupfarenko entwickelte das Sicherheitsballett im Jahr 1937 und vereinte darin die ausdrucksvolle Formsprache des barocken Tanzes von Jean-Baptiste Lully mit der neuen Sachlichkeit und Funktionalität sowjetischer Kunst. Der Tanz wurde in seiner heutigen Form erstmals an Bord einer Tupolew PS-35 im Flughafen Leningrad-Schossejnaja aufgeführt. Besondere Beachtung fand das Element der zwei ausgestreckten Finger an jeder Hand (Zeige- und Mittelfinger), die mit höchster Eleganz, maximaler Schlichtheit und optimaler Funktionalität den Weg zu den Notausgängen weisen, und dies simultan für beide Seiten des Flugzeugs. Eine Dissertation der kulturwissenschaftlichen Fakultät Wladiwostok aus dem Jahr 1988 geht sogar so weit zu behaupten, dass diese Notausgang-Zeigegeste maßgeblich zur Entwicklung des Sicherheitsgefühls der Passagiere an Bord von Flugzeugen beigetragen hat und damit die zivile Luftfahrt erst möglich macht. Denn würden sich die Passagiere nicht sicher fühlen, würden sie nicht einsteigen. Die markante Geste diente dazu, sie an vorangegangene erfolgreiche Flüge zu erinnern.

Pech nur für Boris Hupfarenko: Als überzeugter Kommunist verzichtete er auf sein Urheberrecht und schenkte seine Choreographie der sowjetischen Arbeiterschaft. Die trug ihn mit den Maschinen der Aeroflot um die Welt. Die sowjetischen Flugbegleiterinnen waren angewiesen, das Sicherheitsballett an andere Flugbegleiterinnen weiterzugeben, als eine erste Stufe der kommunistischen Weltrevolution. Zumindest dies gelang – alle Airlines der Welt übernahmen den Tanz und praktizieren ihn bis heute. Seine unverfälschte Urform ist allerdings nur noch in den Maschinen der staatlichen kubanischen Airline Cubana zu sehen. Da die Sowjetunion weder in den 30ern noch in den folgenden Jahrzehnten im Westen und den anderen Ostblockstaaten besonders beliebt war, übernahm man zwar den Tanz, unterschlug aber den Urheber. Boris Hupfarenko erfuhr nie von seinem Welterfolg. Er lebte zurückgezogen in seiner Datscha außerhalb von Leningrad und stellte sich gerne in die Mitte der Kreuzung an der Hauptstraße, um mit erhobenen Fingern den Verkehr zu dirigieren, weil er sich sicher war, die Autofahrer würden sich sicherer fühlen, wenn er ihnen beidhändig den Weg wies. 1991 sollte ihm der Orden »Held der Sowjetunion« verliehen werden, aber dazu kam es wegen des Zusammenbruchs des Systems nicht mehr.

Ein solches Kunstwerk wollen Sie verpassen, indem Sie Zeitung lesen oder Musik hören? Seien Sie nicht so ein Banause, sehen Sie zu. Wenn Sie oft genug zugesehen haben – machen Sie doch einfach mit! Üben Sie in der Luft, die Sauerstoffmaske an sich heranzuziehen, sie über Mund und Nase zu stülpen, die Bändchen festzuzurren und normal zu atmen. Das ist wie Luftgitarre spielen. Dasselbe machen Sie mit der Sicherheitsweste: überziehen, umbinden und so weiter. Applaudieren Sie zum Schluss! Ihre Flugbegleiterinnen werden Sie dafür lieben und Ihnen Ihr Essen warm servieren und den Wein extra gut einschenken. Damit haben Sie schon mal einen Stein im Brett, und das ist wichtig. Sie sollten wirklich versuchen, ein perfekter Fluggast zu sein, denn es sich mit den Damen von der Crew zu verscherzen, ist genauso blöd wie daheim den Hausmeister anzuranzen oder in der Arbeit den Pförtner nicht zu grüßen. Es sind genau diese Leute, die alles am Laufen halten und selbst entscheiden, ob sie Ihnen etwas Gutes tun oder eben dazu gerade »keine Zeit« haben. Wenn Sie also auf einen Extra-Keks spekulieren, auf ein gut eingeschenktes Getränk oder eine freundliche Auskunft – seien Sie ein guter Fluggast.

Ihre perfekte Flugbegleiterin können Sie sich malen. Uniformen von Flugbegleiterinnen erhitzen Fantasien und Gemüter ja schon seit Beginn der zivilen Luftfahrt. Während sich die Herren fesch und klassisch in Hemd und Hose hüllen, gehen die Damen mit Mode und Zeit. Darf's ein keckes Hütchen sein oder vielleicht eine Hipstermütze? Latzhose oder Latexkostüm? Lassen Sie Ihrer Fantasie freien Lauf.

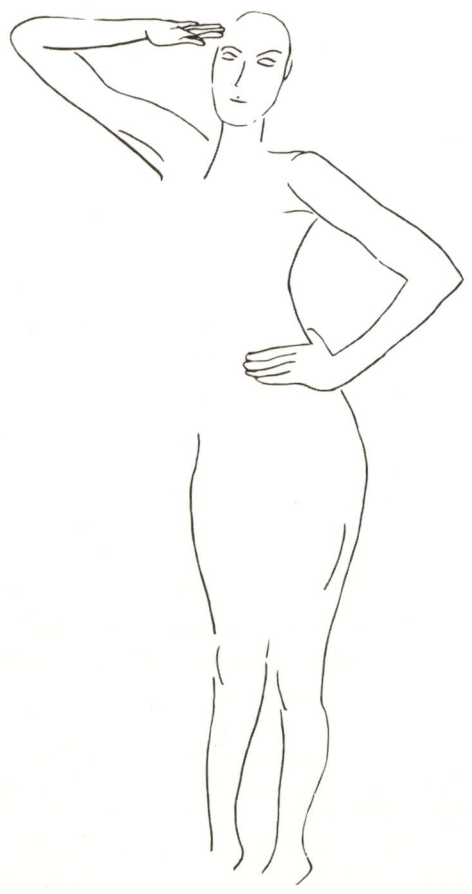

Kann's losgehen?
Die persönliche Checkliste vor dem Abflug

Die Flugbegleiterinnen packen die Masken und Westen weg und machen den letzten Kontrollgang vor dem Abflug. Sie stolzieren durch die Kabine und weisen den Lehrertypen zwei Reihen vor Ihnen darauf hin, dass er bitteschön seine Rückenlehne senkrecht stellen soll, wie eben mehrmals in der Durchsage kommuniziert, und erinnern den Kegelclub daran, dass das mit dem Anschnallzeichen ernst gemeint ist. Jetzt ist auch Zeit für Ihren persönlichen Check. Überprüfen Sie Ihre Umgebung:

☐ Haben Sie Ihren Personalausweis wieder in den Geldbeutel oder die Brieftasche gesteckt? Wetten, dass Sie den noch in der Hosen- oder Jackentasche haben?

☐ Ist die Wasserflasche, die Sie in die Tasche des Vordersitzes gesteckt haben, auch wirklich zugeschraubt? Nur so zur Sicherheit, falls der Start besonders rasant ausfällt.

☐ Haben Sie ein Bonbon oder einen Kaugummi griffbereit? Damit Sie beim Start nicht wieder rumjammern, dass Ihnen die Ohren wehtun.

☐ Ist Ihr Handy wirklich ausgeschaltet? Als vorhin beim Boarding Ihre Mutter anrief dachten Sie ja auch, dass Sie das Handy schon auf Flugzeugmodus gestellt hätten.

☐ Ist die Herdplatte bei Ihnen zu Hause wirklich aus? Das fällt Ihnen ein, obwohl Sie nicht daran denken wollten. Aber rufen Sie bitte erst nach der Landung Ihre Mutter an, damit sie nachsieht.

☐ Sind Sie auf einem Langstreckenflug? Dann haben Sie auf Ihrem Platz vermutlich ein kleines Täschchen mit Socken, Zahnpasta und anderem gefunden. Öffnen Sie es und suchen Sie darin nach Aufklebern für Ihr Sammelalbum. Den Aufkleber »Bitte wecken Sie mich für den Duty-Free-Einkauf« legen Sie aber sorgfältig beiseite. Sie werden ihn brauchen.

☐ Haben Sie mindestens eine Armlehne erobert? Jetzt ist noch Zeit, das Revier abzustecken.

☐ Haben Sie, wenn vorhanden, Ihr Kissen und Ihre Decke in Sicherheit gebracht? Manche Sitznachbarn sind Polsterwarenmagnete und reißen sofort alles an sich, um daraus ein Nest zu bauen.

☐ Ist am Ihrem Sitz alles in Ordnung? Schließt der Gurt, klebt ein Kaugummi in der Sitztasche, sind Orangensaftflecken auf dem Boden, hängt ein Popel an der Lehne des Vordermanns? Zeichnen Sie in die folgende Übersicht alle Stellen ein, an denen Sie einen alten Kaugummi gefunden haben, an denen noch Orangensaft klebt oder an denen etwas kaputt ist, fehlt oder dort nicht hingehört – so, als würden Sie einen Wagen oder eine Wohnung mieten. Nicht, dass Ihnen hinterher jemand unterstellt, es wären Sie gewesen, der die volle Windel in die Sitztasche gesteckt hat.

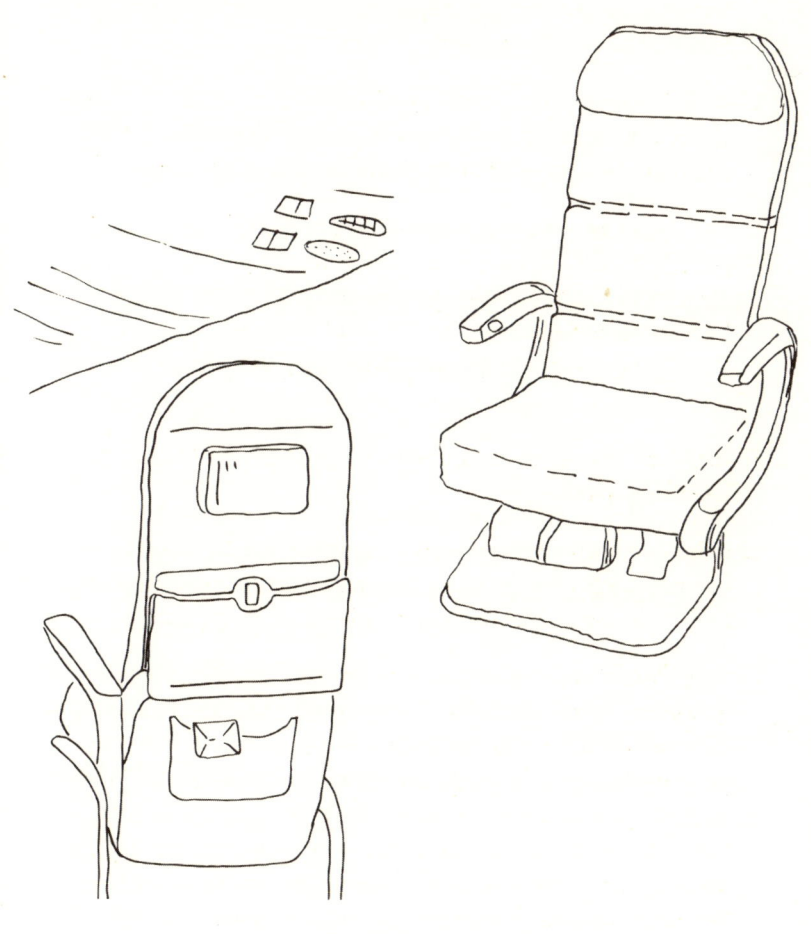

Zeit am Flugfeld liegen lassen:
Was zwischen den Startvorbereitungen und dem Start geschieht

»... wi wisch ju ä blesänd flight« hat die Purserin durch den Lautsprecher geflötet. Eigentlich sollte es jetzt losgehen. Also losgehen im Sinne von anrollen, zur Startbahn fahren und starten. Vom Wort »blesänd flight« bis zum Start sollten gefühlt nur etwa zehn Minuten vergehen. Tatsächlich dauert es aber noch ziemlich lange, bis der Vogel auch nur auf der Startbahn steht. Die Crew hat in diesen Stunden Zeit, sich die Fingernägel zu lackieren. Sie können dann schon mal einen der Energieriegel aus Ihrem Handgepäck knabbern.

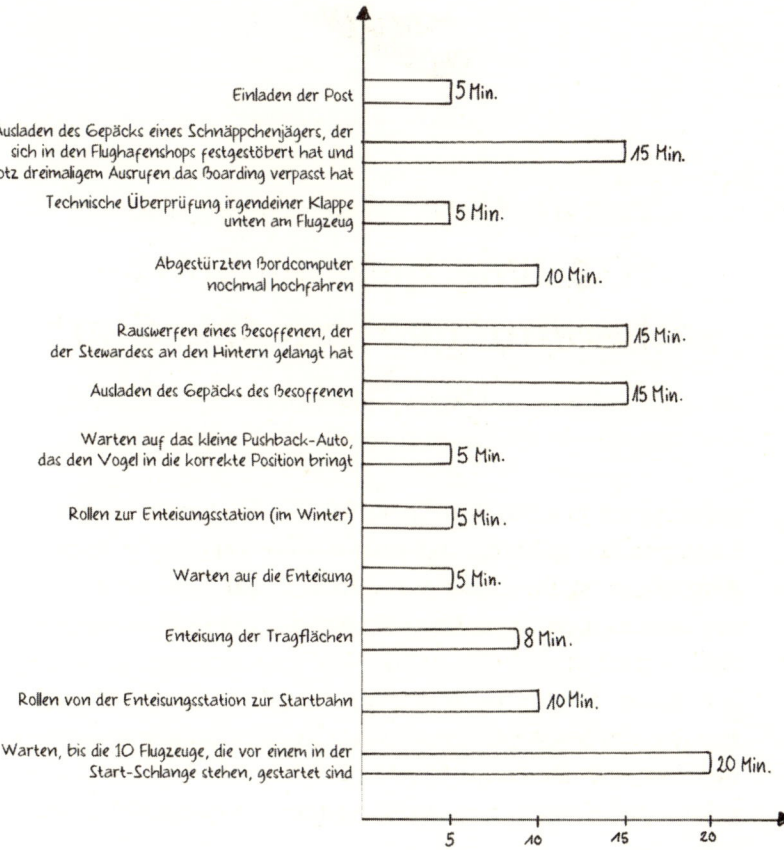

Die Sitznachbarn des Grauens:
Eine Typologie

Wenn Sie in der ersten Klasse der Emirates reisen, in der jeder seine private Kabine hat, können Sie dieses Kapitel getrost überblättern und in der Zeit, die das Lesen benötigt, die Atmosphäre in Ihrem privaten Abteil genießen oder sich schon einmal darauf freuen. Alle anderen wissen: Wenn Sie sitzen, wird es erst richtig unangenehm. Sie mögen alle bürokratischen wie organisatorischen Hürden genommen haben und sich wie ein Sieger fühlen, wenn Sie angeschnallt an Ihrem Platz sitzen und es auch tatsächlich losgeht. Ja, es geht los – aber mit dem eigentlichen Ärger. Denn die Chance, dass Sie auch auf diesem Flug einen der Sitznachbarn des Grauens bekommen, liegt bei 99,9 Prozent. Die anderen 0,1 Prozent sind die Fälle, in denen der Sitz neben Ihnen frei bleibt. Diese Fälle sind deshalb so selten, weil die Flieger in der Regel rappelvoll sind – sind sie es einmal nicht, wird der Flug gestrichen, damit wenigstens der nächste rappelvoll wird.

Einen Moment lang dürfen Sie noch träumen: Zeichnen Sie auf der nächsten Seite, wie Sie sich Ihren Traum-Sitznachbarn oder Ihre Traum-Sitznachbarin vorstellen. Danach erfahren Sie, welche Typen Sie in Wirklichkeit erwarten.

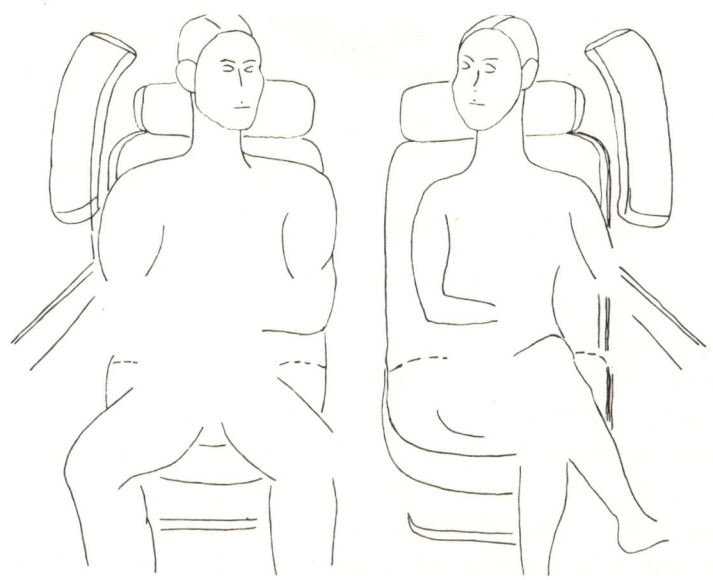

Sollte der Platz neben Ihnen frei geblieben sein, wird sich spätestens nach dem Erlöschen des Anschnallzeichens, wenn der Vogel also in der Luft ist, jemand dort hinsetzen, mit einer dahergefaselten Ausrede von wegen die Zahl 23, seine Sitzreihe, sei seine persönliche Unglückszahl, oder er müsse bei der Ankunft dringend seinen Mietwagen abholen, um damit dann zu einem wichtigen Meeting mit dem Imperator von Mordor zu fahren, weshalb er unbedingt die zwei Reihen weiter vorne sitzen müsse, um möglichst schnell aussteigen zu können. Das verstehen Sie doch, oder? Es macht Ihnen also doch sicher nichts aus, wenn sich der Mensch zu Ihnen setzt, oder? Während der Mensch Sie mit der Verständniskeule bewusstlos schlägt, setzt er sich auch schon hin, Ihre Antwort nicht abwartend. Es geht ja auch nicht um Sie, Ihr Verständnis oder gar Ihr Einverständnis. Es geht dem Umsetzer darum, seinen eigenen Platz zu optimieren.

Der Umsetzer

In Wirklichkeit hat dieser Mensch gar kein Meeting mit dem Imperator (denn in Mordor herrscht schließlich Sauron; Sie als Vielflieger wissen das, siehe Kapitel »Auf der anderen Seite der Zeitmauer – On-board-Entertainment«) und keinen Mietwagen (ihm steckt ein U-Bahnticket in der Hemdtasche), sondern er meint, den Sitznachbarn des Grauens erwischt zu haben und will ihm entkommen, indem er sich auf den einzigen noch freien Platz im Flugzeug umsetzt. Den Platz neben Ihnen. Um damit zu Ihrem Sitznachbarn des Grauens zu werden. Der Umsetzer ist nämlich nicht nur ein Optimierer, er ist auch ein Seltenflieger, der sich die Bahnfahrermentalität bewahrt hat, dass man sich bei Bedarf auch auf einen anderen freien Platz setzen darf. Weil er aber ein Optimierer ist und kein Dulder, fährt er nicht mit der Bahn von München nach Frankfurt am Main, sondern fliegt. Schon beim Check-in hat er Guido Fottner bewundert, weil dieser zwar wie ein Bahnfahrer aussieht, aber so elegant mit dem Trolley umgeht wie eine Stewardess, Verzeihung Flugbegleiterin. Der Bahnfahrergeist steckt jedoch noch tief im Bewusstsein des Umsetzers und flüstert ihm ein, dass er ja jetzt, wo er fliegt, 99,9 Prozent mehr Ansprüche anmelden kann als bei der Bahn, weshalb der Umsetzer ein Nörgler ist, ein General-Optimierer, der kaum, dass er sitzt, an den Luftdüsen herumdreht, weil es ihm »hier zieht«, die Leselampe ein- und ausknipst, dabei aus Versehen die Flugbegleiterin ruft, um sich dann bei deren Erscheinen, das er für eine besondere Aufmerksamkeit hält, zu beschweren, dass er keinen Begrüßungscocktail erhalten hat, und das, obwohl er gleich zu einem wichtigen Meeting mit dem Imperator muss.

Der Umsetzer ist nur einer von vielen Sitznachbartypen, aber ein besonders egoistischer. Noch egoistischer ist der Andere-Leute-Umsetzer, dem Sie gelegentlich in Ferien- oder Städtefliegern begegnen: Es ist ein junger Mann, der mit seiner Freundin den ersten oder zweiten Liebesurlaub verbringt und es vor lauter Hormonrausch verpennt hat, rechtzeitig online einzuchecken. Nun sitzt das junge Glück getrennt im Flieger, der Romeo hat den Sitz neben Ihnen und bittet Sie nun, sich auf den Platz seiner Freundin zu setzen, der ganz hinten neben der Toilette ist, weil man schließlich zusammen sitzen möchte. Am besten tun Sie jetzt so, als würden Sie nur Finnisch sprechen und ignorieren ihn. Lieber sitzen Sie finnisiert neben einem enttäuschten Liebhaber als hinten neben der Toilette. Flugs wird dem Mann einfallen, die freundliche junge Frau, die hinten zwischen der Freundin und der Toilette sitzt, nach vorne zu Ihnen zu bitten – dann haben Sie gewonnen.

Bei der Kinder-Umsetzerin nutzt Ihnen das Finnische aber nichts. Die Mutter oder auch die ganze Familie hat ebenfalls nicht rechtzeitig eingecheckt und auch bei ihrem zehnten Flug noch nicht begriffen, dass die Airline niemanden umsetzt, niemals, und für eine vierköpfige Familie auch keinen vierten Stuhl in eine Reihe stellt wie es Restaurants tun. Daher sitzt Vati mit den zwei Kindern in der einen Dreierreihe und Mutti allein in Ihrer Reihe. Weil Sie bei der Sitzplatzwahl schlau waren, ist der Mittelsitz frei, daher holt Mutti eines der Kinder zu sich in die Reihe, weil »die anderen dann mehr Platz haben und die Kinder dann auch nicht streiten, das verstehen Sie doch, oder?« Gehen Sie nur darauf ein, wenn Ihnen die Kinder einen Aufkleber aus dem kleinen Willkommensgeschenkpäckchen der Airline für Ihre Sammlung geben.

Übrigens: Die Chance, auf einem Flug die Gelegenheit zu bekommen, auch finnische Flüche zu üben, liegt bei 99,9 Prozent. Denn wenn es nicht der Umsetzer ist, dann ist es einer der anderen Sitznachbartypen, der Ihre neuen Sprachkenntnisse hervorkitzeln wird.

Der Business-Muffel

Wenn ausgerechnet Guido Fottner neben Ihnen sitzt, können Sie Ihre Wut über das gesprungene Handydisplay, das Sie vorhin beim Anruf Ihrer Mutter bemerkt haben, kaum zügeln. Sie ahnen zudem dunkel, was gerade mit Ihrer Jacke im Gepäckfach passiert sein könnte, als Guido seinen Trolley da hineingewuchtet hat. Da Sie sich aber schon kennen, weiß Guido, dass Sie meistens fluchen, wenn Sie den Mund aufmachen, und wird auf ein Gespräch verzichten. Er hätte es sowieso getan, denn Guido Fottner ist der typische Business-Muffel. Teure Zahnkronen, aber kein Wort, das dazwischen herausdringt. Gespart wird nicht nur bei den Personalkosten in der Firma, sondern auch an unnötiger Konversation, zumal mit solchen, die so aussehen, als würden sie kein guter Geschäftskontakt sein, oder zu solchen, die so aussehen, als könnten sie sich über Umwälzpumpen als solche und besonders die aus Guidos Firma lustig machen. Guido wird also nicht grüßen, wenn er neben Ihnen in den Sitz plumpst, sich gleich breit machen und die Armlehne auf Ihrer Seite wie selbstverständlich mit benutzen, und wenn er Ihren Ellbogen dafür wegschubsen muss. Ellbogeneinsatz ist der Business-Muffel vom Typ Guido schließlich gewohnt. Außerdem ist Guido der Ansicht, er hätte Business Class fliegen müssen, auch auf einem kurzen Flug von Berlin nach Hamburg, schon allein, weil er nicht neben Ihnen sitzen möchte. Das ist unter seiner Würde. Was da bei der Buchung schief gegangen ist, weiß er auch nicht. Aber er lässt Sie spüren, dass Sie ihn wieder einmal nur stören, und träumt dabei von einem Chauffeur. Sie lassen die Verachtung und den Hochmut an sich abperlen und rächen sich nachher eventuell mit einem Toilettengang, so Sie denn den Fensterplatz haben. Denn Sie wissen: Es gibt noch viele viel grauenhaftere Nachbarn.

Der Zeitungsleser

Er ist verwandt und manchmal identisch mit dem Business-Muffel - wenn die Zeitung besonders groß ist. Auch der Zeitungsleser des Grauens schubst Sie von der Armlehne, denn selbstverständlich hat er keine *DIE WELT Kompakt* und keine *BILD CITY* dabei, sondern ausschließlich Zeitungen im nordischen Format, also diese riesigen Lappen, die sogar schon in einem Straßencafé Probleme machen können. *Die Zeit*, die *Frankfurter Allgemeine*, die *Süddeutsche*. Er trägt sie unter dem Arm herbei und entfaltet sie, sobald er sitzt. Er hat natürlich nicht nur eine, sondern zwei Zeitungen dabei. Ist der Mittelsitz frei, wird dieser zu seiner persönlichen Zeitungsablage, egal ob Sie dort bereits Ihren *stern* oder auch Ihre Handtasche abgelegt haben. Der Zeitungsleser braucht seinen persönlichen Zeitungsablagesitz. Er hängt auch sein Sakko an den Haken am Mittelsitz und schimpft dann, wenn doch noch jemand kommt und er wieder zusammenpacken muss. Bleibt der mittlere Sitz frei, wird das Tischchen selbstverständlich nicht heruntergeklappt, damit Sie dort Ihren Wasserbecher abstellen könnten, nein, das gesamte Volumen von zwei Sitzen wird durch die aufgeschlagene Zeitung ausgefüllt, ebenso der Luftraum über Ihnen und Ihrem Tischchen. Ist zwischen Ihnen und dem Zeitungsleser kein freier Sitz, gehen Sie mit der Zeitung auf Tuchfühlung. Die obere Ecke der Zeitung streicht sanft wie ein Musenkuss Ihre Wange, die Mitte der Seite hinterlässt einen Druckerschwärze-Abdruck auf Ihrem weißen Hemd, und das untere Ende steckt in Ihrer Hosentasche. Sie können das Gesicht des Zeitungslesers nicht sehen und ihm also auch keine flehenden Blicke zuwerfen. Ihn in einer Sprache Ihrer Wahl anzusprechen bringt ebenfalls nichts, denn der Zeitungsleser ist so konzentriert, dass er Sie nicht hört. Sie haben nur zwei Möglichkeiten, seine Aufmerksamkeit zu erringen: Entweder, Sie berühren mit dem kleinen Finger die Zweit-Zeitung, die er auf dem Mittelsitz abgelegt hat, oder Sie lesen ein wenig in seiner Zeitung mit, nah genug ist sie schließlich. Der Zeitungsleser hat dafür ein drittes Auge, wird sofort die obere Ecke herunterklappen und Ihnen einen laserscharfen Blick zuwerfen. Wenn Sie jetzt diesem Blick standhalten und sogar über die heruntergeklappte Ecke hinweg in die Zeitung hineinblicken, wird er seine Sitzposition verändern und sich von Ihnen wegdrehen – Ihre Chance, die Armlehne zurückzuerobern. Tun Sie aber auf keinen Fall, was ein Kölner Gelegenheitsflieger einmal wagte: Schnipsen Sie niemals, niemals, aus Spaß gegen die hochgehaltene Zeitung, damit dass Papier knallt wie ein Partykracher. Der Kölner hielt das für einen großartigen Spaß, aber der Zeitungsleser erschrak so sehr, dass er die Kontrolle über sich verlor. Er schrie los, er werde von Terroristen bedroht, und während der Kölner noch lachte und sich und dem Zeitungsleser auf die Schenkel schlug, stürmten Air Marshals herbei, die jedoch mitnichten den hysterisch mit den Armen fuchtelnden Zeitungsleser aus der Reihe zogen und beruhigten, sondern den Kölner vom Sitz rissen, auf ihn sprangen, ihn mit Kabelbindern fesselten und die Piloten zur Notlandung zwangen – die der Kölner dann bezahlen musste. Merken Sie sich: Zeitungsleser verstehen keinen Spaß.

Der Techie

Ihn kennen Sie ja schon von der Sicherheitskontrolle und vom Check-in – er ist der Yoda des Reiseverkehrs, hat immer eine Weisheit parat, steht auf Verschwörungstheorien und vermeintlich hintergründiges Denken, was ihn nerdig macht. Er ist nicht unbedingt sympathischer, aber raumsparender als der Zeitungsleser, da er keine großflächigen Printprodukte dabei hat. Dafür aber eine Vielzahl technischer Geräte, die Sie schon von der Sicherheitskontrolle kennen, unter anderem auch einen großen Kopfhörer mit einer eingebauten Funktion, die das Hintergrundgeräusch des Flugzeuges ausblenden kann. Diesen Kopfhörer wird er erst zum Schlafen aufsetzen, legt ihn aber bereits beim Einsteigen mit allen anderen Geräten auf den Sitz neben sich und ist indigniert, wenn sich doch noch jemand hinsetzt. Noch indignierter reagiert er, wenn Sie eine Zeitschrift dazulegen, denn die könnte auf eines der Displays abfärben. Hier hilft kein Augenkontakt, sondern nur das Dazulegen einer weiteren Zeitschrift. Der Techie wird einsehen, dass Sie kein Verständnis haben, und zumindest einen Teil seiner Geräte in Sicherheit bringen, wobei er Ihnen finstere Blicke zuwirft. Wenn Ihnen die Musik oder Games-Soundtracks des Techis zu laut herüberdröhnen, warten Sie, bis er zur Toilette geht. Dann drehen Sie das Lautstärkerädchen an seinem Gerät auf volle Leistung. Er wird's dann von selbst leise stellen, wenn er wieder da ist, den Kopfhörer aufsetzt und das Gerät wieder einschaltet, und zwar ziemlich schnell ...

Die Labertasche

Als sich die bereits erwähnte Kölner Frohnatur das Fliegen noch leisten konnte, fand sie es großartig, dass man im Flugzeug mit ganz verschiedenen netten Menschen in Kontakt kommen konnte. Denen erzählte sie dann von ihrem Hobby, Gartenvögel zu fotografieren, und von ihrer verantwortungsvollen Tätigkeit als Kassier beim Karnevalsverein. Hei, wie schnell doch so ein Vier-Stunden-Flug nach Scharm El-Scheich vergehen kann, wenn man so nette Sitznachbarn hat! Und was man da nicht alles für spannende Leute kennenlernt! Das dachte Gert, als er damals gegen die Zeitung schnippte. Also vor seiner Privatinsolvenz. Das Gute ist, dass er nun nie wieder wird fliegen können, er Ihnen also nicht von seiner Privatinsolvenz wird erzählen können. Aber seien Sie sicher – es gibt genug andere Menschen, besonders im Rheinland, die Ihnen im Flugzeug gerne lange Geschichten erzählen. Meist sind dies eher lebenserfahrene Männer, die allein reisen. Schon kurz nach dem Start wissen Sie, warum, denn die tollen Geschichten, mit denen diese Labertaschen Sie beeindrucken wollen, sind so toll, dass Sie sich in jeder anderen Situation auf dem Absatz umdrehen und davongehen würden. Aber sicher nicht, um diese tollen Geschichten weiterzuerzählen. Einige kommen Ihnen bekannt vor, wie die von dem Wellensittich, der »Ich kenn reden, kannst Du fliegen« sagen kann, und Sie fragen sich insgeheim, woher die Labertasche Ihre Oma kennt. Während des Fluges sind Sie den Geschichtenerzählern jedoch nahezu hilflos ausgeliefert, denn sie respektieren weder eine aufgeklappte Zeitung, noch Kopfhörer.

Der Schuhausausieher

Er fühlt sich wohl im Flugzeug. Fast wie zu Hause. Und benimmt sich auch so. Auf Langstreckenflügen erscheint er im Jogginganzug – darin schläft es sich ja viel bequemer. Seine Turnschuhe zieht er in dem Moment aus, in dem er sitzt. Dass er sie bei seiner Thailand-Rundreise just drei Wochen lang jeden Tag 12 Stunden lang getragen hat, merken Sie in dem Moment, in dem er den ersten Schnürsenkel löst. Kein Wort in keiner Sprache der Welt kann den Geruch beschreiben, der Sie dann umströmt. Das ist die Duftmarke, mit der der Schuhausausieher, der es sich gerade heimelig macht, sein privates Revier markiert. Jede Zibetkatze würde vor Neid einen Buckel machen. Es gibt auch keine Formulierung in keiner Sprache der Welt, mit dem Sie dem Schuhausausieher klar machen könnten, dass das nicht geht. Schließlich soll man ja bei Langstreckenflügen die Schuhe ausziehen, wegen der Thrombosegefahr und so. Und stinken? Diese Schuhe? Also bitte. Auf keinen Fall. Die sind ganz neu, ehrlich. Es besteht eine kleine Chance, dass der Schuhausausieher damit sogar recht hat und es nicht seine Füße sind, die da dünsten, sondern der Proviant in seinem Rucksack, schließlich will er auch beim Essen nicht auf heimeligen Komfort verzichten. Beim Hinflug nach Thailand sind dies Leberwurstbrote, beim Rückflug getrockneter Fisch und gegrillte Maden, denn die sind voll gesund, liefern Eiweiß und so. Der Schuhausausieher ist meist identisch mit dem Brotzeitmitbringer und der geruchsintensivste Sitznachbar, den Sie bekommen können. Bei Langstreckenflügen hat er nicht nur ein Leberwurstbrot dabei, sondern so viele, dass er alle zwei Stunden eines essen kann. Man soll ja viele kleine Mahlzeiten am Tag zu sich nehmen.

Ihre Chance auf Rettung ist, dass in der Reihe vor oder hinter Ihnen Araber aus den Golfstaaten sitzen, in deren Kultur Stinkefüße ein völliges No-Go sind, und die auch keine Hemmungen haben, sich über ungepflegte und ungezogene Westler beim Kabinenpersonal zu beschweren. Es gab tatsächlich schon Fälle, in denen die Flugbegleiterin dafür sorgte, dass der Schuhauszieher sein Schuhwerk und seinen Fußgeruch dann doch bei sich behielt. Der prominenteste Fall ist der der amerikanischen Pop-Sängerin Britney Spears (vielleicht erinnern Sie sich an sie), die 2004 bei einem Flug von Los Angeles nach New York vom Kabinenpersonal angewiesen wurde, ihre Mauken wieder anzuziehen. Wenn das bei Popstars geht, dann auch beim gewöhnlichen Schuhauszieher. Wenn die Schuhauszieher neben Ihnen aber Araber aus den Golfstaaten sind und Sie in einer Golfstaaten-Airline fliegen, sind Beschwerden zwecklos. Ebenso sinnlos ist es, sich selbst an den Schuhauszieher zu wenden. Sie erinnern sich: Er ist im Flugzeug zu Hause, Sie neben ihm sind nur Gast in seinem Revier und haben nichts zu melden. Er wird sein Revier weiterhin mit Duftmarken markieren.

Eine verschärfte Form des Schuhausziehers ist der Fußhochleger. Er hat meistens keine Socken an und steckt seine hässlichen Zehen in den kleinen Zwischenraum zwischen zwei Sitzen oder dem Sitz und der Kabinenwand, so dass die Zehen bei Ihnen in der Reihe rauskommen. Gelenkige Fußhochleger packen ihre Stinkefüße auf das Kopfteil ihres Vordermannes oder auf das heruntergeklappte Tischchen vor sich. Beten Sie, dass Araber an Bord sind, denn dies gehört mit zu den schlimmsten Unhöflichkeiten in deren Kultur und wird nicht toleriert. Sind keine Araber an Bord, machen Sie Ihrem Ärger am besten Luft, indem Sie hier zeichnen, was Sie mit den Füßen des Grauens am liebsten machen würden:

Die Furzkanone

Jeder kann im Flugzeug zur Furzkanone werden. Wirklich jeder. Man muss es nicht einmal wollen, man muss es nur zulassen. Denn die Snacks im Flughafen sowie das Essen an Bord liefern reichlich Munition, und der Unterdruck in der Kabine sorgt automatisch dafür, dass diese Munition auch wirklich scharf wird. Es liegt nun an der Natur Ihres Sitznachbarn, ob er voll durchzieht oder sich wie ein zivilisierter Mensch benehmen wird. Die Furzkanone wird der Natur in jedem Fall ihr Recht gewähren, denn er weiß ja, dass es ungesund ist, Winde zurückzuhalten (was aus medizinischer Sicht nicht stimmt, aber die Furzkanone als bekennender Proll liest ungern medizinische Fachartikel). Es gibt aber auch den Angstfurzer – der nie zugeben würde, dass er Flugangst hat, weshalb die Angstäußerung durch eine andere Öffnung als den Mund erfolgt. Und den Schnösel, der lieber Ihnen seinen Duftcocktail kredenzt als sich eine halbe Stunde lang zusammenzureißen. Beide Typen erkennen Sie erst, wenn Sie sie riechen. Gegen Furzkanonen können Sie nichts ausrichten. Genau so wenig wie ein Pathologe sich dem Leichengeruch oder ein Metzger dem Blutgeruch entziehen kann. Sie können sich nur vor den konkreten Angriffen schützen. Dafür haben Sie ja die scharfen Bonbons und das kleine Parfum- oder Rasierwasserfläschchen in Ihrem Handgepäck dabei.

Wenn Sie sich trauen, werden Sie selbst zur Furzkanone und rächen sich für verschiedene Grauen Ihrer Sitznachbarn. Wenn Sie neben Ihrem Schatz, einer scharfen Lady oder George Clooney sitzen, nehmen Sie eine Blähungstabletten aus Ihrem Handgepäck, die Sie auch immer dabei haben sollten. Ansonsten: nur Mut. Die Sitze im Flugzeug sind so gut gepolstert, dass man nichts hören wird. Und man fühlt sich gleich viel besser, wenn man seinen Ärger und die Luft abgelassen hat. Furzen macht glücklich.

Weil das so ist, kann man nicht mehr an sich halten, wenn man einmal damit angefangen, einmal die Zivilisation und die guten Manieren über Bord geworfen hat. Das ist der Grund, warum Passagierflugzeuge im Volksmund auch als »Müffelröhre« bezeichnet werden. Wie, den Ausdruck kannten Sie noch nicht?

Der Flugängstler

Am Dauerfurzen werden Sie ihn direkt erkennen. Er setzt nämlich schon die erste Wolke, wenn das Flugzeug noch am

Boden ist. Sie denken, er ist irgendwann fertig – so viel Luft kann doch nicht in einen einzigen Menschen passen? Von wegen. Im Flugängstler gärt es. Den ganzen Flug über. Er will es sich nicht anmerken lassen. Auf keinen Fall. Er krallt sich beim Start in die Armlehne, bis seine Finger weiß werden und Ihre Hand blutet, er hat nämlich nicht bemerkt, dass auf der Armlehne schon Ihr Arm liegt und er gerade seine Fingernägel durch ihre Haut bohrt, besonders durch die feine Haut zwischen Daumen und restlicher Hand. Schenken Sie ihm jetzt bloß kein mitleidiges Lächeln – denn damit verraten Sie ihm, dass Sie seine Angst erkannt haben, und er wird sich entweder in die Labertasche verwandeln oder anfangen, mit den Fingern auf sein Schlüsselbein zu trommeln, denn er hat im Fernsehen gesehen, dass das gegen Flugangst helfen soll. Wenn der Flugängstler zur Labertasche wird, spricht er zumeist im Dialekt – nicht, weil er kein Hochdeutsch spricht, sondern weil er dessen in der aktuellen Situation nicht mehr mächtig ist. Er wird jedoch nicht sagen, dass er ein Angsthase ist, der sich vorm Fliegen noch mehr fürchtet als vor dem Nikolaus, das würde Ihr mitleidiges in ein hämisches Lächeln verändern. Hat er alles schon erlebt. Nein, er wird damit beginnen, Ihnen ein Gespräch aufzudrängen über die Sicherheit im deutschen Straßenverkehr, die idiotischen Autofahrer und dass es gefährlicher ist, von zu Hause zum Flughafen zu fahren als zu fliegen. Das kennen Sie alles schon, weil es Ihnen Ihr klugscheißerischer Kollege bereits dreimal diese Woche erzählt hat. Lösen Sie vorsichtig die Klauen des Flugängstlers aus Ihrer Hand, binden Sie sie im schlimmsten Fall mit Ihrem Sicherheitsgurt ab und warten Sie auf den Getränkeservice. Dort bestellen Sie einen doppelten Whisky für den Flugängstler und für sich einen Wodka, mit dem Sie Ihre Wunde reinigen. Falls der Flugängstler sich beim Schlüsselbeinklopfen selbst verletzt hat, reinigen Sie auch seine Wunden, tätscheln Sie seine Wange und weisen ihn darauf hin, welch günstige Angebote die Bahn derzeit hat und wie schick doch das Reisen im Fernbus geworden ist.

Die Aufs-Klo-Geherin

Sie ist vielleicht Flugängstlerin, vielleicht aber auch nur gesundheitsbewusst oder vielleicht schwanger oder blasenschwach. Oder sie hat Probleme mit Blähungen und keine Not-Apotheke im Handgepäck. Auf jeden Fall sitzt sie grundsätzlich am Fenster und geht alle 20 Minuten auf die Toilette. Viel trinken soll ja gesund sein, besonders beim Fliegen, und Bewegung im Flugzeug sowieso. Die haben dann auch diejenigen, die in der Mitte und am Gang sitzen. Die Aufs-Klo-Geherin wartet den perfekten Moment ab. Nicht vor dem Essen, nicht während des Essens (denn da ist ja der Trolley, der den Gang blockiert, noch unterwegs), nein, unmittelbar nach dem Essen macht sie sich auf den Weg (denn da blockiert ja kein Trolley den Gang). Dank ihr lernen die anderen dann, drei abgegessene Tabletts zu balancieren, ohne dabei Papierverpackungen zu verlieren. Mit etwas Übung geht das ja auch prima. Das nächste Mal geht sie, wenn gerade alle eingeschlafen sind, denn auch dann blockiert ja kein Trolley den Gang, und vor der Toilette ist auch keine Schlange. Die Aufs-Klo-Geherin ist schließlich erfahren und effizient. Nur im Ballett oder beim Kunstturnen war sie nie, sonst könnte sie locker über die schlafenden Mitreisenden klettern, ohne diese zu wecken. So aber tippt sie den Nachbarn an, klimpert mit den Wimpern, zeigt ihren rührendsten Dackelblick – wer kann da schon widerstehen? Auf dem Rückweg setzt sie den Dackelblick dann ein weiteres Mal ein, um in der Bordküche eine weitere Flasche Wasser zu erbetteln. Die Aufs-Klo-Geherin rächt sich aber vielleicht auch nur an dem neben ihr sitzenden Pärchen, denn Pärchen im Flugzeug können ihr die Zornesröte ins Gesicht und noch einiges anderes treiben.

Das Pärchen

Besonders, wenn ein Teil des Pärchens Flugängstler ist, wird es für die Mitreisenden anstrengend. So viel Gedöns wurde zuletzt gemacht, als Pu Yi, der letzte Kaiser von China, im Kindesalter einmal drei Tage nicht aufs Töpfchen gehen konnte. Der Flugängstler oder die Flugängstlerin wird von Schatzi mit Kosenamen überschüttet, betatscht und mit Ablenkungsversuchen bespaßt, von denen auch die umliegenden zehn Reihen etwas haben. Ist es das Pärchen, von denen er der Andere-Leute-Umsetzer ist, kommt es nun allerdings zur ersten ernsthaften Probe für die Beziehung, denn selbstverständlich hat er zu Beginn des ersten gemeinsamen Liebesurlaubs seine Flugangst verschwiegen. Jetzt sitzen die beiden also zusammen, und sie sieht, was er für ein Jammerlappen ist. Überschüttet sie ihn dann nicht mit Kosenamen, sondern stöbert in Ihrem auf Flugzeugmodus geschalteten Smartphone nach Telefonnummern, bedeutet das, dass sie sich für die kommende Woche ein neues Date aussucht oder, bei reiferen Pärchen, die Nummer des Scheidungsanwalts heraussucht. Viele Beziehungen zerbrechen im Urlaub – die meisten im Flugzeug, wenn sich herausstellt, dass einer der beiden Flugängstler ist und sich nur noch peinlich benimmt. Diese Trennungen wären vermeidbar gewesen – hätten diese Menschen einfach so spät eingecheckt, dass sie nicht beisammen sitzen, oder hätten sie sich nicht umgesetzt.

So aber sitzen sie als Pärchen zu zweit in einer Reihe und müssen sich ertragen. In einer Situation, die ganz und gar außergewöhnlich ist und auf die sie niemand vorbereitet hat. Die Volkshochschule Grevenbroich hat im Jahr 2005 einmal Flugvorbereitungskurse zum Thema »Gemeinsam stark sein, gemeinsam fliegen« angeboten, die aber wegen mangelnder Nachfrage abgesagt wurden. Auch das Forschungsprojekt eines amerikanischen Starpsychologen zum Thema »Risiken und Chancen für die menschliche Paarbindung bei Kurz- und Langstreckenflügen« scheiterte bereits an der Finanzierung.

Daher sind es nun die Sitznachbarn, die das Ganze ausbaden müssen, und das nicht nur bei Paaren, von denen einer Flugängstler ist. Das fliegende Pärchen als solches ist ein Objekt, das Jahre psychologischer und soziologischer Studien ausfüllen könnte. Warum etwa fangen reifere Herren im Flieger plötzlich wieder an, ihre ebenso lebenserfahrenen Gattinnen zu betatschen, ihr die Hand auf den Oberschenkel zu legen – wie sie es seit 15 Jahren nicht mehr gemacht haben? Warum lesen junge Paare im Flieger zusammen einen Marco-Polo-Reiseführer, den sie zu Hause schon gelesen haben, und kichern an manchen Stellen? Wieso halten es Paare für eine romantische Geste, im Billigflieger für 15 Euro einen Piccolo zu kaufen, der im Discounter 99 Cent kostet und bewiesenermaßen Kopfschmerzen verursacht? Wieso betüdeln Frauen ihre Männer im Flieger plötzlich wie kleine Kinder? Wieso werfen Paare dem oder der Dritten in ihrer Sitzreihe herablassende und spöttische Blicke zu, die sagen: »Ätschi, du reist allein, wir nicht, und das reiben wir dir jetzt sieben Stunden lang unter die Nase?« (Und das, obwohl der oder die Alleinreisende offensichtlich geschäftlich unterwegs ist?)

Paare neben einem Alleinreisenden sind um ein Vielfaches aufdringlicher als eine Mutter mit Kind; die hat es nämlich nicht nötig, sich zu produzieren, sondern ist damit beschäftigt, das Kind bei Laune zu halten. Sie ist besorgt, ob alles gut geht, und im Idealfall auch um den Sitznachbarn, ob der das Kind erträgt. Paare dagegen benehmen sich gerne mit voller Absicht so unerträglich wie Pennäler auf dem Pausenhof. Sie sind wie eine Facebook-Statusmeldung, die im Januar 40 Fotos von einem Palmenstrand zeigt. Vermutlich, weil den ganzen Urlaub über gestritten wird, muss das Paar jetzt wenigstens den hilflosen Sitznachbarn überzeugen, wie viel Power noch in seiner Beziehung steckt. Und wie viel knisternde Erotik auch noch nach 40 Jahren. Wenn das Pärchen erst miteinander flüstert, und dann gemeinsam oder kurz hintereinander in Richtung Toilette tapert, ist klar: Die wollen's jetzt wissen. Die steuern dem Höhepunkt ihrer erotischen Beziehung entgegen, dem »Mile High Club«.

Der Mythos dieses Vereins, also jener imaginären Vereinigung derjenigen, die Sex über den Wolken hatten, entstand übrigens im Jahr 1971, als ein Pharmareferent mit seiner Frau von Düsseldorf nach Paris flog. Sie wollten ihren Hochzeitstag feiern, zerstritten sich aber schon beim Check-in wegen ihres übergroßen Handgepäcks, wofür sie sich rächte, indem sie ihren Mann in der Einsteigeschlange darauf hinwies, er sollte nur nicht wieder in der Öffentlichkeit »diese Hefte« lesen, in denen es um die neuen Geschmackskondome gehe, die seine Firma neuerdings vertrieb. Wir erinnern uns: 1969 war die freie Liebe bereits erfunden, jeder mit jedem und so, aber bei dem braven Ehepaar war davon nur das Wissen angekommen, dass so etwas eventuell möglich wäre. Den »Summer of Love« hatten sie in ihrer Ferienwohnung im Sauerland verbracht, bekamen dann aber das Gefühl, etwas verpasst zu haben, und gönnten sich die Flugreise nach Paris. Nach weiteren drei Tagen Streit in Paris und einem desaströsen Rückflug, auf dem sie sich wegen Turbulenzen in das Handwaschbecken der Toilette übergab, hatten die beiden nichts, was sie ihren Freunden aus der Stadt der Liebe erzählen konnten. Daher erfand der Pharmareferent, der beim Rückflug Zeit hatte, in »diesen Heften« zu lesen und etwas zu phantasieren, weil sich Elfriede in den Waschraum zurückgezogen hatte, den »Mile High Club«. Davon erzählte er seinen Kollegen in der Firma. Das war besser als »Summer of Love«.

Seitdem versuchen dysfunktionale Paare, die sich im Urlaub oder besonders auf dem Flug zerstreiten, vor den Freunden den Anschein des Glücks zu wahren, indem sie vage Andeutungen machen, was sie an Bord getrieben haben könnten, und sich dabei verschwörerisch in die Augen sehen. Es funktioniert. Inzwischen soll es sogar Paare geben, die tatsächlich versucht haben, es in der Bordtoilette zu treiben, besonders nach einem Streit. Ein Pärchen aus Regensburg etwa. Sie haben sich trotzdem getrennt, weil er seit einem Sturz gegen das Waschbecken querschnittsgelähmt ist und sie ihm schon vorher, nämlich im Urlaub, gesagt hatte, dass sie sich trennen würde, wenn er nicht beweglicher würde. Klingt zynisch, war aber wirklich so. Doppelschwör.

Lassen Sie sich also nicht beeindrucken vom »Mile High Club«-Geschwätz. Seit den First-Class-Doppelbettkabinen im A380 hat der Mythos ohnehin Flecken bekommen, Sexverbot in der Kabine hin oder her. Im A380 würden es sogar Rentner mit Krückstock in den Club schaffen. Will man da noch dabei sein? Bieten Sie Bekannten, die mit dem Thema anfangen, besser ganz ruhig an, offen über ihre Beziehungsprobleme zu sprechen. Schließlich kann man über alles reden. Darauf sollten Sie auch verweisen, mit besonders sanfter Stimme, wenn

Ihr eigener Schatz das Thema »Mile High Club« anspricht. Verweisen Sie auf die Gefahren, gerade für die Bandscheiben, die hygienischen Mängel, die mögliche Peinlichkeit, die lusttötenden Gerüche in der Toilette, die doch nur einseitigen Freuden des Handjobs unter der Decke – und vor allem auf die anderen Pärchen im Flieger, über die sich auch Ihr Schatz schon lustig gemacht hat. Will man so werden wie die? Nein. Man sollte dann doch lieber einen Piccolo bestellen.

Die Saufnase

Einem Pärchen bringt die Flugbegleiterin gerne noch ein Getränk, denn sie weiß, dass sich mit hoher Wahrscheinlichkeit keiner der beiden betrinken wird. Im Billig- und Urlaubsflieger nicht, weil es dort wegen der Selbstzahler-Regelung zu teuer ist, und in der Linienmaschine nicht, da das Pärchen auf Stil achtet und genau deshalb Linie gebucht hat, weil es dort zwar kostenlos Alkohol gibt, man sich aber damit nicht betrinkt. Also her mit dem Versöhnungspiccolo.

Die Saufnase dagegen, so sie denn nicht schon betrunken in den Flieger eingestiegen ist, reist allein. Man erkennt sie daran, dass sie schon bei der ersten Runde Getränkeservice zwei Rotwein bestellt und sich nach dem Getränkeservice im Halbstundentakt nachschenken lässt. Selten trinkt die Flugzeug-Saufnase Bier; man müsste davon zu oft auf die Toilette. Die Saufnase hat im Flughafen meist schon mit einem Bier vorgeglüht und steigert sich jetzt. Darauf angesprochen würde die Saufnase nie zugeben, dass sie Flugangst hat oder es schamlos ausnutzen will, dass es gratis Alkohol gibt. Wie alle Saufnasen ist auch die im Flugzeug selbstverständlich ein reiner Genussmensch. Bestenfalls gibt sie zu, mit ein paar Wein intus besser schlafen zu können, schließlich dauere der Flug ja viele Stunden. Häufig passiert dies bei Flügen in arabische Länder: Da lassen sich die Geschäftsmänner, die in Dubai, Schardscha, Manama oder Riad leben, im Flieger nochmal richtig volllaufen, denn vor Ort ist Alkohol schwer oder gar nicht zu bekommen und Saufen generell verpönt. Die Flugbegleiterin hat meistens Mitleid oder ein Einsehen, solange die Saufnase im Gewand des Geschäftsmanns daherkommt, nicht Russisch spricht und weder Gérard Depardieu noch einem Mitglieder der Bloodhound Gang ähnlich sieht. Trinkende und dann randalierende Russen oder Stars haben schon so manche Maschine in malerischen Orten wie Tulsa, Oklahoma oder Tomsk zur Zwischenlandung gezwungen, und weil die Flugbegleiterinnen keine Lust auf Tomsk und Tulsa haben, wird der Ausschank irgendwann eingestellt.

Im schlimmsten Fall legt die Saufnase dann mit beherzten Schlucken aus der im Duty-free gekauften 1-Liter-Wodkaflasche nach, was insbesondere dann passieren kann, wenn die Saufnase Russisch, Finnisch, Isländisch oder Lettisch spricht.

Wenn Sie die Saufnase neben sich haben, spielt die Zeit für Sie: Irgendwann wird der gute Mann einschlafen. Natürlich nicht, ohne sich kurzfristig noch in die Labertasche verwandelt zu haben. Lustig kann es werden, wenn Sie einfach mittrinken – was trifft man im Flieger nicht für interessante Leute, was führt man nicht für anregende Gespräche nach einem Liter Rotweinverschnitt.

Der Kegelklub

Saufnasen sitzen natürlich auch in jeder fröhlichen Reisegruppe. Es ist unwahrscheinlich, dass das größte Weinfass des Kegelvereins Koblenz direkt neben Ihnen sitzt, denn es ist ein Kristallisationspunkt der guten Laune und sitzt daher in der Mitte der Gruppe, damit auch ja alle Mitreisenden bespaßt werden. Neben Ihnen sitzt eher der Langweiler des Clubs, den man nur mitgenommen hat, weil er schon immer dabei war, aber den man gerne an den Rand schiebt. Das ist ein Glück, kann aber auch Pech sein, wenn die fröhlichen Gruppenreisenden einer nach dem anderen »zu Besuch« bei dem am Rande Sitzenden vorbeikommen und ihn mit Späßen versorgen. Von allein kommt der Langweiler, die alte Spaßbremse, ja nicht aus sich raus, das wissen die anderen. Auch mit Leberwurstbroten und Landjägern muss er versorgt werden. Proviant hat man bei einem Gruppenausflug wie schon damals beim Schul-Wandertag natürlich dabei – man weiß ja nie, wann es das nächste Mal etwas Ordentliches gibt. Wenn Sie ganz lieb gucken, kriegen Sie vielleicht sogar auch eine Wurst, denn der Kegelclub auf Reisen, ebenso wie die Freiwillige Feuerwehr Sumpfhausen oder der Junggesellenabschied ist fest entschlossen, eine schöne, eine unvergleichlich schöne und lustige Zeit zu verbringen und in dieser Zeit ständig gut drauf zu sein, da hat man schon mal die Spendierhosen an. Wenn sie dürften und könnten, würden manche der Jungs eine Lokalrunde schmeißen, auch, damit die anderen Mitreisenden sich mal locker machen. Die muntere und stets zu Späßen aufgelegte Gruppe findet nämlich, sie sei ein Geschenk an die anderen im Flieger, denn ohne sie wäre ja überhaupt keine Stimmung an Bord. Was stimmt.

Wenn die Kegelbrüder nicht aufstehen mögen, schreien sie auch mal die drei Reihen nach vorne zu dem Langweiler, der neben Ihnen sitzt und sich für seine Freunde schämt. Lächeln Sie ihm milde zu und gehen Sie in sich: Sind Sie nicht selbst schuld, dass Sie den billigsten Flug nach Palma de

Mallorca genommen haben? Meditieren Sie gegen die gute Laune der Mitreisenden an. Und danken Sie Ariel, dem Gott der Lüfte, dass es im Flugzeug keine Sitzplätze mit Tisch gibt, an dem man sich gegenüber sitzt, denn dann würde die fröhliche Gruppe die Spielkarten auspacken.

Den Kegelclub gibt es übrigens auch in weiblich. Dann ist er noch lauter, das Jauchzen und Kreischen noch penetranter, und wenn Sie Pech haben und ein Mann sind, bekommen Sie auch noch likörsüße Küsschen und können sich den Rest der Reise über fragen, wie es die Damen geschafft haben, all die Kurzen an Bord zu schmuggeln.

Studienreisende

Eine gemäßigte, weil gealterte, Erscheinungsform der Spaßgruppe ist die Studienreisegruppe. Die kleinste Form der Studienreisegruppe ist übrigens das Ehepaar Muggenthaler, das Sie schon kennengelernt haben. In der Studienreisegruppe wird nicht gelacht und erst recht nicht getrunken. Wer von den Studienreisenden jemals Mitglied eines Kegelklubs, Schützenvereins oder der Feuerwehr war oder ist, verschweigt dies und behauptet, er sei pensionierter Studienrat oder Chefsekretärin. (Im Fall der Muggenthalers stimmt das sogar, weshalb sie ja nicht in der Gruppe reisen.) Mitglieder von Studienreisegruppen erkennen Sie an der so hochwertigen wie praktischen schlammfarbenen Funktionskleidung, an den ordentlich geföhnten Frisuren und an den kleinen robusten Stoffmäppchen mit dem aufgedruckten Namen des Veranstalters. Die werden umgehend aus dem praktischen wasserfesten Rucksack herausgekramt, zur Kontrolle, ob man auch wirklich alle Voucher dabei hat, ob das Reisedatum stimmt, ob die ausgedruckte Typenbeschreibung des

Flugzeugs auch mit dem tatsächlich eingesetzten Fluggerät identisch ist, und um sich schon einmal umzusehen, wer
von der Namensliste wer im Flugzeug sein könnte. Studienreisende schürzen die Lippen, wenn Sie sich als Sitznachbar
zum Essen einen Wein oder ein Bier bestellen, denn neben
Saufnasen möchten sie ihre Griechenlandrundreise nicht
beginnen. Egal ob Sie nur einen Badeurlaub oder eine Städtereise gebucht haben – nutzen Sie die einmalige Chance, das
Wissen der Studienreisenden anzuzapfen. Denn diese haben
schon vor der Buchung der Reise sämtliche Kunstführer, die
es für die Region gibt, studiert, um herauszufinden, welche
Reise für sie die interessanteste sein könnte. Sie haben auch
den Reiseführer, den der Veranstalter geschickt hat, genau-
estens studiert und mit dem Programm abgeglichen, dann
einen zweiten Reiseführer gekauft und selbiges getan, um
zu wissen, welche wichtigen Ziele und Sehenswürdigkeiten
eventuell nicht im Programm sind. Die Teilnehmer wissen
also schon vor der Ankunft mehr als der Reiseleiter und sind
gerne bereit, Ihnen wertvolle Tipps zu geben: Was Sie unbedingt sehen sollten, wo Sie einkehren und was Sie dann re-
gionaltypisch bestellen sollten, welche Vögel gerade auf den
Felsen brüten und was man auf keinen Fall tun darf, wenn
man die Einheimischen nicht beleidigen will.

Studienreisende sind kultivierte Menschen und im Grunde pflegeleichte Nachbarn. Sie sind mitteilungsfreudig und
selbstbewusst. Sie weisen Sie darauf hin, dass Sie eine Saufnase sind, eine Aufs-Klo-Geherin oder ein Flugängstler, und
haben auch dafür Tipps. Im Grunde möchten diese überaus
lebenserfahrenen Menschen aber gar nicht dozieren (sie tun
es nur, wenn sie provoziert werden), sondern den Flug nutzen, um sich zu entspannen – entweder, weil sie entspannt
in den Reisebus steigen möchten, der sie die nächsten zwei

Wochen über Nebenstrecken schaukeln wird, oder weil sie gerade mit Bandscheibenvorfall nach zwei Wochen aus eben diesem Bus ausgestiegen sind. Daher klappen Studienreisende auch grundsätzlich nach dem Erlöschen des Anschnallzeichens ihren Sitz nach hinten – Rücken schonen, Rücken schonen, Rücken schonen. Weil die pensionierten Chefsekretärinnen und Studienräte, auch diejenigen unter ihnen, die früher als Sachbearbeiterin im Kreisverwaltungsreferat oder beim Kegelbahnbetreiber gearbeitet haben, aus ihrem Berufsalltag nur alte Bürostühle kennen, werfen sie sich mit Schmackes gegen die Rückenlehne, damit diese auch wirklich nachgibt. Merken Sie sich also: Wenn vor Ihnen jemand in schlammfarbener Funktionskleidung sitzt, halten Sie einen gebührenden Sicherheitsabstand zur Vorderlehne.

Wenn Sie dann arbeiten oder lesen möchten, stellen Sie die Luftdüsen, die eigentlich für Sie gedacht sind, so ein, dass sie dem vorderen Sitznachbarn in Nacken und Schulterpartie blasen. Er wird bald wieder nach vorne klappen, versprochen. Rücken schonen, Rücken schonen, Rücken schonen.

Der Schläfer

Er ist nicht Teil der Studienreisegruppe und wird daher auch nicht auf die Gebläseattacke reagieren. Der Schläfer ist auch eigentlich gar nicht müde, er ist nur fest entschlossen, im Flugzeug zu schlafen. Oder so zu tun. Schon kurz nach dem Einsteigen lehnt er sich zurück und schließt die Augen. Kaum erlischt das Anschnallzeichen, klappt er seinen Sitz nach hinten, was ein Wunder ist, denn er schläft ja schon seit einer Stunde tief und fest. Der Schläfer kann vieles im Schlaf. Furzen etwa. Die Schuhe ausziehen. Oder sich in eine Decke einwickeln. Und genau in dem Moment erwachen, in dem der Getränke- oder Essenstrolley an seiner Reihe hält. Weil er aber schläft, bekommt er ansonsten ganz offiziell nichts mit. Nicht Ihren Griff zum Duftfläschchen. Nicht den flehenden Blick, wenn die Blase drückt. Der Schläfer ist der Hinkelstein unter den Sitznachbarn: unverrückbar, verständnislos, kalt, unsinnig. Da der Schläfer relativ häufig ist, sollten Sie – so Sie keine Ballett-Ausbildung haben – die Yogapositionen »Schreitender Schwarzstorch« und deren Übergang zum »Flüchtenden Tiger« aus dem Effeff beherrschen, falls Sie vorhaben, über den Schläfer hinweg zur Toilette zu kommen. Alternativ können Sie auch zu Hause regelmäßig Twister spielen.

Wie Sie es verhindern, dass der Schläfer vor Ihnen den Sitz komplett zurückklappt, hat ein australischer Computerexperte und Vielflieger herausgefunden. Er kauft schon vor der Reise eine eckige Halbliter-Getränkeflasche – man findet sie etwa in japanischen Spezialitätengeschäften, wo sie als Behälter für Tee aus gerösteter Gerste dienen. Den Tee trinkt er schon lange vor dem Check-in aus, prüft dann die tatsächliche Stabilität der Flasche, und wenn sie die Materialprüfung bestanden hat, darf sie mit ins Handgepäck. Leer, natürlich. Die Flasche klemmt er dann zwischen seinem heruntergeklappten Tischchen und dem kleinen Haken ein, der das Tischchen festhält, was dazu führt, dass der nach hinten sinkende Sitz irgendwann blockiert. Weil der Schläfer ja die Augen geschlossen hat, merkt er nicht, dass die Lehne noch nicht maximal zurückgeklappt hat. Ein amerikanischer Kollege hat sich sogar schon kleine Plastikklammern zum selben Zweck patentieren lassen. Wenn aber der Sitz überhaupt nicht rückklappbar ist, wird der Schläfer wild. Es kam deswegen schon zu Schlägereien und Notlandungen. Der Schlaf ist kostbarer als jeder Fußraum, das sollten Sie sich merken. Wenn Sie dem Schläfer einen Streich spielen wollen, warten Sie, bis er schläft und sich der Duty-free-Trolley nähert. Holen Sie jetzt den kleinen Aufkleber »Bitte wecken Sie mich zum Duty-Free-Einkauf«, den Sie in dem kleinen Kosmetiktäschchen gefunden haben, hervor und kleben diesen neben den Kopf des Schläfers an dessen Lehne. Hihihi.

Allein reisende Kinder

Sie schlafen niemals. Sie sind viel zu aufgeregt, weil sie ohne Eltern fliegen dürfen. Und das bis zu einem Alter von 17 Jahren. Sie würden sich das aber niemals anmerken lassen. Sie sind ja schließlich schon groß und ziemlich cool, finden es auch voll peinlich, wenn ihnen die Purserin spezielle Aufmerksamkeit widmet oder – Gott bewahre – ihnen sogar Spielzeug anbietet. Die Tränen, die ihre Mutter beim Abschied geweint hat, waren schon peinlich genug. Sie schämen sich auch für das Kärtchen, das sie um den Hals tragen müssen, und lassen es in ihren Rucksäcken verschwinden. Kurz, nur ganz kurz, lugt aus diesen dann ein Stofftier hervor. Das brauchen sie aber natürlich nicht. Allein reisende Kinder und Jugendliche sind die lässigsten, abgebrühtesten Personen der Welt, und fast perfekte Sitznachbarn, wenn man mal von einem leeren Sitz absieht. Sie sind erwachsener als die meisten Erwachsenen an Bord, haben neuere iPods als der Techie, mehr Länder gesehen als der Studienreisende und kämen nie auf die Idee, eine Zeitung im nordischen Format mitzunehmen. Sie würden auch nie – wie begleitete Kinder – fünf Stunden lang auf die Idee kommen, auf dem in der Lehne des Vordermanns, Ihrer Lehne, eingebauten Touchscreen Spiele zu spielen und Ihnen damit eine

Gehirnerschütterung mitzugeben. Computerspiele sind nämlich für Babys. Und, ach ja, Babys – die würden allein reisende Kinder auch niemals piksen, ganz anders, als wenn sie mit der ganzen Familie unterwegs sind und es lustig finden, den kleinen Bruder in den Zeh zu kneifen, damit der zu brüllen anfängt. Allein reisende Kinder stecken sich schneller als Sie Ohrstöpsel ein, wenn das Baby nebenan zu schreien beginnt; Kinder hören nämlich noch besser als Sie. Was Ihnen durch Mark und Bein geht, schraubt sich Kindern ins Gehirn. Flegeln, Fläzen und Kreischen, wie es Gruppen von Teenagern auf dem Weg in die Sprachferien tun, ist ebenfalls unter der Würde des allein reisenden Jugendlichen. Es hat ja seinen Grund, warum er nicht mit diesen Bratzen und ihren unfähigen Betreuern, sondern allein unterwegs ist. Auch Jugendliche finden Jugendgruppen in Flugzeugen unerträglich. Freuen Sie sich also, wenn Sie einen jungen Sitznachbarn oder eine jugendliche Nachbarin haben – er oder sie ist alles, nur kein Sitznachbar des Grauens.

Und die beste Nachricht zum Schluss: Nervende Familien werden niemals komplett mit Ihnen in einer Reihe sitzen, denn sie haben meistens eine Reihe für sich. So wie die Bickelbachers: Mutter Sarah sitzt am Fenster und ist die erste halbe Stunde damit beschäftigt, Leon-Luca (Mittelsitz) eine der Schokolinsen aus dem Ohr zu pulen, die ihm die Stewardess geschenkt hat. Vater Bickelbacher tut so, als bekäme er nichts mit, schreckt aber auf, wenn Leon-Luca nach dem Essen damit beginnt, mit den Malstiften – noch so ein Geschenk der Stewardess – lustige Tiere auf das heruntergeklappte Tischchen zu malen oder das Tischchen abzuschlecken. Leon-Luca weiß nicht, dass da beim letzten Flug noch die nackten, schuppigen Füße eines Schuhausziehers lagen. Wohl bekomm's.

Na dann mal prost ...
Der Getränkeservice

Vorhang auf für den zweiten großen Auftritt der Crew nach dem Sicherheitsballett: der Getränkeservice. Auf sehr kurzen Flügen ist er der einzige Service. Auf kurzen Flügen ist er gleichzeitig auch der Snack-Service. Die Mädels und Jungs wissen, dass das, was jetzt kommt, ihnen ihren Namen gegeben hat, und sie wissen auch, was die Passagiere jetzt denken: Saftschubse. Das professionelle Lächeln gefriert der Crew auf den Gesichtern, während sie ihre Saft-Trolleys den Gang entlang schubsen.

In den meisten Fällen innerhalb Europas ist inzwischen die erste auch die letzte Runde des Getränkeservice. Das Essen oder der Keks wird dabei gleich mit ausgegeben, und fertig (siehe Kapitel »Nüsse, Eier, Nudeln – Essen an Bord«). Nur bei längeren Flügen, etwa nach L.A. oder Australien, gibt es noch eine zweite Runde. Oder bei arabischen Luxus-Airlines, die am Service nicht sparen dürfen, weil ihnen sonst die einheimischen Kunden wegbleiben würden.

Die Stewardessen wissen schon genau, welcher Passagier was bestellen wird, noch bevor sie überhaupt fragen, was es denn zu trinken sein darf. Guido Fottner nimmt ein Bier. Auch bei einem Flug um 7 Uhr früh. Er findet das cool. Weltmännisch. Hemingway hätte sicher auch ein Bier bestellt, findet Guido. Die Jungs vom Kegelclub nehmen Bier, bis auf einen Langweiler, der sich einen Tee bestellt.

Der Techie und die Vielflieger ordern ein stilles Wasser. Vielleicht noch einen Kaffee dazu. Die Aufs-Klo-Geherin bestellt sich grundsätzlich ein stilles Wasser und einen Kaffee dazu, hat aber in der Sitztasche noch eine mitgebrachte Wasserflasche aus dem Shop am Gate verstaut. Man kann auf einem Flug gar nicht genug trinken. Das finden auch die Jungs von Kegelclub. Wenn Ihr Sitznachbar einen Kaffee mit Milch bestellt, ziehen Sie die Pelerine über. Niemand schafft es, die in Portionen verpacke Kaffeesahne so aufzureißen, dass keine Milch herausspritzt. Da kann auch niemand was dafür, denn es liegt am Unterdruck in der Kabine, dass die Milch herausschießt. Es ist nur schade, dass sich die Kaffeetrinker immer erst dann an das Milchgespritze erinnern, wenn es wieder passiert, anstatt die Milch unter einer Serviette zu öffnen. Daher die Pelerine, oder wollen Sie aussehen wie Monica Lewinsky nach einem Date mit Bill Clinton?

Wir erinnern uns an früher: Da gab es sogar auf einem Flug von Frankfurt nach Berlin einen Trolley, auf dem in einem Körbchen kleine Spirituosenfläschchen verheißungsvoll klimperten. In den Schubladen befanden sich Sekt einer eigens gekelterten Hausmarke und sogar Champagner. Cola, Tonic und Bitterlemon kamen in winzigen Aludosen und Wein in echten Glasflaschen, ebenfalls in Piccolo-Größe. Saft wurde in echte Gläser mit kleinen Stielen ausgeschenkt. Der Trolley von einst erinnerte uns an die Spielzeug-Kaufmannsläden unserer Kindheit, aus denen wir für Spielgeld Miniaturpackungen von Fischstäbchen und Jägersauce verkauften. Wir liebten diese Getränke-Miniaturen und den Puppenküchencharme der kleinen Gläschen und Tassen. Daher griffen wir zu. Hemmungslos. Wir fühlten uns wie in unserer heilen Kindheitswelt und dachten, ein Gin Tonic, aus Miniaturen gemischt, könnte dieses Kaufladengefühl von damals bis zur Landung bewahren. Wir bestellten vielleicht einen zweiten Gin Tonic. Bis man bei den Airlines darauf kam, Cola aus der Literflasche auszuschenken, die Spirituosen abzuschaffen und den Kaffee in Pappbechern auszugeben. Natürlich wegen der Umwelt. Aber was helfen erwachsene Sparsamkeits- und Nachhaltigkeitsargumente gegen jahrzehntealte Ur-Gefühle? Nichts. Deshalb empfinden wir den Getränkeservice nicht mehr als magisch, sondern als maschinell. Niemand jubelt, dass es das stille Wasser jetzt aus der eineinhalb Liter Flasche gibt. Niemand freut sich darauf. Aber jeder freut sich, wenn es überhaupt noch etwas gibt, das nicht 20,59 Euro kostet, sondern gratis ist wie das stille Wasser.

Die Billigflieger, bei denen es gar nichts mehr gratis gibt, setzen bewusst auf diesen Kindheitseffekt. Schon die Getränkekarte in der Sitztasche erinnert an eine Kinderzeitschrift der 70er-Jahren, kombiniert mit der Werbung für ein Kindermenü beim Burgerbrater. Lauter ungesunde Sachen in den herrlichsten Farben in Szene gesetzt. Der Trolley, an dem Chipstüten und Keksschachteln baumeln, ist eine Mischung aus Freibad-Kiosk und Kindergeburtstagstafel. Es fällt sehr schwer, bei diesem Anblick nicht schwach zu werden. Und dann erst die bunten Smoothies, diese Unternehmensberaterlimonaden ... Nur wer eine extrem traurige Kindheit hatte, also in einem rumänischen Waisenhaus aufgewachsen ist oder aber im brasilianischen Regenwald traditionell und fern aller Versuchungen, wird hier nicht schwach. Das Gefühl ist einfach überwältigend. Man muss zugreifen. So, wie man automatisch zugreift, wenn irgendwo ein Teller voller Mohrenköpfe steht. Wir haben dabei zwar ein schlechtes Gewissen, können uns aber nicht gegen die Macht der Gefühle wehren. Es geht uns wie dem Polizeihund, der ein Würstchen bewachen soll und es dann doch frisst. Die ersten Minuten geht es gut, aber dann kommt der entscheidende Impuls, und es gibt kein Halten mehr. Die einzige Chance, wie wir noch widerstehen können: Wir haben bereits drei Jahre Psychotherapie hinter uns und mehrere Lehreinheiten in autogenem Training absolviert. Auf Fortgeschrittenenniveau, versteht sich. Ansonsten ordern wir jetzt Cola, Chips und eine Sandwich-Menübox. Die Billig-Airline ist um 46,89 Euro reicher, und wir die nächsten fünf Minuten glücklich wie damals beim Kindergeburtstag.

Im Flugzeug gab es vor den 90er-Jahren, als die Zeiten des Sparens begannen, allerdings kein Kindergeburtstagsbuffet, sondern feine Spezialitäten. Die Erinnerungen an die Airline-Menüs früherer Zeiten sind so phantastisch und auch so fern wie die Märchen aus 1001 Nacht. (Apropos 1001 Nacht: Im Flieger »Lockheed Super Constellation« der 1950er-Jahre befand sich ein veritabler Samowar. Ein identisches Modell wird heute nur noch in der ersten Klasse des Expresszugs von Taschkent nach Samarkand benutzt. Die staatliche usbekische Eisenbahngesellschaft hat die Samoware günstig auf dem Import/Export-Markt erworben.) Gäbe es keine Zeitzeugenberichte oder Fotos, man würde diese Geschichten für erfunden halten: Ein Steward, der mit einem Braten am Stück vorfährt und den Gästen vorlegt. Russisch Ei mit echtem Kaviar. Käseigel. Cocktails, die frisch gerührt oder geschüttelt werden. Hummer als Vorspeise. Salz und Pfeffer in Porzellanstreuern. Kristall-Trinkgläser mit echtem Stiel. Messer. Blumenvasen auf dem gedeckten Tisch. Doch, das gab es wirklich, und noch früher war es noch besser: Da konnten Gäste auf einer Luftreise in einem eigenen Speisesaal à la carte essen, und zu jeder dieser Mahlzeit wurden in der Bordküche frische Brötchen gebacken. Die Küche kam aus dem damals total angesagten »Kurgarten-Hotel« oder anderen Gourmettempeln und ließ keine Wünsche offen: »Rhein-Salm nach Rothschild« oder lieber »Rehschlegel geschmort mit Staudensellerie«?

Nein, das ist nicht die Mondfahrt aus Voltaires *Candide oder die beste aller Welten*, sondern die Bordverpflegung im Zeppelin Hindenburg, mit dem Luftreisende bis nach Amerika fuhren. An Bord eines heutigen Linienfluges nach Amerika gibt es, wenn man nicht auf etwas anderem insistiert, stilles Wasser aus dem Plastikbecher und dazu ein eilig hingeknalltes Tütchen Nüsse oder Knabberzeug unbekannter Provenienz.

Da Sie kein Interesse an Keksen aus alten NVA-Beständen haben (auch diese wurden schon an Bord gesichtet) ist jetzt der Zeitpunkt gekommen, um einen Ihrer Äpfel hervorzuholen. Die Chancen stehen einigermaßen hoch, dass einer der Mitreisenden Ihnen spontan 40 Euro für den Apfel anbietet, nachdem er die Zutatenliste auf seiner Kräckertüte gelesen hat.

Freuden wie die über eine leckere Tüte Kartoffelchips wollen Linien-Airlines auf jeden Fall vermeiden. Sie wollen ja auch nicht, dass man bei ihnen an Bord viel konsumiert und sich beim Verzehr freut, sondern sehen es lieber, dass man gar nichts verzehrt. Das spart Getränke. Es spart auch den Müll, der durch die Becher entsteht, den Treibstoff für den Transport der Getränke und den Treibstoff für das Wasser für die Klospülung. Je weniger die Leute trinken, desto günstiger für die Airline.

Ein Mal Spülen macht 56,48 Euro ohne Steuern und Gebühren, das behaupten die Airlines jedenfalls gegenüber der

IATA (International Air Transport Association), um endlich die Genehmigung für die Bordtoilettenbenutzungsgebühr zu bekommen. Ryanair-Chef Michael O'Leary redet seit Jahren davon. Er könnte unfassbar viel Geld sparen, wenn die Leute dadurch weniger zur Toilette gingen und er pro Flugzeug überhaupt nur eine Toilette einbauen müsste. EasyJet-Führungskräfte stoßen ins gleiche Horn.

Die japanische All Nippon Airways (ANA) forderte im Herbst 2009 in einem Kerosinsparprojekt die Fluggäste auf Inlandsflügen auf, vor dem Boarding noch einmal auf die Toilette zu gehen, um so das Gewicht des startenden Fliegers zu reduzieren und Flugbenzin zu sparen. Wie, das glauben Sie nicht? Dies und die Story über Ryanair sind reine Satire. Airlines würden so etwas Plumpes nie versuchen.

Doch gespart werden muss in der Economy Class an allen Ecken und Enden, um die Flugpreise niedrig zu halten. Besonders günstig ist es für Airlines, wenn sie sich Getränke und Snacks sponsern lassen. Das heißt: Firmen beliefern Airlines gratis mit ihren Waren, damit die Airlines dafür Werbung machen und sie quasi als Gratis-Warenmuster vertreiben. Genauso ist es übrigens bei den Zeitschriften, die es bei manchen Airlines an Bord gibt: Die Verlage liefern sie gratis an die Airlines und verbuchen die Exemplare als »Bordauflage«, was die Gesamtauflage steigert und es den Verlagen daher ermöglicht, die Anzeigenpreise zu erhöhen.

Für die Snack-Hersteller sind da vor allem der Werbeeffekt und die kostenlose Marktforschung von Bedeutung. Wenn Kunden zwischen einem Keks mit Bananengeschmack und Brot-Chips mit Shrimps-Aroma wählen können, was ist ihnen wohl lieber? Wie viele der neuen Cookies mit Pinguinfettglasur werden angebissen zurückgegeben? Die Industrie ist den Airlines meistens eine Nasenlänge voraus, wenn es darum geht, aus der Bordverpflegung ein Geschäft zu machen. Dieser Fall etwa ließ die Manager der Airlines aufhorchen, als er publik wurde: Die Firma Knusperfein, ein mittelständisches Snack-Unternehmen aus Unter-Uerdingen mit dem Anspruch des Besonderen, spendierte Air Hamburg – gratis – eine Palette ihrer neuen extrascharfen Wasabi-Tabasco-Chips zur Verteilung in der Kabine. Dankend nahm die kostenbewusst arbeitende Airline an. Was die Verantwortlichen nicht wussten: Knusperfein gehört über eine ganze Reihe von Teilhabergesellschaften und Briefkastenfirmen ein Krümel im großen Getränkeimperium In-Schlürf. Von InSchlürf bezieht Air Hamburg – nicht gratis – die Getränke an Bord, die besonders viel und intensiv drängend auf jenen Flügen nachgefragt wurden, auf denen die Wasabi-Chili-Chips verteilt wurden. Als Knusperfein gerade den zweiten Container Wasabi-Tabasco-Chips, jetzt neu mit extra Chiliflocken, liefern wollte, kam der Einkaufsleiter von Air Hamburg auf den Gedanken, dass es da einen Zusammenhang geben könnte. Er bat Knusperfein, stattdessen doch besser nur Salzstangen zu liefern, was diese dann auch taten – aber wie bei Knusperfein, nicht vom Anspruch des Besonderen abrückend, üblich, gab es die Salzstangen mit extra-großen Stücken echten Meersalzes. Bei InSchlürf bekam der für Air Hamburg zuständige Key Account Manager in diesem Jahr einen besonders großen Bonus ausgezahlt und darf seither die von ihm auf Geschäftsreisen gesammelten Meilen zur privaten Nutzung behalten.

Einige der Billig-Airlines sind seitdem davon abgerückt, sich Snacks sponsern zu lassen, und kaufen lieber wieder containerweise Tiefkühlteiglinge in China ein, die sie dann in einem Kellerkämmerchen des Flughafens schnell zu Brezeln oder Muffins aufbacken. Wichtig ist, dass die Gebäcke kein Salz enthalten, damit die Leute an Bord möglichst wenig trinken, und dass auch die Getränkeauswahl so lieblos präsentiert wird, dass die Passagiere nicht ermutigt werden, zu viel zu bestellen.

Daher die Nüchternheit des Trolleys, die Riesenflaschen, die grauen Becher. Die sauertöpfischen Mienen und das nur sekundenweise aufgesetzte Lächeln der Crew tragen ein Weiteres dazu bei. Wenn sie mit gefletschten Zähnen fragen: »Und, was darf es für Sie sein?« hat kein Mensch mehr Lust, etwas Kindisches wie Cola oder Lebensbejahendes wie Gin Tonic zu bestellen. Letzteren gibt es tatsächlich noch auf einigen Flügen, aber die netten kleinen Fläschchen sind in der untersten Trolleyschublade versteckt, so dass nur ja keine Begehrlichkeiten aufkommen. Nein, man bestellt artig sein Wasser ohne Kohlensäure und vielleicht einen Kaffee. Mit Milch und Zucker.

Bis auf die Muggenthalers. Die lassen sich so leicht nicht einschüchtern und bestellen, wie auf allen ihrer zehn vorherigen Flüge auch: Tomatensaft.

Ja, Tomatensaft, dieses Wundergetränk, das nachgewiesenermaßen im normalen, irdischen Leben nie, in der Luftfahrt aber ständig verlangt wird. Früher gab es ihn noch mit einem Schuss Worcester-Sauce und einem Rührstäbchen, dazu Salz und Pfeffertütchen. Heute kommt er in denselben traurigen Plastikbechern wie das stille Wasser, das fällt sogar den Muggenthalers auf. Verzichten auf den Saft würden sie niemals, denn das ist eines ihrer Paar-Rituale auf Reisen, und diese Rituale sind für eine Partnerschaft mindestens so wichtig, wie unterwegs viel zu trinken wichtig für die Gesundheit ist.

Die Aromachemikerin Andrea Burdack-Freitag hat herausgefunden, dass es nicht an Paar-Ritualen, sondern am

Unterdruck in der Kabine liegt, dass nicht nur den Muggenthalers plötzlich der Tomatensaft schmeckt. Wegen des niedrigen Drucks verändern sich die Aromen-Wahrnehmung und auch der Geschmackssinn. Die Richtungen süß, salzig und herzhaft werden weniger stark wahrgenommen. Um das herauszufinden, steckte sie ein Stück einer Flugzeugkabine in eine Unterdruckröhre. Tomatensaft, der auf der Erde muffig schmeckt, ist in der Luft plötzlich köstlich, fanden ihre Probanden. Dieses Forschungsergebnis ist natürlich Mumpitz.

Der wahre Grund ist: Tomatensaft ist für Wenigflieger der Geschmack der weiten Welt. Da sie ihn nur im Flugzeug trinken, löst er Erinnerungen an vorherige Reisen aus und gehört zur Flugerfahrung dazu wie der Geruch der Bordtoilette, das Klicken des Gurts und die Nuscheldurchsagen des Kapitäns. Ohne den Geschmack von Tomatensaft auf der Zunge gespürt zu haben, war man nicht richtig weg. Diese emotionale Konditionierung ist mindestens so stark wie die mit dem Trolley als Kinder-Kaufmannsladen. Nur günstiger. Und nur hartherzige, abgestumpfte Menschen, die schon das fliegerische Erwachsenenalter erreicht haben, sind immun gegen den Geschmack von Tomatensaft geworden. Aber sie sind ja auch sonst gegen die Reize des Fliegens abgestumpft, diese armen grauen Herren in ihren Business-Anzügen.

Was diese auf ihrem langen Weg nicht ins Erwachsenwerden, aber ins Vielfliegertum gelernt haben, ist auch, die Milchverpackung so aufzureißen, dass sie Milch weder auf das eigene Sakko noch auf das des Sitznachbarn spritzt, auch nicht auf das Tischchen, das Sakko des vorderen Nachbarn oder die Lehne des Vordersitzes. Es ist ein langer Weg dort hin. Wer den Vielfliegerstatus HON erreichen will, muss nachweisen, dass er fünf Milchpäckchen hintereinander unfallfrei öffnen kann. Dafür bietet die Airline inzwischen eigens Kurse an, bei denen man dies an nur einem intensiven Wochenende lernen kann. Der Galerist Cyril Steyner hat sogar mit Auszeichnung bestanden. Nur leider sitzen Sie nicht neben Cyril, denn der sitzt in der First Class. Wenn Sie Glück haben, erwischen Sie einen Manager, der gerade auf Standby-Ticket unterwegs war und lieber Economy Class fliegt als weitere zwei Stunden zu warten. Der Manager hat den HON-Kurs nur knapp nicht bestanden, schafft es aber immerhin, eine Serviette um das Milchpäckchen zu legen, wenn er es öffnet, und die spritzende Milch darin aufzufangen. Nein, der Getränkeservice an Bord ist für niemanden mehr ein Spaß. Für die Saftschubsen, pardon, Flugbegleiter nicht und erst recht nicht für die Passagiere. Es sei denn, Sie fliegen in der Business Class. Da gibt's Champagner bis zum Abwinken, wann und so oft Sie wollen, und manche Airlines bieten dem Gast sogar seine eigene Softdrink-Minibar, inklusive der kleinen Kaufmannsladen-Coladosen. Wer in der Business-Class des A 380 einen echten Cocktail möchte, begibt sich nach hinten in die Bar und blickt der Stewardess tief in die Augen und ordert einen Martini.

Wer in der Economy Class sitzt, bekommt davon natürlich nichts mit. Immerhin bekommt er bei einem Langstreckenflug in der Linienmaschine mehrmals Getränke serviert. Eigentlich, so oft er möchte, denn mit dem kleinen Knöpfchen über dem Sitz lässt sich immer schnell eine Flugbegleiterin anlocken, die dann auf einem Tablett die bestellten Getränke herbeibringt. Mit sauertöpfischem Gesicht, denn das bringt stets andere Gäste ebenfalls auf die Idee, sich noch etwas zu bestellen. Viel zu trinken ist ja besonders auf einem Langstreckenflug wichtig.

Und gerade der Steward, der fürs Wein-Nachschenken zuständig ist, wäre der Letzte, der etwas gegen gepflegten Alkoholkonsum sagen würde. 1998 sind bei einem Flug von London Gatwick nach München die Pferde mit ihm durchgegangen. Er hatte die Nacht zuvor in einem Club im West End mit den Jungs ordentlich gefeiert und war immer noch in Partystimmung, vor allem aber nicht in der Stimmung, die weinerlichen Wasser- und Saft-Bestellungen entgegen zu nehmen. Der Kollege auf dem Flug war ebenfalls in dem Jungs-Club gewesen, so dass der Spaß in der Bordküche weiterging und der Steward näselnd über den Lautsprecher verkündete, dass nun an Bord gefeiert werde und er und sein Kollege nun Cocktails für alle ausgeben würden, die auch bitteschön fleißig zu bestellen seien. Wer partout keinen Gin Tonic, Bloody Mary oder Whisky Cola wolle, solle doch Wein oder Sekt ordern, ansonsten würde er für den Rest des Fluges in der Toilette eingesperrt oder zum Abwaschen eingeteilt. Die Durchsage war ein großer Erfolg. Der Steward bekam seitdem nie wieder eine Schicht mit anderen schwulen Kollegen zugeteilt, und die Spirituosen wurden auf Kurzstreckenflügen abgeschafft. Es gab außerdem eine Dienstanweisung, Passagiere nicht zum Alkoholkonsum zu ermuntern. Lustig war der Flug dennoch, denn am Ende waren alle kleinen Schnapsflaschen und Piccolos aufgebraucht. Die Gäste sprechen noch heute davon, wie schön es in den guten alten Zeiten vor der Finanzkrise beim Fliegen war.

Wroom-Tschlack-Wooom-Bäng:
Der Klang der Lüfte

In jedem guten Anti-Flugangst-Seminar erklären die Trainer sämtliche Flugzeuggeräusche. Das senkt die Panikschwelle, denn die Seminarteilnehmer glauben dann wenigstens zu wissen, was sich abspielt. Tatsächlich weiß aber die Crew meistens selbst nicht, was es bedeutet, wenn das Flugzeug während des Fluges plötzlich das Geräusch »Wroom-Tschlack-Wooom-Bäng« macht. Die Möglichkeiten, was es bedeuten kann, werden im Folgenden gedanklich durchgespielt:

– Der Kapitän ist kurz eingenickt und dabei an den Schalter gekommen, der ein Transportband im Gepäckraum anschaltet.
– Das Roboter-Spielzeug, das Fluggast Karsten S., gebucht nach München, in Tokyo-Narita gekauft hat, war nicht ganz ausgeschaltet.
– Jemand versucht, in den Mile High Club aufgenommen zu werden.
– Eines der Triebwerke ist ausgefallen.
– Im Gepäckraum ist ein Sack Reis umgefallen.
– Eine Boden-Luft-Rakete hat das Flugzeug getroffen.
– In der Bordküche der First Class ist ein Tablett mit Champagnergläsern heruntergefallen.

– Das Flugzeug musste die Höhe wechseln, um eine Kollision zu vermeiden.

– Das Flugzeug musste abbremsen, um eine Kollision mit einem Vogelschwarm zu vermeiden.

– Das Fahrwerk hat sich, absichtlich oder aus Versehen, aus- oder eingefahren.

– Fluggast Anatoli N. aus Bischkek, gebucht nach London Gatwick, hat Verdauungsprobleme.

– Das Höhenruder ist abgebrochen.

– Der Captain zeigt dem neuen Copiloten gerade die Special Features des Flugzeugs, die sich hinter den lustig blinkenden Funktionstasten verbergen.

Nüsse, Eier, Nudeln:
Essen an Bord

Die Bilder der Mahlzeiten, die im Bordmagazin abgebildet sind, sind genau wie die Katalogbilder Ihres Hotels oder die Modelfotos in Ihrem Profil auf einer Datingseite: nicht ganz der Realität entsprechend. Zu Hause sieht Ihre Fertigpizza ja auch nie so aus wie auf dem Foto auf der Verpackung.

Die Realität einer Flugzeugmahlzeit ist diese: Auf den meisten Flügen, die weniger als vier Stunden dauern, können Sie froh sein, wenn Ihnen die Stewardess einen ranzigen, in Plastikfolie eingeschweißten Cookie zu Ihrem Kaffee vor den Latz knallt. Wenn Sie einen Langstreckenflug gebucht haben, wird es irgendwann eine Mahlzeit geben oder etwas, das sich als Mahlzeit ausgibt. Manchmal auch zwei oder drei, wenn Sie bis nach Australien oder Los Angeles wollen. Nach dem Getränkeservice haben sich die Flugbegleiter in ihre Bordküchen hinter die Stoffvorhänge zurückgezogen. Dort tun sie so, als würden sie ein leckeres Mahl zubereiten, das durch den Vorhang hindurch wohlriechende Düfte in die Kabine sendet. Das Klappern von Besteck und Geschirr sowie das Schnappen von Ofentüren und das Klackern von Tabletts lassen Großes erwarten. Die Dauer der Zubereitungszeit ebenfalls. Tatsächlich aber kommen die Geräusche vom Band und der Geruch aus der Geruchskonserve, beides eine Erfindung eines koreanischen Industriedesignstudios. Die eineinhalb Stunden zwischen Getränkeservice und Essensverteilung nutzt die Crew für besondere Aufgaben: Der Steward telefoniert mit dem Cockpit, um sicherzugehen, dass die Austeilung genau dann beginnt, wenn die Maschine das erste Feld mit schweren Turbulenzen durchfliegt. Danach flirtet er übers Telefon noch 20 Minuten mit dem Copiloten. Wenn der Copilot weiblich ist, schickt der Steward SMS an seine Freunde, die gerade im Berghain feiern sind. Seine Kollegin nutzt die Zeit, um sich endlich einmal in Ruhe die Nägel zu machen. So echte French Nails brauchen ja eine Ewigkeit, bis sie perfekt aufgetragen und vor allem ganz ausgehärtet sind. Ihre Kollegin setzt sich in eine Ecke und liest *Shades of Grey* in der eBook-Ausgabe, behauptet aber ihren Kollegen gegenüber, sie lese *Sturmhöhe* von Charlotte Bronte im englischen Original. Das macht immer Eindruck. Dann gönnt sich die Crew ihre eigene Mahlzeit, oben drauf noch einen Whisky, und dann hat die jeweils jüngste Stewardess im Team einen echt fiesen Job: Sie muss die vorbestellten Sondermahlzeiten aus dem Sondermahlzeitenschrank holen, sie den jeweiligen Sitzplatznummern zuordnen, die Sitzplatznummern mit Edding darauf schreiben, die Mahlzeiten warm machen, dann auf die vorbereiteten Sondermahlzeitentabletts packen und diese dann den Passagieren bringen – während die anderen noch eine Viertelstunde Pause machen dürfen. Bei der Kleinkram-Arbeit bricht meistens einer der frisch gemachten Nägel ab, so dass sie schon vorher stinksauer ist. Die Kollegin darf noch ein weiteres Kapitel *Shades of Grey* lesen, während das Bordküken mit einem Arm voller Tabletts losstöckelt. Das ist dann Ihr Moment. Sie haben schließlich das asiatisch-vegetarische Menü bestellt, erinnern Sie sich noch? Vermutlich nicht, denn das war eines der Häkchen im Buchungsfenster 264. Nun steht das Menü also vor Ihnen auf dem Klapptischchen. Nun sind Sie und der Diabetiker in der vorletzten Reihe die Attraktion des Fliegers. Die frommen Muslime aus Kuwait City, die sich ein »Halal«-Menü bestellt haben und gerade lautstark debattieren, traut sich niemand anzustarren, also sind alle Augen auf Sie gerichtet. Der Duft Ihres Essens strömt durch das Flugzeug. Ausgehungerte Mit-Passagiere kommen im Gang herbeigerobbt und betteln um Ihr Brötchen. Jemand bietet Ihnen 100 Euro für das ganze Tablett an. Der Techie möchte es gegen einen iPod nano tauschen. Sie lernen: Wer ein Sondermenü bestellt, bekommt zwar als Erster sein Essen. Aber das ist kein Vorteil. Außer, Sie sind scharf auf einen iPod.

Als Sie den Aludeckel vom warmen Hauptgericht abziehen, geht ein Raunen durch die Reihen, ein Oh und Ah, ein Stöhnen und Lechzen, und der Geruch von Curry. Nur der Japaner in der Mittelreihe hat sich noch im Griff und blickt stur geradeaus. Sie wissen nicht, was er weiß: Das ist gar kein leckeres asiatisch-vegetarisches Essen, das ein Fünf-Sterne-Koch aus Singapur heute nur für Sie zubereitet hat. Das ist Karē Raisu, das billigste und minderwertigste Fastfood Asiens. Reis mit Currysauce, in der ein paar Fetzen Gemüse schwimmen. Sie wissen das nicht, denn Sie waren noch nie in einer japanischen Gesamtschule zum Mittagessen und auch nicht in der Lehrlingskantine von Toyota. Sie freuen sich über Ihr großartiges Menü. Und über die Banane auf dem Tablett (auf der Schale ist ein Aufkleber für Ihre Sammlung). Über den unangemachten Salat. Das Vollkornbrötchen. Fast wie im Fünf-Sterne-Resort auf Mauritius. Während Sie schlemmen, schieben die Stewardessen die übrigen Essen für 2,5 Minuten in eine trolleygroße Mikrowelle, und dann geht's los.

Ihr Sitznachbar bekommt sein Menü, als Sie schon längst fertig sind. Er hat sorgfältig die Karte studiert, zwischen Nudeln, Lamm und Fisch abgewogen und hatte sich gerade für den Fisch entschieden, als ihm das Küken der Crew kommentarlos das Lamm hinstellt. »Fisch ist leider schon aus«, sagt sie. Als Ihr Nachbar lieber die Nudeln möchte, ruft sie quer durch die Flieger zu ihrer Kollegin, ob es noch Nudeln gibt. Die schüttelt vehement den Kopf. Aber nicht, weil sie keine Nudeln mehr im Trolley hat, sondern weil das Küken der Crew nicht quer durch den Flieger plärren darf. Das Stewardessen-Küken piepst dann aber: »Nudeln sind leider auch schon aus.« Ihr Sitznachbar zieht einen Flunsch und beginnt, im Lammgericht herumzustochern. Jetzt sind Sie es, der lechzt. Weil das Lamm wirklich zart aussieht und wunderbar duftet, was auch an den Rosmarinkartoffeln liegen kann. Weil statt der Banane ein Schokoladen-Petit-Four auf dem Tablett liegt. Auf dem Salat drei Shrimps aufgeladen sind. Weil außerdem ein amerikanischer Schokoriegel dabei liegt. Sie wissen jetzt, dass Sie ein schlechtes Geschäft gemacht haben. Und nur, um Sie zu ärgern, wird Ihr Nachbar, der eben noch 40 Euro für die Banane geboten hat, das Petit Four unberührt zurückgehen lassen. Sie schwören sich, nie wieder ein asiatisch-vegetarisches Menü zu bestellen (und werden sich beim Rückflug, wenn Sie die Crème brûlée Ihres Sitznachbarn anschmachten und ihm dafür 50 Euro bieten, daran erinnern, dass Sie das Menü für beide Strecken geordert hatten).

Sie können jetzt also an dem Vollkornbrötchen herumnagen oder Ihr Lieblingsessen zeichnen. Reißen Sie dann die Seite heraus und essen Sie sie auf. Trockener als das Brötchen kann sie nicht sein. Trockener als der Fisch, den die Bickelbachers gerade Bissen für Bissen einspeicheln, auch nicht. Und erst recht nicht trockener als der Keks, den Sie auf einem kurzen Flug bekommen.

Der Japaner weiter vorne kramt derweil unter seinem Sitz herum und holt eine Bentō-Box mit Sushi von Nobu hervor. Jetzt wissen Sie, woher der Geruch von Meer kam, der da ständig durch die Kabine wehte. Nein, es war kein neues Raum-Parfum, das die Airline einsetzte, um Ihnen Vorfreude auf den Strandurlaub zu machen.

In Billigfliegern finden Sie selten Asiaten mit Bento-Boxen, dafür sparsame Europäer. Es kann passieren, dass jemand Döner, Landjäger oder gekochte Eier auspackt. Bleiben Sie gelassen und essen Sie sofort ein scharfes Bonbon. Das hilft nicht nur gegen die Furzkanone, sondern auch gegen den Futterdunst.

Lehnen Sie sich zurück, pulen Sie mit der Zunge die letzten Papierfitzelchen aus Ihren Zahnzwischenräumen und träumen Sie weiter. Nicht nur von gutem Catering, sondern von der Business- oder First Class. Hier wird zelebriert. Wenn es in einem Flieger eine Business Class gibt,

gibt es auch ein Schlemmermenü. Auf kurzen Flügen verzichten Airlines auf die Business-Class, Billig- und Charterflieger haben meistens ohnehin nur eine Klasse, da bekommen alle dasselbe. Aber wenn, dann ist nicht nur der Sitzplatz sondern auch der Service ein Erlebnis. Luxus-Stewardess Siw Miller-Korhonen wird zunächst Ihren Tisch mit einem weißen Tischtuch decken, eine Blumenvase darauf stellen und mit echtem Besteck eindecken. Erst dann kommt sie mit dem Trolley und dem extra großen Tablett (bei kurzen Flügen). Bei langen bringt sie die Gänge einzeln auf Porzellantellern. Die Gerichte sind von internationalen Sterneköchen kreiert, und Weltklasse-Sommeliers haben die Weinbegleitung dazu ausgesucht. In der First können Sie sogar à la carte essen wie damals die Gäste im Zeppelin. Und Sie können in beiden Klassen essen, wann Sie möchten. Sie müssen einfach Siw bitten, Ihre Mahlzeit »warm zu stellen«. Das ist aus Ihrer Sicht schlau, weniger aus der von Siw. Denn so muss sie zuerst Ihr Bett machen, dann hektisch das Essen für die anderen zubereiten, und wenn Sie dann aufwachen und essen wollen, hätte Siw eigentlich Pause. Sie wird sich aber nicht anmerken lassen, dass sie das nervt. Aber eigentlich ist es so gedacht, dass alle in der Business und First nach dem Essen schlafen – nicht in erster Linie, damit Siw Pause hat, sondern, damit die Fluggäste nicht ständig noch mehr Champagner bestellen. Daher ist das Essen besonders reichhaltig. Wer das ganze Menü reingedreht hat, fällt in einen komatösen Schlaf, um dann völlig gerädert am Zielort aufzuwachen und festzustellen, dass er den Frühstücksservice verpennt hat und es jetzt leider schon zu spät ist, noch Rührei zu bestellen, da der Landeanflug bereits begonnen hat. Das Menü ist letztlich auch eine Maßnahme zum Personalsparen, denn würden danach nicht alle ins Koma fallen, bräuchte Siw noch mindestens zwei Kolleginnen mehr, um die Passagiere zu bespaßen.

Die Airlines finden ja, dass allein dieses Menü den Aufpreis der Business Class wert ist und werben eifrig damit. Andererseits: Ein Business-Class-Ticket von München nach Dubai kostet immer noch mehr als ein Economy-Class Ticket von München nach Dubai, dazu ein Economy-Class-Ticket nach Kopenhagen und ein Dinner mit Weinbegleitung im dortigen Noma, dem besten Feinschmeckerlokal der Welt. Aber Sie müssen schon selbst wissen, warum Sie Business Class fliegen. Cyril Steyner, der Galerist in der First Class, weiß, warum er da sitzt. Nicht wegen des Essens, das bekommt er anderswo günstiger. Nein, er hat in der First endlich einmal eine Ruhe von allem und jedem. Das Handy schweigt, das Bord-Internet ist zu langsam, um damit etwas anzustellen. Die Mitreisenden sitzen weit genug weg, so dass sie ihm nicht über die Schulter in den Bildschirm blicken können. Für Cyril sind die Stunden des Fluges die reinste Entspannung und die einzige Gelegenheit im Leben, sich Zeichentrickfilme anzusehen, dabei Champagner zu trinken und getrüffelten Shrimpssalat zu naschen. Und vielleicht ein wenig mit dieser wahnsinnig hübschen und sehr hochklassigen Stewardess zu flirten, die gerade den Champagner nachschenkt. Siw, wo kommt dieser Name denn her?

Hindernislauf für Einsteiger:
Orientierung an Bord

Auf kurzen Flügen ohne Verspätung nach dem Boarding haben Sie eine Chance, das nun Folgende zu überspringen. Sobald aber so etwas wie das Einladen von Postsäcken oder Enteisen von Tragflächen ansteht, es also mal wieder länger dauert, müssen Sie mal austreten. Den besten Moment für den Ausflug zur Bordtoilette gibt es nicht, da immer mindestens sechs Hindernisse im Gang im Weg sind: ein herumlaufendes Kind, die Beine eines riesigen Typen, der Arm eines noch riesigeren Typen, die Stewardess und ein Typ, der seine Kegelclubfreunde in einer anderen Reihe besucht und labernd herumsteht sowie eine dicke ältere Frau, die dringend ein Taschentuch oder etwas ähnlich Wichtiges von ganz hinten aus dem Gepäckfach braucht und das Gepäckfach daher gerade ausräumt.

Der Weg zur Bordtoilette ist daher so oder so ein Hindernislauf, aber die am wenigsten schlechte aller Gelegenheiten ist dann, wenn gerade kein Trolley im Gang unterwegs ist. Das ist extrem selten der Fall, denn die Airlines wollen ja nicht, dass die Leute zu oft oder gar nur aus Langeweile auf die Toilette gehen, denn das Wasser für die Spülung ist teuer. Daher sind die Stewardessen angewiesen, mit den Trolleys möglichst lange in den Gängen herumzutrödeln und so sie Leute davon abzuhalten, im Flieger herumzulaufen oder

gar zur Toilette zu gehen. Auch, dass bei Langstreckenflügen direkt nach dem Essen das Kabinenlicht gedimmt und
die Leute dazu verdonnert werden, die kleinen Verdunke-
lungsrollos an den Fenstern herunterzuziehen, hat damit
zu tun. Man will, dass die ganze Mischpoke an Bord angeschnallt sitzen bleibt, in Ruhe verdaut und am besten einschläft. Denn wer schon pennt, kann der Crew nicht auf
die Nerven gehen, nicht im Flieger herumlaufen, nichts bestellen, sich nicht beschweren und vor allem nicht aufs Klo
gehen. Ein schlafender Sitznachbar auf einem Gangplatz
bremst zudem auch die Leute auf Fensterplätzen – die gehen dann wirklich nur aufs Klo, wenn es gar nicht mehr anders geht. Daher bekommen Leute auf Gangplätzen den
Wein zum Essen auch immer besonders gut ein- und nach-
geschenkt. Schon mancher ist daraufhin selig eingeschlum-
mert und hat den Nachbarn am Fensterplatz damit in Nöte
gebracht. Schüchterne bleiben da lieber sitzen und hoffen,
dass es sie bis zur Landung nicht zerreißt.

Zwischen dem Abräumen nach dem Essen und dem
Beginn des Bordverkaufs (bei Mittelstrecke) oder der
Schlaf-Phase (bei Langstrecke) ist also die Chance am größten, mit nur sechs Hindernissen zur Toilette zu kommen.
Das hat sich allerdings bereits herumgesprochen. Daher stehen die Ersten schon auf, bevor der Abräum-Trolley ganz aus
dem Gang verschwunden ist. Ganz eilig hat es immer ein dicker Mann mit Cordhose, ein Wichtigtuer erster Güte, der
so dringend muss, dass er sich am Trolley vorbeiquetscht,
dabei der Stewardess an den Hintern langt, den Trolley halb
umschmeißt und mit seinen 130 Kilo Gewicht einer kleinen Frau am Gangplatz auf den Fuß latscht, ohne das überhaupt zu bemerken. Es ist derselbe Typ, der auf der Autobahn in einer Oberklasselimousine wie ein Haifisch von

hinten angeschossen kommt, aufblendet und alle anderen von der Spur schiebt. Der Typ der meint, eingebaute Vorfahrt zu haben. Er will natürlich der erste auf der Toilette sein und schafft es auch – meistens. Es sei denn, die kleine Frau, der er eben auf den Fuß gelatscht ist, hat ihren Ehemann dabei. Der köchelt schon eine Weile vor sich hin, weil er Fisch zum Essen wollte und nur Pasta bekommen hat, das Kind hinter ihm ständig gegen seine Sitzlehne tritt, der Typ neben ihm ständig hustet, von Beinfreiheit keine Rede sein kann und der Anschlussflug bestimmt versäumt wird. Er hat also schon ordentlich Dampf im Kessel, als der Wichtigtuer vorbeikommt. Als dann noch die kleine Frau aufjault, platzt der Mann und lässt seine Wut am Wichtigtuer aus. Beschimpfungen sind noch das Angenehmste, das jetzt fliegt – es sind auch schon mal Fäuste und Flaschen. »Air Rage« (»Luft-Wut«) nennen Profis diese Wutanfälle über den Wolken, in denen sich der angestaute Frust nicht nur des bisherigen Reiseverlaufs, sondern auch des gesamten bisherigen Lebens entladen kann. So geschah es dem Handelsvertreter Hanno B. aus Uelzen. Er wollte 1998 auf einem Flug von Hamburg nach New York einfach nur rasch zur Toilette, doch gerade, als er an dem nervenden Trolley vorbei war, krachte ihm plötzlich eine Faust ins Gesicht. Hanno schlug zurück und es entstand eine herrliche Prügelei auf dem Gang, bei der auch Hanno seinem angestauten Zorn freien Lauf ließ. Sie endete jedoch damit, dass der Flieger auf den Färöer-Inseln notlandete und sowohl Hanno als auch der Angreifer am Flughafen Vágar der Polizei übergeben wurden. Da der nächste Flieger zurück zum europäischen Festland erst einige Tage später ging, hatte Hanno in der Arrestzelle genügend Zeit, über sein Leben nachzudenken und beschloss, nie wieder in ein Flugzeug zu steigen. Er ist seitdem Wirt einer Seemannskneipe in Tórshavn, die dafür berühmt ist, dass dort regelmäßig gerauft wird und alle danach glücklich und befreit nach Hause wanken.

Wenn der dicke Wichtigtuer ohne weitere Komplikationen am Trolley vorbei ist, bildet sich hinter dem Trolley eine kleine Schlange von Leuten, die es gerade noch so lange aushalten, dass sie sich nicht vorbeidrängeln, aber es auch nicht sitzend abwarten mögen, dass der Trolley weg ist. Unter ihnen sind Evi Muggenthaler, der Techie und Sarah Bickelbacher. Sarah muss eigentlich gar nicht, aber sie hat sich mit Axel darüber gestritten, ob es in Ordnung ist, wenn Leon-Luca mit den Farbstiften der Airline nicht nur ins Malbuch und aufs Tischchen, sondern auch auf den Vordersitz und das Fenster malt. Sie braucht gerade etwas Abstand und kommt sofort mit dem Techie ins Gespräch, wie Sie und natürlich auch Axel Bickelbacher beobachten.

Das kann nun dauern. Beginnen Sie in dieser Zeit, sich mental auf den Toilettengang vorzubereiten. Erwarten Sie das Schlimmste, und damit ist nicht gemeint, dass jemand ins Handwaschbecken anstatt in die Toilettenschüssel gepinkelt hat. Stellen Sie sich darauf ein, dass auf der Innenseite der Tür eine olle Slipeinlage klebt, quer über den Spiegel eine Ameisenstraße verläuft oder in der Ecke am Boden eine volle Windel liegt. Es sind sogar schon lebendige Kraken in Flugzeug-Toilettenschüsseln gesehen worden. Um sich auf den bevorstehenden Schockmoment vorzubereiten, zeichnen Sie Ihre schlimmste Horrorvision einer Bordtoilette, während Sie warten, bis die Schlange vor den Toiletten kürzer wird. Danach kann Sie dann nichts mehr schockieren.

Sobald das Toilettenzeichen von rot für »Besetzt« wieder auf grün schaltet, ist es Zeit, dass Sie sich auf den Weg machen. Es ist nicht weit, aber mühsam. Hätten Sie Gravitationsstiefel wie die Typen auf dem Raumschiff Enterprise oder ein Hoverboard wie die Jungs in »Zurück in die Zukunft 2«, könnten Sie an der Decke der Kabine entlang sausen und wären ziemlich schnell am Ziel. Wieder fällt Ihnen der Wellensittich Pukki mit seinem blöden »Ich kann reden, kannst Du fliegen« ein, aber weil Sie auch während des Fluges nicht fliegen können, müssen Sie jetzt den Hindernisparcours hinter sich bringen. Den meistern Sie am besten, wenn Sie seit frühester Kindheit »Super Mario« oder andere Jump 'n' Run-Games spielen. Sie wissen schon, das sind diese Computer- oder Konsolenspiele, bei denen Sie ein lustiges Männchen durch einen Parcours steuern müssen und das Männchen durch Hüpfen, Springen, Rennen und abruptes Stehenbleiben Münzen und magische Pilze sammelt und Feinden ausweicht. Machen Sie also den 3D-Live-Super-Mario. Bliep-di-blieb-duba-blieb: Los geht's! Ihre Fortbewegungstechniken sind: Seemannsgang mit weichen Knien, um seitliches Schlingern auszugleichen (falls das Flugzeug wackelt), Hüpfen (über in den Gang ragende Beine), seitliches Pendeln mit dem Oberkörper wie ein Pinguin (um in den Gang ragende Schultern und Arme nicht zu erwischen), Armrudern (um herumlaufende Kleinkinder wegzuschieben), Furzen (wenn Ihnen jemand von hinten auf die Pelle rückt) und Aus-dem-Weg-Springen (wenn etwas aus dem Gepäckfach herunterfällt). Bonuspunkte bekommen Sie, wenn Sie mit der Bewegungsart Flunder-Werden berührungsfrei an jemandem vorbeigrätschen, der im Gang herumsteht. Weitere Bonuspunkte gibt es, wenn Sie jemanden entdecken, der Sie im Terminal, am Check-in oder beim Boarding genervt hat, sich von hinten an dessen Sitz heranarbeiten und dann einmal kräftig an seiner Rückenlehne reißen, als wollten Sie sich daran nach vorne ziehen. Die Nervensäge wird es beim Loslassen ordentlich nach vorne schnalzen und Sie können so tun, als wäre nichts gewesen. Tri-tra-trö: Bonus! Das Konsolenspiel »Super Mario« wird tatsächlich für die Schulung von Air Marshals genutzt, damit diese möglichst schnell bei möglichen Attentätern, Air-Rage-Opfern und anderen Irren sein können. Trari-Trara: Thank you, Mario!

Das Gute, wenn Sie dieses Spiel im Flugzeug spielen, ist: Sie haben so viele Leben, wie Sie brauchen, um ans Ziel zu kommen. Das Schlechte ist: Am Ende des Hindernislaufs wartet keine süße Prinzessin mit Fliegenpilzhut auf Sie, sondern der Vorhof zur Hölle: die Bordtoilette.

Wenn Sie Glück haben, ist einfach nur nicht runtergespült. Wenn Sie Pech haben – erinnern Sie sich an Ihre Horrorvision. Seien Sie tapfer. Atmen Sie tief durch, bevor Sie die Tür öffnen, und atmen Sie erst wieder, wenn Sie wieder draußen sind. Denn dann, erst dann, kommt die Belohnung. Bei einem langen Flug in einem großen Flugzeug haben Sie jetzt die Gelegenheit, aus dem Fenster zu sehen. Im Toilettenbereich großer Flugzeuge sind immer auch Türen oder Notausgänge, und die haben meist einen kleinen Ausguck. Während alle an Bord schlafen, haben Sie nun die einmalige Gelegenheit, entlegene Ecken der Erde von oben zu sehen: Grönland, Sibirien oder die Sahara. Manchmal befindet sich hier auch eine Bordküche. Wenn Sie vorher der perfekte Fluggast waren, wird Ihnen die Stewardess dann einen Keks, einen Drink oder sogar eine Tasse Nudelsuppe anbieten. In der Bordküche gibt's immer was abzustauben, aber nur für diejenigen, die es in den Augen der Crew auch verdient haben. Wer besonders nett war, kriegt noch ein Schwätzchen gratis dazu.

Nach einer Viertelstunde des Schwatzens und Naschens geht eine der Toilettentüren auf, und heraus kommen als Erster der Techie und dann Sarah Bickelbacher. Sie sehen aus, als kämen Sie gerade von einem Schlachtfeld. Sarahs Rocksaum ist eingerissen, ihre Haare sind verstrubbelt, am Oberarm hat sie einen blauen Fleck, ihr linker Fuß ist nass, sie hinkt auch etwas. Aber ihre Wangen sind gerötet und ihre Augen glänzen. Dem Techie kleben Papierhandtücher an der Ferse, seine Jeans hat am Knie ein Loch, er reibt sich den offensichtlich schmerzenden Nacken. Die haben doch nicht etwa versucht, in der Bordtoilette Sex zu haben? Während Sie noch starren, spüren Sie, wie sich von hinten ein harter länglicher, Gegenstand in Ihre Hand schiebt. »Mile High Club«, flüstert es ganz nah an Ihrem Ohr. Sie bekommen Angst. Sex in dieser Stinkeschachtel des Grauens? Niemals! Entsetzt sehen Sie nach, was Sie in der Hand haben ... einen Schokoriegel. Den hat Ihnen das Stewardessenküken gerade zugesteckt. Jetzt zwinkert sie und sagt: »Schokolade ist besser als Sex an Bord«. Und schickt Sie dann zurück auf Ihren Platz.

Der einzige, der sich den Superbonus abholen darf, ist wieder mal Cyril Steyner. Während Sie Hindernislauf zurück zu Ihrem Platz machen, holt er sich seine Extrabehandlung von Siw Miller-Korhonen, mit der er so wunderbar ins Gespräch gekommen ist, dass die Zeit verging wie im Flug, und sie sich jetzt neben ihn gesetzt hat und die Hand unter Cyrils Kuscheldecke gleiten lässt, natürlich nur, um den Sitz des Gurtes zu kontrollieren, hihihi. Blieb-dädärätätä! Hauptgewinn in der First Class. Mal wieder.

Ein bisschen Spaß muss sein:
Gute Unterhaltung!

Doch man kann auch in der Economy Spaß haben. Vielleicht weniger mit Handarbeit, aber mit seinen Mitreisenden. Wenn Sie bei passender Gelegenheit einen der folgenden zehn Sätze laut durch das Flugzeug plärren, ist endlich mal was los in der Röhre. Der Kegelclub wird Sie dafür lieben. Die Crew allerdings nicht, die verpasst Ihnen eventuell ein blaues Auge oder spendiert Ihnen eine ungeplante Zwischenlandung mit anschließendem Gefängnisaufenthalt am nächstgelegenen Flughafen, vermutlich Timişoara in Rumänien oder Laayoune in der Westsahara.

☐ »Die Fahrscheine, bitte!«
   (Wenn man als Letzter eingestiegen ist)

☐ »Ich habe Ebola!«
   (Nach einem lauten Nieser)

☐ »Bei einem Absturz werden wir alle sterben!«
   (Während der Sicherheitsdemonstration)

☐ »Im Namen des Vater und des Sohnes und des ...«
   (Während Turbulenzen)

☐ »Ist ein Arzt an Bord?«
   (Wenn die Stewardessen gerade Pause machen)

☐ »Da simma dabei ...«
(Wenn vorne ein angetrunkener Kegelklub sitzt)

☐ »Schauen Sie! Da draußen ist die Cloud! Schnell ein Foto!«
(Wenn viele Rentner in der Umgebung sitzen)

☐ »Feuer! Feuer!«
(Wenn gerade alle eingeschlafen sind)

☐ »Allahu akbar!«
(Immer außer in arabischen Airlines)

☐ »Gebt mir einen Eimer, ich muss kotzen!«
(Wenn die Stewardessen gerade mit der Essenausgabe beschäftigt sind)

Auf der anderen Seite der Zeitmauer:
On-board-Entertainment

Wenn Sie Glück haben und entweder ganz hinten oder in der Mitte der Flugzeugs sitzen, bekommen Sie Ihr Essen als Letzter. Dann verkürzt sich die nun folgende Phase des Fluges erheblich. Wenn Sie schlau waren und ein Sondermenü bestellt haben, sind Sie schon eine Stunde lang mit dem Essen fertig, bis abgeräumt wird. Das verkürzt die Phase der Gier, verlängert aber auch die Langeweile-Phase. Diese gehört mit zu den anstrengendsten des Fluges, denn einmal, ein einziges Mal auf Ihrer Reise, passiert – nichts.

Alles sitzt und verdaut. Die Flugängstler haben sich eingekriegt, andere Sitznachbarn des Grauens ihr Potenzial noch gar nicht richtig entfaltet. Es ist leise in der Kabine, die Tabletts sind abgeräumt, die Wege zu den Toiletten sind frei, der Mensch hinter Ihnen hat sich endlich in die für ihn optimale Position geruckelt und lang genug in der Sitztasche nach Lesestoff gekramt. Ein wunderbarer Zustand – wenn man insgesamt weniger als zwei Stunden Flugzeit hat. Sie können sich nun zurücklehnen, ein paar finnische Vokabeln wiederholen, ein paar Lieder auf dem iPod hören, ein wenig in Magazinen blättern, ein wenig an der Cola nippen, die Sie sich haben nachschenken lassen. Herrliche Entspannung. Wer hätte das gedacht? In dem Moment, in dem zum ersten Mal alle an Bord satt und entspannt sind, macht das

Flugzeug einen kleinen Hopser, als wäre es über eine Bodenwelle gefahren. Bei einer Flugzeit von insgesamt weniger als zwei Stunden bedeutet dies, dass der Kapitän unter Verzicht auf die obligatorische Durchsage bereits die Reiseflughöhe verlassen hat. Ab dem kleinen Hopser sind es nun noch exakt 30 Minuten zur Landung.

Wenn Sie einen Flug mit mehr als zwei Stunden Dauer gebucht haben, bedeutet der Hopser, dass das Flugzeug nun die Zeitmauer durchbrochen hat. Die Zeitmauer ist das Gegenteil der Schallmauer. Durchbricht ein Flugzeug die Schallmauer, fliegt es schneller als 1.062 Kilometer pro Stunde.

Durchbricht ein Flugzeug jedoch die Zeitmauer, wird es langsamer, und zwar im Quadrat. Eine Stunde wird zu zweien, zwei zu vieren, vier zu sechzehn, fünf zu 25 und so weiter. Die Zeit fühlt sich jenseits der Zeitmauer für den Passagier und die Besatzung wie eine rückfettende Haarpackung an. Sie fließt nicht, sondern sie klebt und tropft. Jeder kann diesen Effekt eindeutig überprüfen, wenn er eine halbe Stunde nach dem Hopser auf die Uhr linst. Dann sind nämlich nur etwas mehr als fünf Minuten vergangen.

Bei leichten Turbulenzen verläuft die Zeit sogar noch langsamer. Dann werden aus zwei bis zu sechs Stunden, und aus drei bis zu zwölf. Bei Flugängstlern ist es übrigens genau umgekehrt: Sie erleben die Zeit vor dem Durchbrechen der Zeitmauer verlängert und die Zeit nach dem Hopser als linear, da sie sich entspannen können, wenn alle anderen auch entspannt sind. In dem Moment, in dem wirklich alle im Flugzeug entspannt sind, durchbricht es die Zeitmauer.

Der am längsten dauernde Linienflug der Welt ging von Singapur nach New York und hatte eine offiziell ausgeschriebene Flugzeit von 18 Stunden. Nach drei Stunden durchbrach das Flugzeug jedes Mal die Zeitmauer, weshalb aus den verbleibenden 15 Stunden in Wahrheit 240 Stunden, also fast neuneinhalb Tage wurden. Das hält natürlich niemand aus, daher wurde der Flug wegen Unwirtschaftlichkeit eingestellt. Aktuell dauert der längste buchbare Linienflug von Johannesburg (Südafrika) nach Atlanta (USA) 16 Stunden. Um das Durchbrechen der Zeitmauer möglichst lang hinauszuzögern, hat die Fluggesellschaft sich einiges einfallen lassen: Sie serviert spät, um die Spannung aufrecht zu erhalten, räumt mit Absicht mit 20 Minuten Verzögerung ab, damit die Gäste mit den Verpackungsresten spielen können. Dann kommt nochmal ein Getränkeservice (wieder eine Stunde gut gemacht), zwei Stunden vor der Landung gibt es Frühstück und dann werden die Decken und Kopfhörer eingesammelt. So schafft es die Airline, die Spanne zwischen dem Durchbrechen der Zeitmauer und dem Wiedereintritt in den regulären Zeitenlauf auf gefühlte sieben Stunden zu verkürzen, was an Bord aber 49 Stunden sind, also etwas mehr als zwei Tage.

Was nur tun in so langer Zeit? Die Airline wirbt mit einem großartigen Entertainmentsystem, in dem 200 Filme (davon 190 aus dem vergangenen Jahrtausend), 500 TV-Programme (davon eines in deutscher Sprache), alle preisgekrönten tschechischen Puppentrickfilme der 60er-Jahre, 1500 Radiokanäle, die besten raubkopierten Arcade-Spiele Asiens, das Original-Schachprogramm des KGB aus der Strafversetzungseinheit Nowosibirsk und alle 76 Folgen der dokumentarischen Hörspielreihe »Zeitzeugen erzählen von ihrer Kindheit im Steigerwald« abrufbar sind. In jedem Bord-Entertainment-System gibt es die »Herr der Ringe«-Trilogie als Director's Cut, denn damit sind die Passagiere von Frankfurt bis mindestens São Paulo beschäftigt. Der »Herr der Ringe« ist das »Dinner for One« für

Vielflieger: Same procedure als every flight. Zuverlässig immer verfügbar, und auswendig kennt man es auch schon. Manche sprechen leise mit. Wenn jemand im Flieger also »Du! Kannst! Nicht! Vorbei!« knurrt, wissen Sie: Es ist ein Vielflieger, der gerade am Ende des ersten Teils angekommen ist. Sie brauchen keine Angst vor ihm zu haben.

Die neuen individuellen Systeme sind eine Verbesserung im Vergleich zu der Zeit, in der es keine persönlichen Entertainmentsysteme in der Sitzlehne des Vordermannes gab. Als am Bulkhead eine Leinwand heruntergezogen wurde und dann der Film »Karate Kid« lief, in Übergröße und mit Nackenstarregarantie für diejenigen, die den Sitz am Bulkhead hatten, und für die ganz hinten Sitzenden nur das obere Viertel der Leinwand. Oder die Zeit, die in manchen Ferienfliegern immer noch nicht vorbei ist, als nach dem Essen verschiedene Minifernseher aus der Deckenverkleidung klappten, die den Vorteil hatten, dass die Nackenschmerzen und Sichtbehinderungen einigermaßen gerecht unter allen Passagieren verteilt wurden.

Diese neuen, persönlichen Entertainmentsysteme sind dagegen wirklich großartig – wenn sie denn funktionieren. Aber Sie haben ja alles Nötige dabei: Lektüre, Snacks, Bonbons, Stofftier etc. Somit macht es Ihnen auch nichts aus, dass Sie einen von zwei Sitzen im Flieger erwischt haben, dessen Entertainmentsystem nicht funktioniert. Das zweite nicht funktionierende System hatte an seinem ursprünglichen Sitz eben jener junge Mann, der sich aber schon kurz nach dem Start auf den freien Sitz neben Ihnen umgesetzt hat und sich noch auf dem Rollfeld sein Entertainmentprogramm zusammengestellt und in der Merkfunktion des Systems gespeichert hat. Als Sie dagegen nach dem Essen Ihr System einschalten, zeigt es Ihnen zunächst, welche

Filme es zu sehen gibt und wird schwarz, wenn Sie einen auswählen wollen. Die per Knöpfchen herbeigerufene Stewardess zuckt mit den Schultern, entschuldigt sich und sagt, dass sie da nichts machen könne. Das Bordküken, das Ihrem Nachbarn gerade zum zweiten Teil des »Herrn der Ringe« einen neuen Wein bringt, verspricht, für Sie das System neu zu starten, da habe sich bestimmt nur etwas in der Software aufgehängt. Das Problem sei in einer ganzen Reihe vorne auch schon aufgetreten, und der Neustart habe alles wieder »feini« gemacht. Ihre Kollegin lacht und sagt, dass früher, als man nur eine einzige Leinwand im Flugzeug hatte, alles einfacher war – außer, das Band in der Videokassette war durchgerissen. Aber dann hat es eben gar keinen Film gegeben. Sie lachen mit.

Als das System neu startet, setzt es die Filme aller Mitflieger in der ganzen Reihe auf Anfang zurück, und alle fangen hektisch an, auf ihren Bildschirmen herumzudrücken.

Alle außer dem Techie. Denn er kennt alle Bordunterhaltungssysteme und deren Schwachstellen und weiß, dass keines davon richtig zuverlässig arbeitet. Daher hat er alle seine Entertainment-Gadgets vorsichtshalber mitgebracht, denn er gehört schon zu der Generation, die Migräne bekommt, wenn sie länger als zwei Stunden keinen Screen sieht. Da ein Smartphone ohne Empfang keinen Spaß macht, hat er diverse Pads und Pods dabei. Aus dem einen Gerät kommt Musik, in das andere tippt er schon mal die Mails, die er nach der Landung abschicken wird, mit dem dritten schaut er YouTube-Videos von Surfwettbewerben, die er sich vorher aufgeladen hat. Sein schicker fluglärmabsorbierender Kopfhörer mildert außerdem den Effekt der Zeitmauer. In diesem Moment beneiden Sie den Techie und wünschen sich, wenigstens eines seiner Geräte zu haben, denn während alle anderen auf dem Touchscreen schon die Stelle suchen, an der ihr Film unterbrochen wurde, ist Ihr Bildschirm weiterhin schwarz.

Das Stewardessenküken kommt herbei, klopft mit eifrigen Fingern auf den Screen und zaubert wenigstens die »Airshow« hervor. Die Airshow ist ein Flugängstlerporno. Sie zeigt in 1-Minuten-Schnitten die Position des Flugzeugs auf einer kleinen und großen Landkarte, einen Bildschirm mit Geschwindigkeit, Höhe und Windverhältnissen, den Blick aus verschiedenen Bordkameras nach vorne, unten und hinten, Livebilder aus dem Gepäckraum und Werbung. Wenn Sie Flugangst hätten, würden Sie nun ein Oktavheft herausholen und mitschreiben, um zu sehen, wie sich die Zahlen verändern und ob dies eventuell darauf hindeutet, dass sich eine Katastrophe oder schweres Wetter anbahnt.

Da Sie aber kein Flugängstler sind, schnauben Sie. Das Küken entschuldigt sich artig für die Panne, macht Ihnen die Airshow schmackhaft, bietet ein Glas Wein an und tippt nochmals auf den Bildschirm, um den Kontrast der Airshow zu verbessern.

Der ältere Herr vor Ihnen fährt daraufhin aus seinem Sitz hoch, dreht den Kopf nach hinten und wirft mit eiskalten blauen Augen einen tödlichen Blick direkt in Ihr gequältes Gesicht. Diese Art von Blick ist übrigens der Grund, warum der Techie so viele Gadgets mit an Bord genommen hat: Als Kind hat er sich andauernd diesen Blick eingefangen, weil er den ganzen Flug lang auf dem Touchscreen »Minesweeper« gespielt hatte. Von einem russischen Vordermann gab es sogar einmal eine ordentliche (und verdiente) Watschn. Seitdem hat er seinen Daddelkram immer selbst dabei.

Ihr Vordermann hat also Recht mit seinem Todesblick, denn es hätte ja immerhin sein können, dass auch Sie gerade entdecken, dass man die Arcade-Spiele nicht nur mit dem herausziehbaren, wie ein alter Telefonhörer aussehenden Controller spielen kann, sondern auch direkt auf dem Touchscreen. Aber nein. Nicht einmal jenseits der Zeitmauer kommen Sie auf die Idee, auch nur zu versuchen, das kleine Flugzeugsymbol auf dem Airshow-Bildschirm mit dem Finger nach vorne zu bewegen. Sie waren nämlich schon immer ein lausiger Gamer.

Ihr Nachbar hat gerade schon den dritten Teil von »Herr der Ringe« begonnen, und das kleine Flugzeug ist immer noch über Sibirien oder dem Atlantik, genau wie zweieinhalb Stunden zuvor. Noch so ein Indikator dafür, dass man die Zeitmauer durchbrochen hat.

Sie beneiden weiterhin den Techie. Sie überlegen, was er da wohl hört, mit seinem schicken Kopfhörer, und warum man in Flugzeugen im Gegensatz zur S-Bahn niemals hören kann, was der Nachbar gerade hört. Liegt es an den Kopfhörern, die nach außen Rauschen abstrahlen und nach innen allerbeste Klangqualität? Ist das gesamte Rauschen in der Kabine am Ende sogar das Ergebnis der Geräusche, die nach außen dringen? Was würde geschehen, wenn die Kopfhörer innen den Soundtrack des Films abspielten, nach außen aber Karlheinz Stockhausens »Samstag« aus »Licht«? Würde das Rauschen lauter oder leiser, oder würde die Neue Musik plötzlich melodisch und harmonisch?

Gerade, als Sie dem Techie einen Ihrer im Handgepäck gebunkerten Äpfel im Tausch für eine Stunde mit seinem Kopfhörer anbieten wollen, flackert Ihr Bildschirm und öffnet das Filmauswahl-Menü. Na bitte. Die nächste Stunde sind Sie damit beschäftigt, sich durch die Filmbeschreibungen zu klicken.

Jenseits des »Herrn der Ringe«

Der Flugzeug-Filmguide

Filme zur Vorbereitung auf Ihre Flugreise

– »Die unglaubliche Reise in einem verrückten Flugzeug« (alltags-nahe Dokumentation über Passagierflugzeuge)

– »Flight Girls« (völlig realistische, nahezu dokumentarische Dar-stellung der Ausbildung zur Flugbegleiterin. Darin hat das Bord-küken übrigens als Statistin mitgewirkt, als sie ein Jahr aus Aus-tausch-Schülerin in L.A. war; seitdem wollte sie Stewardess werden)

– »Passagier 57« (feinfühliger Lehrfilm über den Umgang mit Ent-führern und Gewalttätern an Bord. Wenn Sie den gesehen ha-ben, sind Sie selbst schon halber Air Marshal.)

– »Snakes on a Plane« (bereitet Sie optimal auf alle möglichen Even-tualitäten vor. Man glaubt ja gar nicht, was manche Leute so alles an Bord bringen. Denken Sie daran: Es könnte schlimmer sein!)

– »Mayday – Alarm im Cockpit« (in dieser zauberhaft recherchier-ten, in langsamen Bildern gedrehten und seriös präsentierten TV-Dokumentarreihe lernen Sie das richtige Verhalten in ver-schiedenen Notfällen)

Filme, die Sie sich im Flugzeug nicht ansehen sollten, wenn Sie Flugangst haben

– »Con Air« (allein gegen Meuterer in der Luft)

– »Überleben!« (allein unter Kannibalen nach einem Flugzeugab-sturz in den Anden)

– »Cast Away – Verschollen« (allein auf einer Insel)

– »Stirb langsam 2« (allein gegen Flughafen-Terroristen)

– »Final Destination« (allein gegen alle Gefahren eines Flugzeug-absturzes – und am Ende doch tot)

Filme, die Sie sich stattdessen ansehen sollten

- »Apollo 13« (Super-Astronauten)

- »The Aviator« (Super-Wasserflugzeug)

- »Catch me if you can (Super-Flugkapitän)

- »Top Gun« (Super-Piloten)

- »Hinter dem Horizont – das Ende ist nur der Anfang« (Super Leben nach dem Tod)

Filme, die Sie nicht ansehen sollten, wenn Ihnen wegen Turbulenzen bereits leicht übel ist:

- »Der Sturm« (widerliche Wellen)

- »28 Days Later« (widerliche Zombies)

- »Jackass the Movie« (viel Kotze)

- Monty Pythons »Der Sinn des Lebens« (noch mehr Kotze)

- »Kapitän Seekrank« (erst recht Kotze)

Filme, die Sie sich stattdessen ansehen sollten

- Disneys »Planes« (lustig Dahinknattern)

- »Das Leben ist ein langer, ruhiger Fluß« (langsam Dahinziehen)

- »Chihiros Reise ins Zauberland« (verträumt Entschwinden)

- »Oben« (mit Luftballons fortziehen)

- »Der Himmel über Berlin« (schwerelos Schweben)

Filme, die Sie nicht ansehen sollten, wenn Sie mit Ihrer Familie reisen

- »Flightplan – Ohne jede Spur« (Kind im Flieger verloren)

- »Falling Down – Ein ganz normaler Tag« (erst die Familie und dann die Fassung verlieren)

– »Up in the Air – Mr. Bingham sammelt Meilen« (über den Wolken alles gewinnen und doch alles verlieren)

Nette Filme, die Sie sich stattdessen ansehen sollten

– »Mary Poppins« (glückliche Kinder)

– »Die Trapp-Familie in Amerika« (glückliche Familie)

– »Sissi – Mädchenjahre einer Kaiserin« (glückliche Prinzessin)

Filme, die Sie nicht ansehen sollten, wenn es zu einer außergewöhnlichen Zwischenlandung gekommen ist und die Reise daher etwas länger dauert:

– »In 80 Tagen um die Welt« (manchmal dauert's etwas länger)

– »Star Trek IV: Zurück in die Gegenwart« (manchmal geht es nur rückwärts in der Zeit)

– »Langoliers – Verschollen im Zeitloch« (manchmal ist Stillstand der Tod)

– »127 Hours« (schon mancher ist in eine Falle geraten)

– »Terminal« (manche kommen nie an)

Filme, die Sie sich stattdessen ansehen sollten

– »Time Machine« (erfolgreiches (Zeit)Reisen ist möglich)

– »Nomaden der Lüfte – Das Geheimnis der Zugvögel« (Ankommen ist auch nach langer Zeit möglich)

– »Zurück in die Zukunft« (ein Fluxkompensator macht's möglich)

– »Der seltsame Fall des Benjamin Button« (es besteht die Möglichkeit, nicht zu altern, auch wenn's mal etwas länger dauert)

– »Speed« (schnelle Verkehrsmittel sind nicht unmöglich)

– »Die Unbesiegbaren« (alles ist möglich)

Filme, die Sie nicht ansehen sollten, wenn das Flugzeug rappelvoll ist

– »Outbreak – Lautlose Killer« (eingesperrt in einem Dorf voller Infizierter)

– »Panic Room« (eingesperrt in einer Kammer)

– »Das Boot« (gefangen in einer Röhre unter Wasser)

– »The Fog – Nebel des Grauens« (gefangen in Furzkanonen-Nebeln, aus denen Zombies steigen)

Filme, die Sie sich stattdessen ansehen sollten

– »Die Geschichte vom weinenden Kamel« (die Weite der Steppe)

– »Deep Blue – Entdecke das Geheimnis der Ozeane« (die Tiefe des Ozeans)

– »Quiet Earth – Das letzte Experiment« (die Erde ohne Menschen)

– »Solaris« (die einsamen Weiten des Weltraums)

– »Wächter der Wüste« (umgeben nur von Erdmännchen)

Sicherer Soundtrack

Musikauswahl für Flugängstler

Wenn Sie Flugangst haben, sollten Sie alles vermeiden, was Sie an mögliche Angstauslöser erinnert. Etwa an Flugzeugabstürze. Daher sollten Sie auch Musik von Künstlern meiden, die bei einem Absturz ums Leben gekommen sind. Das sind zum Beispiel:

- Glenn Miller

- Patsy Cline

- Buddy Holly

- Otis Redding

- John Denver Ronnie van Zant, Steve Gaines und Cassie Gaines von Lynyrd Skynyrd

- Melanie Thornton

- Aaliyah

Besser ist es, Musik von Künstlern zu hören, die einen Absturz überlebt haben. Das wären zum Beispiel:

- Bono von U2

- Ed Robertson von den Barenaked Ladies

- Dick Brave

- DJ Adam Goldstein

- Travis Barker von Blink 182

- Anna-Maria Zimmermann

Die Phantome der Lüfte:
Piloten

Das Flugzeug rauscht dahin. Die Langeweile schleicht um die Sitze wie ein Vampir, der Lebensenergie saugt. Viele Passagiere schlafen einfach ein. Andere starren weiter auf ihren Bildschirm. Ob den Piloten jetzt wohl auch der Langeweilevampir packt? Was ist, wenn der Pilot wie der laut schnarchende Typ irgendwo hinter Ihnen einfach einschläft? Ein Lokführer muss ja alle 30 Sekunden auf einen »Totmannknopf« im Führerstand drücken, um zu signalisieren, dass er nicht nur nicht tot sondern weiterhin fähig ist, seine Lok zu steuern. Alternativ muss er alle 30 Sekunden ein Pedal loslassen. Tut er es nicht, tritt die »Sicherheitsfahrschaltung« in Aktion und legt mit dem Zug eine Vollbremsung hin. Flugzeuge haben keinen Totmannknopf, sie haben einen Copiloten, der aufpasst, dass der Flugzeugführer nicht nur lebendig sondern bei Sinnen ist. Denn Vollbremsungen in der Luft sind meistens etwas ungesund für alle Beteiligten. Ob jedoch Pilot, Copilot oder Autopilot gerade am Ruder sind, wissen nur die Leute im Cockpit, nicht jedoch die Passagiere. Flugzeuge haben keinen Totmannknopf. Wo wer wann fliegt ist also nie ganz sicher, und überhaupt sind Pilot und Pilotin für die Passagiere die Phantome der Lüfte.

Beim Boarding waren sie die Typen, die nicht lächelten. Geschulte Augen erkennen den Piloten oder die Pilotin auch an den vier goldenen Streifen am Ärmel, der Schulterklappe und der Kapitänsmütze mit dem goldenen Flügelpaar. Schon klar, diese Uniform kennen Sie vor allem von Strippern, aber auch echte Piloten und Pilotinnen tragen sie. Stecken Sie also im Flughafen jemandem in einer solchen Uniform bitte kein Trinkgeld zu und sparen Sie sich auch das neckische Blinzeln, das macht nur Edelstewardessen wie Siw Miller-Korhonen eifersüchtig. Nur Junggesellenabschiede johlen, wenn sie im Flughafen jemanden in Pilotenuniform sehen. Außerdem: Vorsicht, wenn der Pilot, der Sie beim Boarding empfängt, eine graue Uniformjacke mit einem goldgelben Rechteck mit einer Eichenlaubstickerei am Kragen trägt! Prüfen Sie dann, ob außen auf das Flugzeug ein eisernes Kreuz gemalt ist und ob im Inneren vor allem Leute mit modischer Tarnfleckkleidung sitzen. Falls ja, sind Sie gerade dabei, in eine Maschine der Luftwaffe einzusteigen. Prüfen Sie, ob das wirklich Ihr Flug ist.

Aber Spaß beiseite: Wer sagt eigentlich, dass der Typ und die Lady da in der Flugzeugtür keine Stripper sind? Kann man sicher sein, dass die beiden nicht einfach von der Airline bestellt, in Uniformen gesteckt und als Grußaugust da hingestellt werden? Man kann es nicht, denn es kommt tatsächlich häufig vor, dass da uniformierte Grußauguste stehen, die das Flugzeug wieder verlassen, nachdem alle Leute eingestiegen sind. Piloten sind nämlich sehr scheue Gesellen, bei manchen geht man sogar vom Asperger-Syndrom aus. Die meisten ertragen es kaum, die einsteigenden Fluggäste auch nur anzublicken. Bei einigen kann allein schon das Migräneanfälle auslösen. Piloten sind die Typen, die sich seit ihrer Kindheit am liebsten allein in abgedunkelte Räume zurückziehen und daddeln. Früher mit der Spielekonsole, später mit dem Flugsimulator. Sie lieben es, alleine in einem

Segelflugzeug über der Landschaft zu kreisen, da sie sicher sein können, dort keinem Menschen zu begegnen. Sie lieben es, ihr Kämmerchen nur dann zu verlassen, wenn alle anderen Menschen schon schlafen, und sie essen ihre Mahlzeiten nur ungern in Gesellschaft an einem Tisch, sondern am liebsten nebenbei vor ihren Daddelmaschinen. Deshalb sind sie Piloten geworden: Stunde um Stunde nur mit einem anderen Typen, der nichts redet, in einer Kiste voller Knöpfe und Bildschirme zu sitzen ist das, was sie können wie kein anderer. Ein Flug ist für sie wie ein langes Spiel, ein Langstreckenflug nichts anderes als eine sehr ruhige Nacht bei World of Warcraft. Piloten bedauern allerdings, dass sie während der Flüge nicht noch ihre Online-Games weiterspielen dürfen, denn auf die Dauer wird es sehr langweilig im Cockpit.

Während also die Grußauguste in den schicken Uniformen die Fluggäste begrüßen, drücken sich die echten Piloten noch irgendwo in einer Ecke des Flughafens herum und schlüpfen erst an Bord, wenn alle Passagiere schon da sind, oder sind schon längst an Bord und verstecken sich in ihrem Cockpit.

Die Begrüßungsdurchsage nach dem Boarding, in der der Pilot oder die Pilotin artig ihren Namen sagen und auch den Copiloten vorstellen, ist daher vor allem ein erzieherisches Mittel. Die Airlines wollen, dass die Piloten gelegentlich in ganzen Sätzen sprechen und haben die Durchsagen daher verbindlich in deren Arbeitsverträge geschrieben. Die Piloten finden dies unangenehm - auch deshalb verlangt ihre Gewerkschaft Cockpit immer so exorbitante Löhne. Kommunizieren mit Fluggästen ist nicht das, was Piloten tun wollen und was zur Verbesserung des Fliegens an sich beiträgt. Es ist so lästig wie die Buchhaltung für einen freischaffenden Künstler oder das Kücheputzen für einen Sternekoch. Aber es muss sein – schon zur Beruhigung der Flugängstler. Die

finden es fein, wenn jemand mit sonorer, vertrauenerwe-
ckender Stimme zu ihnen spricht und sich kompetent als
Kapitän vorstellt. Sie wissen dann, dass da ein netter Mann
oder eine kompetente Frau am Steuerknüppel sitzt und kein
Computer, wie manche Verschwörungstheoretiker behaupten. Die Durchsage ist der Totmannknopf der Piloten, indem
sie den Passagieren sagen: Hey, wir leben!

Stimmbildung und Sprecherziehung sind Teile der Pilotenausbildung, so wie es in der Priesterausbildung das Fach
Homiletik gibt, in dem die Kunst des Predigens unterrich-
tet wird. Tatsächlich sind die Sprech-Dozenten im Priester-
seminar oft dieselben wie an Flugschulen. Der Sprechunter-
richt kommt jedoch noch zu kurz, denn meistens sind die
Durchsagen komplett vernuschelt, verstammelt und ver-
hunzt – besonders, wenn sie, wie in der Luftfahrt üblich,
auch in englischer Sprache vorgetragen werden. Die erste
Durchsage nach dem Einsteigen, wenn das Flugzeug noch
am Boden ist, ist gerade noch so verständlich, außer wenn
die Muttersprache des Piloten Arabisch, Gälisch, !Xóõ oder
ein anderes Gekrächze ist. Manchmal wünschten Flugängstler, sie könnten auch diese Ansage nicht verstehen. Etwa
dann, wenn ein Pilot ankündigt, dass heute mal sein Copilot fliegen darf. Flugängstler wollen aber nicht, dass der Copilot fliegt, sie wollen, dass der Chef am Ruder bleibt.

Während des Fluges ist die zweite Durchsage dann gar
nicht mehr zu verstehen. Das Rauschen der Triebwerke, das
Gelaber von Kegelklub und Studienreisegruppe, das Geplärr
von Leon-Luca, die Klospülung überlagern die Durchsage.
Die klingt dann in den Ohren der Passagiere so: »Rgkstz zrm
Pklwqugn. aaaazzn, goourtswinyy ot yaahsnyahning ...« und
so weiter. Welche Sprache gesprochen wird, ist nicht zu verstehen. Auch nicht, worum es geht. Das liegt nicht daran,

dass die Piloten schlecht Deutsch oder Englisch können. Das können sie super aus dem Chat und aus World of Warcraft. Es liegt auch nicht daran, dass der Geräuschpegel im Flieger zu laut ist. Die Ansagen der Stewardessen sind schließlich laut und deutlich zu hören. Nein, die Nuscheldurchsage ist deshalb eine Nuscheldurchsage, weil die Pilotengewerkschaft es nicht einsieht, dass Piloten nicht wie Lokführer einfach nur einen Knopf drücken müssen, um ein Lebenszeichen zu geben, sondern auch noch mit den Gästen sprechen sollen. Die Pilotenvertretung Cockpit rät Piloten daher, die tariflich festgelegte Durchsage unverständlich zu halten, damit die Verständlichkeit in der nächsten Tarifrunde neu verhandelt werden kann und Piloten dann schon im Alter von 50 Jahren in Rente gehen können. Die neue Sicherheitsrichtlinie, nach der die Tür zum Cockpit stets geschlossen und verriegelt sein muss, ist ebenfalls ein Ergebnis dieser Verhandlungen. Die Piloten waren es leid, dass ihnen Kinder und ihre neunmalklugen Vatis über die Schulter blickten und sie beim Daddeln, äh, Arbeiten störten. Seitdem haben die Piloten das Recht auf Unsichtbarkeit während des gesamten Fluges in ihren Arbeitsverträgen. Das haben sich die Pilotengewerkschafter von der Gewerkschaft der Lokführer GDL abgeschaut – keinen Zentimeter Boden preisgeben.

Aber seien Sie beruhigt! Den Inhalt der Nuscheldurchsage können Sie getrost ignorieren. Es wird nichts gesagt, was Sie nicht auch auf dem Bildschirm der »Airshow« nachlesen könnten. Flughöhe, Geschwindigkeit, Entfernung zum Ziel und so weiter. Die Flugängstler sind vom sonoren Klang der Stimme beruhigt und lassen vielleicht jetzt zum ersten Mal ihre Armlehne los.

Bleibt die Frage: Warum sind manchmal einzelne Sätze der Durchsage ganz super klar zu verstehen? Heiner Muggenthaler erzählt im Freundeskreis gerne die Geschichte von einem Flug nach New York. Er hatte einen Fensterplatz und schlief gerade mit dem Kopf gegen die heruntergezogene Jalousie gelehnt, als ihn die Nuscheldurchsage aufweckte. Nach »Shcnrlnnsyooh hiwaassyna gooozi ...« ertönte laut und klar: »I would like to bring to your attention that right now on our right side, we can see Greenland.« Heiner Muggenthalers Sitznachbar sagte daraufhin zu Heiner: »Hello, Mr. Greenland!« und stellte sich artig vor.

Heiner jedoch zog die Verdunkelung hoch und staunte mit anderen Fluggästen, wie die eisigen Weiten Grönlands in der Sonne gleißten. In der Mittelreihe beschwerten sich daraufhin Passagiere, nun nicht mehr schlafen zu können, weil die Sonne so hell hereinschien. Das weckte alle noch schlafenden anderen Fluggäste, von denen nun viele zum Fenster liefen, um ein Foto von Grönland zu machen, was dazu führte, dass das Flugzeug etwas zur Seite kippte. In der folgenden Panik, hervorgerufen durch kreischende Flugängstler, kam es zu einem Handgemenge, in dem Heiners Sitznachbar leicht verletzt wurde, weil er versucht hatte, sich gegen einen Techie mit Digitalkamera durchzusetzen, der ihm auf den Schoß geklettert war. Die Stewardessen hatten alle Hände voll zu tun, die Leute zu beruhigen, auf ihre Sitzplätze zurückzuverweisen und wieder alle Jalousien zu schließen. Erst Stunden später bemerkten sie, dass der Korb mit den Schokocroissants fürs Frühstück nicht mehr an seinem Platz stand. Der Pilot hatte nämlich mit dem Copiloten um eine Extraschicht gewettet, dass er es schaffen würde, unbemerkt sämtliche Croissants ins Cockpit zu holen. Tatsächlich hatte ihn in dem Tumult niemand bemerkt. Wette gewonnen. Wenn sie wollen, können sie also doch sprechen, die Piloten. Aber es muss schon um etwas Wichtiges gehen.

Drunter und drüber:
Der Survival-Guide für Turbulenzen

Verstehen Sie wirklich, was auf den Wetterkarten im Fernsehen angezeigt wird? So ganz wirklich? Oder glauben Sie eher blind, was die netten Moderatoren erzählen? Und glauben Sie, die Moderatoren wissen wirklich wovon sie reden? Wäre das Wetter dann nicht immer genau so, wie es im Fernsehen gezeigt wird? Glauben Sie nichts. Der Wetterbericht ist nur der Ausdruck einer Welt, in der nicht mehr die Götter, sondern die Naturwissenschaften für alle Erklärungen herhalten müssen. Also erfand man die Meteorologie und nannte sie auch noch Wissenschaft. Diese Wissenschaft sagt, dass sich die Luft verwirbelt, wenn warme und kalte Luftmassen zusammentreffen. Der Flugängstler wird Ihnen dies sicher bis ins kleinste Detail erläutern können, denn es ist Teil von Kursen gegen Flugangst, die Bewegungen der Luft verstehen zu lernen. Das ist das Klopfen auf bestimmte Punkte am Brustbein allerdings auch. Der Flugängstler wird Ihnen auch von Luftlöchern erzählen. Die sind besonders fies, weil keiner weiß, wo sie sind. Daher soll man angeschnallt bleiben (in Wirklichkeit will die Crew nur, dass Sie sitzen bleiben anstatt doof im Gang rum zu stehen oder irgendwo Yoga-Übungen oder Liegestütze zu machen).

Dabei geht es bei der Wissenschaft, und zu diesen zählt sich die Meteorologie, doch stets um Exaktheit. War jemals ein Wetterbericht exakt? Kann man ein Luftloch exakt bestimmen? Eben. Bleiben die Götter.

Jede Kultur hat ja so ihren eigenen Windgott. Im Zweistromland sorgt der Dämon Pazuzu für Wirbel, im Baltikum Pērkons, im hohen Norden Wotan, in China die Drachen und in Amerika der flötende Chaot Kokopelli, der viel heiße Luft verbreitet. Sagen Sie das dem Flugängstler, wenn er neben Ihnen loswinselt, wenn das Flugzeug plötzlich zu hopsen beginnt. Kaum ein Flug, auf dem das nicht geschieht. Sagen Sie dem Flugängstler, dass das ein Spiel der Götter ist, und dass die nur ein bisschen Spaß haben wollen mit dieser Wirbelei und in Wirklichkeit gut auf die Flugzeuge aufpassen.

Die gute Nachricht: Turbulenzen kommen zwar häufig vor, aber meistens sind sie nicht so lang oder schlimm, dass jemandem davon ernsthaft übel wird. Die schlechte Nachricht ist: Letzteres vergessen die Leute meistens. Kaum wackelt die Kiste mal etwas, schon geht das Gestöhne los. Der Flugängstler krallt sich wieder in Ihren Arm. Evi Muggenthaler stöhnt so, dass Heiner sie tröstend in den Arm nimmt.

Das geht eine Zeit lang so, bis es »Gung« macht und die Purserin die Durchsage macht, dass man sich nun durch Turbulenzen bewege, alle zu ihren Sitzen zurückkehren, die Waschräume nicht mehr benutzen und die Gurte schließen sollen. Wenn die Purserin gerade ihre besonderen fünf Minuten hat, sagt sie noch »Rock 'n' Roll« hinterher. Der Kegelclub johlt. Die Vielflieger lesen weiter ihre Zeitung oder tippen auf dem Laptop herum, weil sie gar nichts mitbekommen haben. Wenigflieger scharren mit den Füßen und setzen sich kerzengerade hin, in Erwartung dessen, was da noch so kommen möge. Sie denken an gruselige Filme und wilde Ritte auf dem Wind. Manchmal kommt es so. Meistens nicht.

Die ersten dieser Turbulenzen durchfliegen Sie spätestens, wenn gerade alle Mahlzeiten ausgegeben sind. Das machen die Götter extra, denn dann können sie zusehen, wie Getränke überschwappen und die Leute sich bekleckern. Götterhumor halt.

Wenn die Muggenthalers dann daheim von den besonders schlimmen Turbulenzen auf der Reise nach Kreta erzählen, die genau während des Essens plötzlich und unerwartet auftauchen, werden die Freunde immer ganz blass. Dabei sind diese Turbulenzen etwa so wie die Bewegungen, die eine gewöhnliche S-Bahn macht. Haben Sie in S-Bahnen (okay, außer vielleicht in der Berliner S-Bahn) jemals jemanden beten sehen? Schreien? Sich übergeben? Letzteres schon, besonders in München zur Oktoberfestzeit. An den Bewegungen der S-Bahnzüge lag es sicher nicht. Sehr starke Turbulenzen sind ein Witz gegen die Busfahrt, die Freunde der Muggenthalers einst auf dem Peloponnes unternommen haben. Hat da jemand aus der Studienreisegruppe eine Tüte gebraucht? Nein, keiner. Wenn die Stewardess durchsagt, dass wegen der unsicheren Wetterlage bis auf weiteres keine heißen Getränke serviert werden, haben die Turbulenzen eine Stärke erreicht, die in etwa an eine Fahrt in einem Stadtbus erinnern. Mit einer randvollen Tasse Kaffee würden Sie dort auch nicht einsteigen, oder? Bekommt dort jemand Panikattacken? Eben.

Werden die Turbulenzen so stark, dass der Service komplett eingestellt wird, sagt die Stewardess auch das durch, mit einem indignierten Näseln, denn jetzt ist das Kaffeekränzchen in der Bordküche vorbei und auch die Crew muss sich anschnallen. Im Cockpit erwachen derweil Kapitän und Copilot. Sie rufen »Heißa!«, schalten den Autopiloten aus und tun endlich das, wofür sie zehn Jahre Ausbildung genossen haben: den Vogel selbst fliegen. Die beiden haben einen Heidenspaß. Sie spüren den Wind unter den Flügeln der Maschine, sehen vor sich in den Wolkenbergen die Blitze, hören das statische Knacken im Funk und dürfen endlich Männer sein. Nur sie beide gegen die Elemente. Dafür haben sie Fliegen gelernt. Der uniformierte Mann und der Sturm. Wer wird diesmal wohl gewinnen? Die Piloten sind eigentlich dazu angehalten, den Weichei-Weg zu gehen und um ein Gewitter herumzufliegen statt mittendurch. Sie dürfen nicht die Walküre oder den Drachen machen. Daher lassen sie es bei leichten Turbulenzen manchmal mit Absicht richtig wackeln, um wenigstens ein bisschen Spaß zu haben. Oder suchen eine Luftschicht, in der sieben Stunden lang leichte Turbulenzen sind, weil sie die eine richtig geile große Gewitterfront umfliegen mussten.

Das mit dem Umfliegen ist bei Billig-Airlines ohnehin nicht drin, denn meistens haben sie aus Kostengründen gar nicht genug Treibstoff an Bord, um einen größeren Umweg zu nehmen. Jeden Tag muss irgendwo auf der Welt ein Billig- oder auch Linienflieger »Mayday« funken und irgendwo notlanden – weil ihm das Kerosin ausgegangen ist. Dann sind die Passagiere zwar ruhiger geflogen, aber dafür bekommen sie einen Extra-Aufenthalt von einer Stunde in Valencia, Bischkek oder Bobo Bwaba geschenkt. Trubel statt Turbulenz. Die Piloten wissen, was sie bevorzugen: den wilden Ritt.

Vom Cockpit aus sind schwere Turbulenzen großartig. Das Highlight eines jeden Fluges. Wer als Pilot nicht einmal pro Woche in schwere Turbulenzen kommt, darf sich nicht Pilot nennen.

In der Kabine ist es genau anders herum. Schon wenn das Flugzeug nur so schwingt wie ein U-Bahn-Zug, bringt das die Flugängstler um den Verstand und weckt den verborgenen Flugängstler in Menschen, die bisher geglaubt hatten, keine Flugangst zu haben. Wenn Sie neben einem echten Flugängstler sitzen, verschränken Sie jetzt Ihre Arme vor der Brust, damit er sie nicht greifen kann. Ziehen Sie sich, wenn noch genügend Zeit bleibt, nun die Pelerine aus Ihrem Handgepäck über und beten Sie zum Gott der Körperflüssigkeiten und beschissenen Situationen, Sie möglichst zu verschonen. Meistens hilft das. Aber nicht immer.

Nur zwei Typen im Flieger bleiben auch von den schwersten Turbulenzen unbeeindruckt: der Techie und die Saufnase. Der Techie hat sich so sehr in ein Browsergame vertieft, dass er gar nicht mitbekommt, was um ihn herum geschieht. Die Saufnase schläft schon und schnarcht laut, während an Bord die Hölle losbricht, im wahrsten Sinne des Wortes.

Die Details dürften Ihnen bekannt sein und werden hier nicht wiederholt. Auch nicht, dass die Tüten wirklich, wirklich zu klein sind. Und zur Ehrenrettung von Leon-Luca sei gesagt: Es sind nie die Kinder und erst recht nicht die allein reisenden Kinder, die als erstes »Hualp« sagen. Es sind oft die, von denen man es am wenigsten erwartet und denen es auch am ärgsten peinlich ist.

Der Agraringenieur Ulrich W. (seinen vollen Namen nennen wir aus verständlichen Gründen nicht) wollte einmal mit seiner neuen Freundin von Nürnberg nach Napoli fliegen. Es war ein wunderbarer Sommertag, mit herrlich erfrischenden lokalen Wärmegewittern über ganz Europa. Schon über Innsbruck musste Ulrich sich das erste Mal übergeben. Danach war sein Magen leer, aber der Flug noch nicht zu Ende. Bei Rimini übergab er sich ein zweites Mal, aber weil nichts mehr im Magen war, spuckte er mit einem besonders intensiven »Hualp« Galle. Ein drittes Mal im Landeanflug. Das Wochenende wurde deutlich weniger romantisch als erwartet und die Beziehung hielt nicht mehr allzu lang.

Alles Mögliche kann während starker Turbulenzen also passieren, aber sicher nicht, dass das Flugzeug abstürzt, wird Ihnen der Flugängstler treu versichern. Er hat das in seinem Kurs gelernt. Flugzeuge sind für ein Vielfaches der Belastung gebaut, die auch noch in den stärksten Turbulenzen vorkommen. Das hat der Flugängstler auf der Website eines großen Flugzeugherstellers gelesen. Sie hören ihm zu (selbst wenn er drei Reihen hinter Ihnen sitzt, da es während starker Turbulenzen immer sehr leise im Flugzeug wird), lauschen gleichzeitig nach dem metallischen Kreischen der Tragflächen und denken an die tragische Sache mit der voll besetzen Air-France-Maschine im Gewitter über dem Atlantik. Aber Sie haben ja keine Flugangst und keinen Ekel, auch nicht vor Gerüchen, die nun durch die Kabine ziehen und einem Furz des Dämons Pazuzu verdächtig nahe kommen. Sie essen daher noch ein scharfes Bonbon, schnuppern an Ihrem Kölnisch Wasser, und wenn alles ganz und gar schlimm wird, streicheln Sie Ihr kleines Stofftier, das Sie hoffentlich in Ihrem Handgepäck untergebracht haben.

Tipps, wie Sie Turbulenzen überstehen

– Wenn Sie neben den Muggenthalers, dem Kegelclub, dem Junggesellenabschied oder Kindern sitzen – ziehen Sie die Pelerine an.

– Wenn es Ihnen gut geht und Sie Ihren Sitznachbarn ärgern wollen: Packen Sie jetzt ein Leberwurstbrot aus. Wenn Sie keines dabei haben, tun es auch ein paar Nüsse, die noch vom Getränkeservice übrig sind.

– Wenn Sie wollen, dass es Ihnen weiterhin gut geht, sehen Sie
niemals nach draußen auf die Flügel des Flugzeugs und wie
sie sich in den Lüften biegen. Das ist, als würden Sie auf einem
schwankenden Schiff auf die an der Decke hin und her schwin-
gende Laterne blicken.

– Wenn es Ihnen nicht mehr so gut geht, essen Sie nur das Vollkornbrötchen und schütten Sie Ihr asiatisch-vegetarisches Menü
direkt in die Tüte, ohne es vorher zu essen.

– Lutschen Sie während wirklich ernsthafter Turbulenzen scharfe
Bonbons und halten Sie das kleine Parfumfläschchen bereit.

– Halten Sie sich an dem kleinen Stofftier fest.

– Wenn Ihnen selbst übel wird – lassen Sie sich so lange nichts anmerken, bis es nicht mehr geht. Und was dann raus muss, muss
eben raus.

Wahrscheinlichkeit der Gründe, warum das Flugzeug wackelt

Nervöse und Flugängstler zucken bei jeder kleinen Bewegung des Flugzeugs zusammen. Wird die Maschine jetzt abstürzen? Brennt das Triebwerk schon? Beruhigen Sie die Nervenbündel in sich oder neben Ihnen mit diesem Diagramm. Es zeigt die möglichen Gründe, warum ein Flugzeug wackelt, und deren Wahrscheinlichkeit:

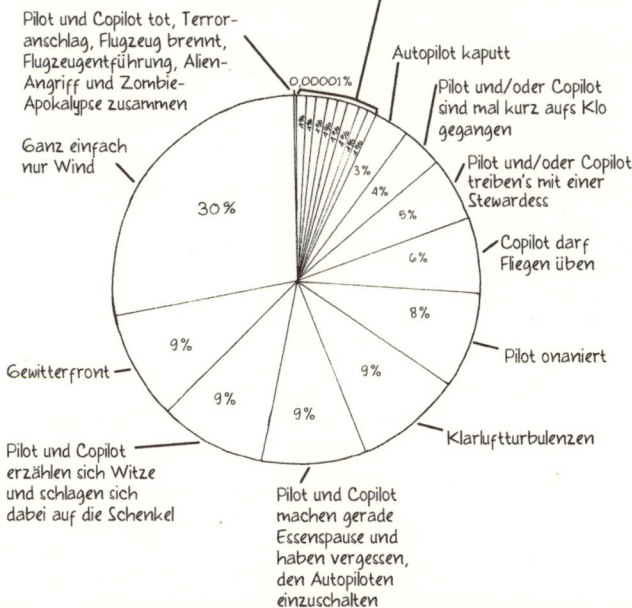

- Einseitiger Triebwerksausfall
- Fahrwerksklappe ist nicht ganz zu
- Pilot und/oder Copilot treiben's mit einem Steward
- Pilot und Copilot wollen ein bisschen Leben in die Bude bringen
- Pilot hat geniest
- Pilot besoffen
- Pilot spielt auf dem Handy »World of Warcraft«
- Pilot hat einen fahren lassen

Pilot und Copilot tot, Terroranschlag, Flugzeugs brennt, Flugzeugentführung, Alien-Angriff und Zombie-Apokalypse zusammen

Autopilot kaputt

Pilot und/oder Copilot sind mal kurz aufs Klo gegangen

Ganz einfach nur Wind

0,00001 %

Pilot und/oder Copilot treiben's mit einer Stewardess

30 %

3 %

4 %

5 %

Copilot darf Fliegen üben

6 %

8 %

Pilot onaniert

9 %

9 %

Gewitterfront

9 %

9 %

9 %

Klarlufturbulenzen

Pilot und Copilot erzählen sich Witze und schlagen sich dabei auf die Schenkel

Pilot und Copilot machen gerade Essenspause und haben vergessen, den Autopiloten einzuschalten

Die Wahl der Qual:
Shopping an Bord und Spendenaktionen

Den kleinen Hunger kennt man ja. Das ist diese Nervensäge im gepunkteten Schlafanzug, die immer dann auftaucht, wenn man sie gerade nicht brauchen kann. Im Meeting. Daheim auf dem Sofa. Am Samstagnachmittag. Und auch im Flieger. Aber dafür haben Sie ja Obst und Riegel im Gepäck und wissen inzwischen, wie Sie sich verhalten müssen, damit die Stewardess einen Extra-Keks rausrückt. Der kleine Hunger ist an Bord also leicht zu zähmen, ganz im Gegensatz zu seinem Cousin, der kleinen Gier. Sie ist von Anfang an mit an Bord. Für die Fluggesellschaften ist sie serienmäßig in jedem Flieger eingebaut, denn man will den Passagieren jeden Cent abringen, den er entbehren kann, auch an Bord noch, und dabei hilft die kleine Gier sehr zuverlässig.

Wenn die Stewardessen mit dem Abräumen des Essens fertig sind und die Phase der Langeweile mit der Beschallung aus Kopfhörern und Bildschirmen beginnt, lassen sie die kleine Gier aus dem Schrank, damit sie die Fluggäste bespaßt und zum Kaufen anregt. Dieses Konsumteufelchen trägt ein gestreiftes Nachthemd und eine lustige Zipfelmütze, sieht also gar nicht gefährlich aus, wenn es so den Gang entlang hüpft. Zusammen mit seiner Schwester, der großen Langeweile, zupft es die Bordshopping-Kataloge aus den Taschen der Vordersitze und drückt sie den Passagieren in die Hand. Die kleine Gier setzt sich dann wie ein Wellensittich auf die Schultern der Passagiere und kommentiert den Katalog, während der Passagier darin blättert. Das geht dann so: »Oh, schau mal, ein Parfum, das du in den 80er Jahren schon hattest! Und da, ein Whisky, der leuchtet wie Karamell in der Sonne! Und, ohhh, eine Hello-Kitty-Uhr ...« Die kleine Gier hat alle Tricks raus. Wie der kleine Hunger erscheint sie in alberner Aufmachung, um unterschätzt zu werden, und hämmert so ganz nebenbei ihre Botschaft in alle Köpfe, der sich niemand widersetzen kann: kaufen, kaufen kaufen!

Gäbe es die Waren des Bordverkaufs in einem Geschäft, wäre dieses vermutlich eine kleine, vollgerammelte Butze in der Bahnhofsgegend einer Großstadt, auf der »Import/Export« steht. Es gibt Alkohol, Zigaretten, Süßigkeiten, Parfums und Kosmetik, Spielzeug, Uhren, Modeschmuck und Technik-Schnickschnack. Ein echter Gemischtwarenladen also. Der ist nun nicht wegen großen Erfolges aus der Bahnhofsgegend ins Flugzeug geholt worden, sondern ist ein Erbe aus der Zeit der Schifffahrt, vor allem der »Butterschiffe«. Auf Schiffen und Fähren konnte man schon immer zollfrei einkaufen, und in den 50er Jahren wurden die Einkaufsfahrten an der Nord- und Ostsee zur Befriedigung der kleinen Gier professionell organisiert. Eine kleine Spazierfahrt auf dem Meer, und an Bord gab es dann billige dänische Butter – und Zigaretten, Spirituosen und Parfums. Die Luftfahrt konnte es sich nicht erlauben, weniger zu bieten als ein Ausflugsdampfer, und auf das Geschäft wollte man auch nicht verzichten. Butterfahrten auf dem Meer sind qua EU-Verbot seit 1999 Geschichte. Daher ist das neue Butterschiff der Charter-Flieger nach Malle.

Aus lauter Langeweile studieren Sie irgendwann dann doch den Bordshopping-Katalog. Das Warenangebot, so bunt durcheinandergewürfelt es erscheinen mag, ist sorgfältig durchdacht. Die Erinnerung an den Bordeinkauf auf Schiffen ist nur ein Aspekt, aber ein wichtiger. Jeder Raucher kann zollfreie Zigaretten brauchen, hat zwar schon eine Stange im Koffer und eine in der Tüte, aber – eine geht noch! Das denken auch die Schnapsnasen, die an Bord noch einen weiteren Cognac einkaufen. Der ist zwar zollfrei, kostet aber dennoch mehr als der gleiche Schnaps im Supermarkt um die Ecke. Aber man gönnt sich ja sonst nichts.

Von der kleinen Gier kam übrigens der Vorschlag, Ware wie an der Supermarktkasse mit aufzunehmen, aber eben nicht speziell für Kinder, sondern für Erwachsene: Quengelware für die Großen. Wie beim Warten an der Supermarktkasse verführt nämlich auch die große Langeweile im Flieger zum spontanen Kaufen. Anstatt von Schokoriegeln, Minischnäpsen und Kaugummis gibt es im Angebot das, was Erwachsene gerne haben. Ein Lipgloss oder ein Tüchlein für die Dame und eine Schweizer-Armee-Armbanduhr für den Herrn.

Klein verpackt, nicht verderblich, möglichst leicht und möglichst hochpreisig sollen die Produkte sein, hat die kleine Gier den Airlines geraten, aber doch noch so günstig, dass sie für die Kunden bezahlbar sind und die Passagiere bei der Ankunft keinen Ärger mit der Polizei bekommen. Aus letzterem Grund fällt Kokain leider aus, ansonsten wäre es die perfekte Ware fürs On-board-Shopping.

Eine private südsudanesische Airline kam auf die Idee, auf Flügen von der Hauptstadt Juba ins saudi-arabische Riad hochangereichertes Uran und Plutonium im Bordeinkauf anzubieten. Zur großen Enttäuschung der Airlinemanager erwies sich der iranische Lieferant als sehr unzuverlässig, so dass die Ware nur auf wenigen Flügen verfügbar war und wieder aus dem Katalog genommen werden musste.

Die staatliche jemenitische Airline hatte eine ähnliche Idee: Sie bot auf innerarabischen Flügen Räucherwerk aus Adlerholz an, Oud genannt. Ein einziges winziges Tütchen davon schlägt schon mit 80 Dollar zu Buche. Für die Airline war es ein boomendes Geschäft, das jedoch eingestellt werden musste, weil saudische Fluggäste dazu neigten, das Holz gleich an Bord anzuzünden und die Kabine dadurch oft so verqualmt war, dass die Flugzeuge in Bagdad notlanden mussten.

Auch die Erfahrungen der Airlines mit aufblasbarem Spielzeug (immerhin klein verpackt), Trekkingmatratzen (teuer und klein verpackt) und Weihwasser (teuer und klein) sind eher zwiegespalten: Kaum jemand wollte an Bord diese Produkte kaufen.

Besser läuft die Kooperation mit den Sicherheitskontrollen an Flughäfen. Diese geben weltweit den Airlines jeden Morgen durch, auf was sie besonders kontrollieren. Mal sind es Flüssigkeiten wie Parfüms, mal technischer Schnickschnack (wehe, bei einem ist der Akku leer, denn dann darf das Gerät nicht mit), mal stehen Nagelknipser und Feilen im Fokus. Die Airlines füllen daraufhin die Bordverkauf-Vorräte mit den entsprechenden Waren verstärkt auf, damit die Passagiere an Bord alles nachkaufen können, was ihnen an der Sicherheitskontrolle abgeknöpft worden ist. Nur so ist zu erklären, warum es im Bordshop der Lufthansa elektrische Haarbürsten, Nasenhaarschneider und Maniküresets gibt. Peter Kurz aus Düsseldorf hat sogar einmal eine Airline verklagt, weil er sich sicher war, dass ihm an Bord genau das neue Necessaire verkauft wurde, das man ihm bei der Kontrolle wegnahm. Er merkte das an der kleinen Gravur, die seine Frau am Griff der Feile hatte anbringen lassen. Der Prozess endete mit einem Vergleich und einem hohen Schweigegeld für Peter K. (dessen Name und Wohnort von der Redaktion geändert wurden).

Diverse Airlines denken bereits nach, auch Kampfmesser, Wurfsterne und Schusswaffen mit ins Sortiment aufzunehmen, aber das scheitert derzeit am Widerstand der Hersteller. Denn wer in den bunten Katalog und mit seinen Waren an Bord will, muss viel Geld an die Airlines zahlen. Die US-amerikanische Waffenschmiede High Technologies ist dem Geschäftsfeld Bordeinkauf gerade auf Inlandsflügen von und nach Texas nicht abgeneigt, stellt aber stur die Bedingung, dass die Airlines im Gegenzug bei internationalen Flügen auch Boden-Luft-Raketen und Handgranaten mit ins Sortiment aufnehmen, was die Airlines aus Platzgründen verweigern.

Es bleibt also beim Butterschiffsortiment. Gier, Impulskäufe und Langeweile sind aber nur drei Gründe, warum Leute sich auf die voll beladenen Trolleys stürzen. Ein weiterer ist Dummheit: Es gibt einfach Idioten, die alles kaufen, was man an ihnen vorbeiträgt, auch die Handtücher, Sonnenbrillen und Bast-Armbändchen vom Strandverkäufer. Und die sich dann wundern, dass ihre Urlaubskasse immer so schnell leer ist. Das sind die Typen, die Tinnef wie Reisekissen und Flugzeugsocken kaufen. Die kleine Gier liebt diese Kunden sehr, denn sie lassen sich die tollsten Kaufimpulse einflüstern.

Und dann ist da noch das schlechte Gewissen. Es bringt muffige Geschäftsleute wie Guido Fottner dazu, an Bord doch noch schnell ein Mitbringsel für seine Mutter zu kaufen und es dann als Souvenir aus Peking auszugeben. Nicht, dass er in Peking keine Zeit gehabt hätte, etwas einzukaufen, er hatte einfach nicht daran gedacht, weder an die

Schönheiten Pekings noch eine seine Mutter, die leise gebeten hatte, er möge doch etwas mitbringen.

Sarah Bickelbacher hat wegen ihres Mile-High-Club-Ausflugs mit dem Techie auch ein schlechtes Gewissen. Daher kauft Sarah ihrem Liebsten ein Kupfer-Armband mit Energiepunkten und elbischen Gravuren. Das findet sie schick, und Axel braucht dringend positive Energien. 400 Euro weg, aber der Haussegen hängt dankt des energetisch und auch sonst gereinigten zwischenmenschlichen Klimas wieder gerade.

In der First Class rollt Siw Miller-Korhonen elegant mit dem Warentrolley durch den Gang. Ganz unschuldig fragt Cyril Steyner, welches Parfum sie denn einer Dame mit Klasse empfehlen würde. Er kauft ihre Empfehlung und schenkt ihr den Duft. Siw errötet. Was für ein Traum-Fluggast!

Sie selbst fallen auf die Tricks der kleinen Gier natürlich nicht herein. Sie haben ja alles eingepackt, was Sie brauchen. Außer einer Gesichtscreme. Die stand nämlich nicht auf der Liste. Und jetzt, nach drei Stunden Flug in einer Kabine mit einer Luftfeuchtigkeit von 2 Prozent, spannt Ihre Haut. Ganz mächtig sogar. Das Super-Intensiv-Hydra-Serum für 200 Euro ist daher eine schiere Notwendigkeit für Sie und kein rausgeworfenes Geld. Sie zahlen mit Karte und cremen sich mit dem duftenden Serum ein. Die Manager der Airline lachen sich derweil ins Fäustchen – mal wieder ordentlich Reibach gemacht mit dem Butterschiffsortiment.

Doch damit nicht genug. Die Passagiere haben ja immer noch Kleingeld, das man ihnen aus der Tasche ziehen kann. Münzen wiegen was, kosten also schon wieder mal Flugbenzin, daher kann man sie aus Sicht der Airlines auch gleich einkassieren. Da man aber bereits Getränke, Essen und Waren verkauft hat, dem einen oder anderen sogar

ein WLAN-Paket angedreht hat und man für die Dienstleis-
tungen der Stewardessen nichts verlangen darf, bleibt noch
ein Wirtschaftszweig übrig: Charity. Das Geschäft mit der
Wohltätigkeit. Nicht jede, aber viele Airlines haben Stiftun-
gen und wohltätige Vereine gegründet, die sie nach eigenen
Angaben großzügig unterstützen. Natürlich nicht mit An-
teilen aus dem eigenen Gewinn, sondern mit dem Geld, das
sie bei anderen Leuten einsammeln, das ist ja der Witz von
Charity. In den Sitztaschen dieser Airlines stecken kleine
Tütchen, in die die Passagiere ihr Kleingeld versenken können. Nach einem rührseligen Filmchen, in dem meistens
Kinder mit großen Augen und/oder süße Tierbabys zu sehen sind, gehen die Stewardessen herum und sammeln die
Tütchen ein, als wären sie Ministrantinnen in der Kirche bei
der Kollekte. Fehlt nur der Klingelbeutel. Mit großem Gedöns verkünden die Airlines dann regelmäßig, welche Pro-
jekte sie denn wie genau gefördert haben und schreiben darüber Artikel im Bordmagazin. Die Verwaltungskosten, die
Imagebroschüren, Pressekonferenzen und PR-Filmchen
verschlingen zwar 90 Prozent der eingenommenen Spen-
den, aber das stört Veranstalter von öffentlichkeitswirksa-
mer Wohltätigkeit ja grundsätzlich nicht. Die Airlines freu-
en sich: Sie stehen gut da, und ihre Gutmenschenkampagne
ist zu 100 Prozent von den Passagieren finanziert. Die Ein-
nahmen helfen außerdem, Arbeitsplätze für ein paar faule Sachbearbeiterinnen und Sekretärinnen zu schaffen, die
seit 30 Jahren im Unternehmen sind und die zu kündigen
teurer wäre, als sie bis zur Rente zu beschäftigen. Und immerhin gehen zehn Prozent an Kinder und süße Tiere. Es
haben also alle etwas davon. Haben Sie schon in Ihre Tasche
gegriffen und das Kleingeld herausgeholt?

Klatschen oder Aufatmen?
Die Landung

Je länger der Flug dauert, desto früher beginnen die Stewardessen mit den Vorbereitungen für die Landung. Das ist auf den ersten Blick ein weiteres Paradox der Luftfahrt. Die Landevorbereitungen in einem Großraumflugzeug, etwa bei einem Flug von Frankfurt nach Rio, dauern zum Beispiel eineinhalb Stunden, also länger als ein gesamter innerdeutscher Flug. Auf so einem kurzen Flug schaffen die Stewardessen die Landevorbereitung in ein paar Minuten: Sie gehen nochmal mit einem großen grauen Sack durch die Kabine und sammeln alles ein, was so angefallen ist (Becher, Servietten, gebrauchte Pelerinen). Dann schalten sie das Anschnallzeichen an und die Leute ruckeln sich zurecht. Noch ein Durchgang, um auch den letzten Schnarchnasen zu sagen, sie sollen gefälligst JETZT ihre Rückenlehnen senkrecht stellen und die Tische hochklappen, und dann sind es nur noch zehn Minuten bis zum Touchdown, jenem magischen Moment, in dem das Fahrwerk des Flugzeugs den Boden berührt.

Auf allen Flügen, die etwas länger dauern, ist die Vorbereitung zur Landung wie ein abendfüllendes Zirkusprogramm mit Clowns, Affen, Tänzern und Raubtieren. Dass es so früh beginnt, liegt daran, dass die Airlines die Flugzeit verkürzen wollen. Das Zeitmauer-Paradox kennen Sie ja schon. Vor der Landung muss das Flugzeug wieder zurück ins lineare Universum – je früher desto kürzer die Flugzeit – und das geht am besten mit Showtime. Also mal wieder Vorhang auf und vor allem: Spot an! Denn jetzt, wenn nach sieben Stunden endlich alle an Bord schlafen oder dösen, soll Schluss sein mit der widerlichen Ruhe, damit man gemeinsam auf die andere Seite der Zeitmauer zurückkommt. Das Kabinenlicht geht an. Es ist widerlich hell. Und die folgende Durchsage, dass es jetzt Frühstück gibt, ist widerlich laut. Wer tatsächlich geschlafen hat, verstrickt sich jetzt vor Schreck in seiner Decke. Einzelne Fluggäste taumeln orientierungslos von den Sitzen, schwanken wie Geister unter ihrer Decke den Gang entlang. Diesen Teil ihres Jobs lieben die Stewardessen ganz besonders: Fluggäste wecken und dann zusehen oder mit dem Handy filmen, wie die Leute hilflos wie auf dem Rücken liegende Maikäfer in ihren Sitzen herumzappeln, die wirren Haare sortieren, sich mit Schlafbrillen strangulieren und sich aus Versehen Zahnpasta statt Moisturizer ins Gesicht schmieren. Die Videos gibt es leider nicht im Internet, sie werden ausschließlich per Bluetooth von Stewardess zu Stewardess weitergegeben. Bei der jährlichen Preisverleihung für das beste Video eines verschlafenen Passagiers gewann eine chinesische Stewardess, die filmte, wie ein dickbäuchiger Mann, der nur mit einem Unterhemd bekleidet war, nach dem Aufwachen aus Versehen in seine eigenen Schuhe pinkelte, weil er dachte, er sei in einer chinesischen Baustellentoilette.

Sie selbst reiben sich die Augen. Sind Sie tatsächlich während des Filmeguckens eingeschlafen. Sowas. Aber wenn es nicht gerade »Herr der Ringe« ist, können Sie sich zwischen Frühstück und Landung noch einen weiteren Film ansehen. Die Hektik an Bord ist ja nur künstlich, es eilt nichts. Gar nichts. Die Bickelbachers aber lassen sich anstecken und werden hektisch. Vater Axel springt auf und beginnt, Gepäck aus dem Fach zu räumen. Leon-Luca, der eben noch selig geschlafen hat, beginnt zu weinen. Sarah kommandiert ihren Mann herum: »Jetzt gib doch endlich die Brotdose mit den Apfelschnitzen her, die steckt in der Außentasche. Nein, in der anderen! Leon-Luca, der Papa ist heute wirklich unausgeschlafen. Axel, IN DER ANDEREN!« Sarah wird schon ganz schrill. Leon-Luca auch. Axel überlegt kurz, ob er die Tasche einfach hinschmeißen und davongehen soll. Aber er weiß nicht wohin. Die Urlaubsstimmung der Bickelbachers ist auf dem tiefstmöglichen Punkt angelangt, obwohl sie noch nicht einmal am Urlaubsort angekommen sind. Den anderen an Bord geht es auch so. Dem einen ist schlecht, weil er unterwegs zu viel Schokolade genascht hat, der andere friert, weil er immer friert, wenn er unausgeschlafen ist, Evi Muggenthaler hat mit Kreislaufproblemen zu kämpfen. Überall in der Kabine quengeln und greinen jetzt Kinder, Weicheier und frisch aufgescheuchte Flugängstler. Immerhin, die Saufnasen an Bord stoßen nur einmal sauer auf und bekommen von diesem ersten, dramatisch-tragischen Teil der Vorstellung nichts mit.

Die nächste Nummer ist, tä-täää, das Frühstück, wenn es denn ein wirklich langer Flug gewesen ist. Kaffee, Tee, Brötchen, Hörnchen, Rührei – das Essensangebot ist genauso schön wie im Motel One oder im B&B-Hotel, und die Aussicht ungleich besser. Jetzt dürfen, ja müssen, alle wieder ihre Rollos öffnen und erblicken unter sich die Weiten der afrikanischen Steppe, das mattgrüne östliche Sibirien, die Küste von Venezuela oder einen anderen fernen Ort. Der Kaffeeduft überdeckt sogar alle Ausdünstungen, die sich in den vergangenen Stunden in der Kabine angesammelt haben. Die Laune wird schon besser. Leon-Luca nagt an einem Dinkelkeks, Sarah und Axel sitzen schweigend nebeneinander. Evi, käseweiß, klammert sich an ihre Kaffeetasse und sagt matt: »Es geht schon wieder.« Das Frühstück ist komplett 08/15, aber es ist genau das, was jeder an Bord nach der langen Flugzeit braucht. Es weckt die Lebensgeister, und die Stewardessen halten sie jetzt auch mit einer rasenden Nummernrevue aus Durchsagen und Aktionen wach. Noch bevor das Frühstück abgeräumt ist, gehen die Mädels durch die Reihen und sammeln nach einer jeweils sehr lauten Durchsage erst die Kopfhörer und dann die Decken ein. Dann kommt die Durchsage, dass jetzt gleich jemand durchgeht und Anträge für Einreisevisa ins Zielland, Anträge für die Mitgliedschaft im Vielfliegerprogramm der Airline und anderen Papierkram verteilt. Während alle an Bord noch rätseln, ob sie das Formular 23b noch brauchen, wo sie doch schon vor der Abreise ein Visum bei der Botschaft besorgt haben, kramen die Stewardessen in der Bordküche herum und sortieren Decken in Wäschesäcke und Kopfhörer in die Säcke des Herstellers, der sie reinigen wird. Das machen sie nicht, weil sie so ordentlich sind, sondern weil sie per Gewerkschaftsbeschluss dazu gezwungen wurden. Wer nämlich auf einem Zehn-Stunden-Flug mehr als fünf Stunden in der Bordküche sitzt, schwatzt, liest oder die Nägel macht, hat keinen Anspruch auf volle Vergütung – während das Putzpersonal am Zielflughafen für das Aufräumen jeder einzelnen Decke 50 Cent berechnet. Widerwillig räumen nun also schon die Stewardessen das Gröbste auf. Erst, wenn sie damit fertig sind, räumen sie das Frühstück ab.

Im Programmablauf folgt nun die Klo-Stampede – es muss eigentlich keiner, aber jeder nutzt noch mal die Gelegenheit, sich die Beine zu vertreten und die Zähne zu putzen. Ein paar Honks meinen auch, sich auf der Bordtoilette rasieren und stylen zu müssen, damit sie beim Aussteigen tippitoppi aussehen. Zu diesen gehört Guido Fottner. Er schleppt tatsächlich einen abgeranzten Kulturbeutel in die Bordtoilette und blockiert diese dann für die folgenden 20 Minuten, obwohl die Schlange durch den ganzen Flieger reicht. Wenn Guido wieder herauskommt, sieht er genauso aus wie vorher, aber den Spiegel bedecken Zahnpastaspritzer, es riecht nach Supermarktrasierwasser, abgeknipste Zehennägel liegen am Boden und Haare hängen im Waschbecken. Guido ist stolz, dass er im Terminal keine Zeit für seine Morgentoilette verlieren wird. Die junge Frau, die nach ihm die Toilette benutzt, würgt.

Die Stewardessen paradieren währenddessen schon wieder durch die Kabine: den letzten Müll einsammeln. Zwei Mal müssen sie noch: um die Klappen der Gepäckfächer wieder zu schließen und um sicherzustellen, dass alle senkrecht sitzen, angeschnallt sind und die Tische hochgeklappt haben. Eine arabische Airline, die besonders stolz ist auf ihre hohe Servicequalität, bringt es der Zeit vor der Landung auf 15 Durchsagen und 12 Kabinendurchgänge des Personals. Das schafft nicht mal ein echter Zirkus.

Der komischste Part kommt kurz vor der eigentlichen Landung, wenn die Stewardessen die letzten Saufnasen, die auch das Frühstück verschlafen haben, aufwecken. Die greinen und torkeln besonders schön, mögen ihre Lehne so gar nicht gerne hochstellen und sind verschnupft, dass sie jetzt, so ganz kurz vor der Landung, leider kein Frühstück mehr bekommen können. »Da hätten Sie einfach den ›Bitte wecken sie mich für Mahlzeiten‹-Aufkleber an Ihrem Sitz anbringen müssen«, sagt die Stewardess mit bittersüßem Lächeln, während ihre Kolleginnen in der Bordküche gerade die Frühstücke der Saufnasen futtern. Das Mitleid der umsitzenden Reisenden, die wegen des Schnarchens der Saufnasen kaum schlafen konnten, hält sich in sehr engen Grenzen.

Irgendwann jetzt spüren Sie einen Wupp, einen kleinen, aber deutlichen Hopser des Flugzeugs. Es bedeutet, dass es mit der Landung ernst wird. Große Flieger beginnen schon vorher, an Höhe zu verlieren, der Hopser bedeutet, dass nicht nur der Anflug, sondern die eigentliche Landung beginnt. Sie dauert eine halbe Stunde lang, völlig egal, was die Armbanduhr oder die Airshow auf Ihrem Entertainmentbildschirm sagen.

Einige Minuten nach dem Wupp sagt dann der Kapitän, gewohnt wichtigtuerisch nuschelnd, dass man sich nun im Landeanflug befinde – als wäre das für irgendwen eine Neuigkeit. Die Durchsage hat leider keine beruhigende Wirkung auf die anwesenden Flugängstler, denn die beginnen jetzt mit der größten Angstphase. Denn Sie wissen: Wenn auf dem Flug etwas schief geht, dann bei der Landung. Fahrwerke können brechen. Es kann etwas auf der Landebahn herumstehen. Eine Windböe kann das Flugzeug erfassen und wegdrücken. Die Bremsen können versagen und das Flugzeug über die Landebahn hinausschießen. So viele erschreckende Möglichkeiten! Und jetzt wackelt der Flieger auch schon so bedenklich! Und diese Geräusche: Rrrrrrr-hui-klack. Was bedeuten die wohl? Wenn Sie ganz genau hinsehen, sehen Sie, wie die Adern auf der Stirn des Flugängstlers pulsieren. Viel zu früh, denn jetzt drehen Sie mit dem Flieger erst noch ein paar Warteschleifen, hopsen durch ein kleines Gewitter, steigen auf und wieder ab, und das kleine Flugzeug auf der Airshow dreht sich im Kreis. Wenn Sie neben einem Flugängstler sitzen, ist es gut, wenn

Sie ihn aufheitern. Erzählen Sie doch ein paar Ein-Satz-Wit-
ze, damit er abgelenkt ist und beim Lachen Wohlfühlhor-
mone ausschüttet. Wenn die Witze länger als ein Satz sind,
übersteigen sie leider die Aufmerksamkeitsspanne des Flugängstlers in der Landephase, also wählen Sie weise. Erzählen Sie Witze wie: »Treffen sich zwei Flugzeuge in Manhat-
tan«, »Kommt 'ne Frau an Bord«, »Lieber vorwärts trinken
als rückwärts essen« oder »Gehen zwei Piloten an einer Bar
vorbei«. Die sind immer ein riesen Ankommer, übrigens
auch bei Kegelclubs und Kindern. Beziehen Sie, wenn möglich, auch die Umgebung in die Witze mit ein, das sorgt für
ein heimeliges Gefühl, etwa so: »Was ist weiß, wabbelig und
riecht nach Käse? Na, deine Füße!« Vermeiden Sie Bruch-
landungswitze, wenn der Flugängstler immer noch nicht
lacht, sondern anfängt zu schluchzen oder zu beten.

Bis jetzt war allerdings alles Pillepalle, denn die eigentliche Landung beginnt erst, wenn im Flugzeug ein »Ding-
Dong« ertönt, manchmal auch gefolgt von einem genuschelten »Cabin Crew, perpare for landing«. Nur diese Zeichen
sind ernst zu nehmen. Sie bedeuten, dass es nun offiziell und
ohne Witz und Tricks noch etwa zehn Minuten bis zur Landung sind. Das Signal ist das Zeichen für Siw Miller-Korhonen, sich nun von Cyril Steyners Schoß zu erheben und mit
wiegenden Hüften davon zu stöckeln. In der Business-Class
und der Economy eilen die Mädels noch einmal den Gang
entlang und sehen nach, ob auch wirklich jeder angeschnallt
ist und seine Lehne hochgestellt hat, dann verschwinden die
Stewardessen aus der Sichtweite. Denn es wird ernst. Auch
sie müssen sich jetzt hinsetzen und anschnallen.

Zum ersten Mal seit dem Start sind die Passagiere nun
auf sich selbst gestellt. Egal, wer wie oft auf den Stewar-
dessen-Rufknopf drückt, er wird keine Hilfe bekommen.

Wer aufsteht, kriegt Schimpfe übers Mikro. Der Flugängstler hyperventiliert inzwischen, und das nicht wegen Ihrer lustigen Witze. Er gibt sein letztes Adrenalin, während
der Boden näher kommt. Evi Muggenthaler fühlt sich flau
und greift sicherheitshalber nach der kleinen Tüte. Siw
Miller-Korhonen, cool wie immer, schreibt ihre Telefon-
nummer schon mal auf ein kleines Kärtchen. Sie können
auch cool bleiben und schon einmal die letzte Seiten dieses Buches heraustrennen und in ganz, ganz kleine Fitzel-
chen reißen, die Sie in der Spucktüte sammeln können. Damit sind Sie beschäftigt und merken gar nicht, dass hinten
irgendwer tatsächlich in die Tüte kotzt, obwohl der Flieger
nicht mehr wackelt als ein Linienbus. Die Saufnasen rülp-
sen dagegen nur leise. Der Flieger rappelt, fiept, rauscht,
kracht, und bei jedem Mal winselt der Flugängstler, während das allein reisende Kind cool sagt: »Ach, das sind doch
nur die Auftriebshilfen an den Tragflächen, die jetzt ausgefahren werden. Und das war eben das Fahrwerk.« Die Furzkanone lässt nochmal ordentlich einen in die Kissen knallen, und dann setzt die Maschine auch schon auf. Wumpf
– und da. Das ist der Touchdown. Bei manchen Piloten gibt
es auch mehrere Touchdowns zum Preis von einem, wenn
der Pilot die Maschine ein paar Mal aufhüpfen lässt.

Alle atmen auf. Im Ferienflieger klatschen jetzt ein paar
Leute. Ja, das kommt immer noch regelmäßig vor. Der
Kegelklub klatscht auch im Linienflieger. Guido Fottner ist
der erste, der die Nase rümpft über diese ungebildeten Ferienflieger. Er findet, dass Klatschen nach der Landung genau so unpassend ist wie Klatschen nach dem ersten Satz
von Richard Wagners »Parsifal« oder dem zweiten Satz einer Sinfonie. Er weiß auch, dass viele Leute nicht wissen,
was damit gemeint ist. Aber Hauptsache, er hat mal wie-

der die Nase über die Idioten gerümpft. Es ist ja schick, die Bei-der-Landung-Klatscher zu dissen und doof zu finden. Warum eigentlich? Es ist doch alles gut gegangen. Pilot und Copilot haben alle Passagiere sicher und heil in eine andere Stadt, ein anderes Land, auf einen anderen Kontinent gebracht. Beim Kleinkunstabend im Bürgerhaus klatschen Sie doch schon für einen schalen Flachwitz eines Nachwuchskomikers, warum nicht jetzt? Es sollte in Wirklichkeit bei Landungen viel mehr geklatscht und gejubelt werden. Gehen Sie mit gutem Beispiel voran. Jubeln Sie laut, reißen Sie die Arme hoch, trampeln Sie mit den Füßen, und wenn Sie können, führen Sie eine Cheerleader-Choreo auf. Wenn die Leute dann nicht lachen und sich entspannen, sind sie sowieso Idioten. Rufen Sie »Zugabe!« und »Bravo!«, jauchzen und frohlocken Sie, dass Sie leben. Es wird in der Welt viel zu selten ausgelassen gejubelt, und wenn, dann doch oft aus den falschen Gründen. Freuen Sie sich, heil angekommen zu sein. Es ist ein wichtiger Schritt auf der Reise, und einer der ganz wenigen, die fast nie schief gehen. Falls doch, jubeln Sie besser nicht. Vermutlich jubeln Sie dann ohnehin nie wieder.

Bullshit-Bingo:
Sprüche zwischen Landung und Aussteigen

Spielregeln:

Vertreiben Sie sich die Zeit zwischen dem Aufsetzen des Flugzeugs auf der Landebahn und dem Aussteigen, indem Sie sich umhören, was Ihre Mitreisenden und die Stewardessen so alles sagen. Jetzt sind alle ganz aufgekratzt und schwatzen durcheinander. Streichen Sie jeden Begriff, den Sie hören, durch, und wenn Sie eine Reihe oder Spalte voll haben, rufen Sie »Touchdown!«.

Das hätten wir.	Bravo! Bravo!	So.	Sänk you for trävelling.
Jetzt ist mir schlecht.	Was hat er gesagt, wie spät ist es?	Haben wir alles?	Hol doch schon mal unsere Mäntel!
Das ging jetzt aber doch schnell ...	Puh.	Jetzt konnte ich den Film gar nicht zu Ende gucken.	Hallo? Hallo? Mama? Ja, wir sind gerade gelandet.
Doch nicht abgestürzt, höhöhö.	Die Anschlussflüge nach XY werden leider nicht erreicht.	Oh, draußen regnet's!	Ja, fährt der denn mit dem Flieger wieder zurück nach Hause?

TEST
Welcher Aussteigetyp sind Sie?

Nach der Landung kurvt das Flugzeug noch emsig auf dem Rollfeld herum. Die Stewardess macht ihre Durchsage zu Wetter und Ankunftszeit am Ziel und sagt, man solle noch so lange angeschnallt sitzen bleiben, bis das Flugzeug die endgültige Parkposition erreicht hat. Und das Handy soll bitteschön bis dahin auch ausgeschaltet bleiben. Kaum steht das Flugzeug, geht ein Gerenne los, als würden die ersten zehn Leute, die aussteigen, einen Hotdog gratis bekommen. Ganz Eilige reißen sogar die Notausgangstüren auf, lösen die aufblasbare Notrutsche aus und springen ins Freie. Andere Leute bleiben hocken, als wären sie in der Bahn und müssten erst beim nächsten Halt aussteigen. Welcher Aussteigetyp sind Sie und woher kennen andere Leute im Flieger Sie schon? Finden Sie es heraus!

Wie lautete Ihr Spitzname in der Grundschule?
A) Rambo.
B) Tüftelinchen.
C) Bambi.
D) Schlummerle.

Sie haben im Supermarkt nur einen Joghurt zu bezahlen, aber die Schlange an der Kasse ist elendslang. Was tun Sie?
C) Mich anstellen wie alle anderen auch.
B) Höflich fragen, ob ich vor darf, und den Joghurt dann mit lauter Zwei-Cent-Stücken bezahlen, die ich sorgfältig aus der Geldbörse krame.
A) Den Joghurt irgendwo abstellen und wieder gehen.
D) Mich schon mal an der zweiten Kasse anstellen, die bestimmt gleich aufgemacht wird.

Was würden Sie niemals tun?

D) Jemandem eine Ohrfeige geben.

A) Eine Schildkröte kaufen. **C)** Bungee springen.

B) Aquarelle malen.

Haben Sie oft Streit mit anderen Leuten?

B) Nein, ich bin ein Freund der gepflegten Argumentation und sauberer Diskussionen. Das ist kein Streit.

C) Nö, wieso?

D) Wenn zwei sich streiten, freut sich der dritte, also ich.

A) Andauernd, weil andere Leute einfach alle Idioten sind.

Halten Ihre Arbeitskollegen Sie für einen geduldigen Menschen?

C) Keine Ahnung, das war bei uns noch nie ein Thema.

A) Sie wissen, dass »Ungeduld« mein Mädchenname ist und reizen mich gar nicht erst.

D) In Wirklichkeit bin ich ungeduldig, habe es aber geschafft, dass mich die Kollegen für geduldig halten, das bringt mir Vorteile.

B) Ja, ich bin für meine Engelsgeduld und Genauigkeit im ganzen Betrieb bekannt.

Neigen Sie dazu, zu früh zu kommen?

A) Natürlich nicht! Was glaubt ihr denn? Nein!

B) Nein, ich bin bei Verabredungen immer pünktlich.

D) Wer zu früh kommt, den bestraft das Leben.

C) Manchmal schon, aber das geht doch allen so.

Welche Droge ist Ihre liebste?

B) Marihuana. Aber nicht weitersagen.

D) Heiße Schokolade.

C) Wodka Bull.

A) Speed.

Welches ist Ihr Lieblingstier?
D) Faultier.
A) Gepard.
C) Kuh.
B) Chamäleon.

Welche Sportart betreiben Sie?
C) Schwimmen.
D) Angeln.
B) Schach.
A) Boxen.

Auswertung:
Überwiegend A: Der Eilige
Der Eilige ist ein Macher, ein aktiver Mensch und einer, der keine Zeit verplempert, erst recht nicht mit trödelnden Leuten. Er lässt sich von nichts aufhalten. Das Anschnallzeichen ist noch nicht ganz erloschen, da springen Sie schon von Ihrem Sitz auf. Sie wollen keine Zeit mehr verlieren und vor allen anderen Trödelmaxen am Ziel, dem Terminal, sein. Daher sitzen Sie auch auf einem Gangplatz – Sie wollen durchstarten können. Sobald das Anschnallzeichen erlischt, reißen Sie das Gepäckfach auf, holen Ihren Trolley hervor und wetzen schon mal nach vorne in Richtung Ausgang. Sollen die anderen sich ruhig im Gang verkeilen, Sie sind dann schon mal weg. Woher die anderen Passagiere diesen Aussteigetypus kennen? Aus dem Theater oder Konzert. Es sind die Leute, die direkt nach dem Ende der Vorstellung aufspringen, anstatt zu applaudieren, und aus dem Saal rasen, damit sie vor allen anderen ihre Jacken an der Garderobe abholen können. Sie verpassen lieber die Zugabe, als ein paar Minuten anzustehen.

Überwiegend B: Der Gründliche
Nur keine halben Sachen machen und nur nicht hetzen, das ist das Lebensmotto des gründlichen Menschen. Es gilt für alles, was er tut. Wenn er aus seinem Sitz aufsteht und sich in den Gang stellt,

pflanzt er sich breitbeinig auf, streckt sich erstmal und schmatzt ein wenig mit den Lippen. Dann öffnet er die Gepäckablage, holt seine Tasche heraus, stellt sie in den Gang, dann packt er sorgfältig all die Kleinigkeiten in die Tasche, die er an seinem Sitz dabei hatte. Dann sieht er nach, ob er nicht noch etwas in der Ablage vergessen hat. Ach ja, die Duty-free-Tüte. Noch die Jacke anziehen und sorgfältig die Schuhe binden – fertig. Dass es hinter dem Gründlichen nicht weitergeht und die Leute im Gang vor Wut schon schwarze Wolken über den Köpfen haben, fällt ihm gar nicht auf.

Auch diesen Typus kennen die Mitreisenden aus dem Alltag – von der Supermarktkasse. Das ist der Kerl vor ihnen, der drei Sachen gekauft hat und trotzdem länger braucht, als Otto Normaleinkäufer bei einem samstäglichen Großeinkauf. Nach dem Zahlen packt er seelenruhig sein Wechselgeld ein, steckt seinen Geldbeutel weg und überlegt dann, in welche Taschen seines Rucksacks er seine drei Sachen stecken will. Dass bereits die Waren des übernächsten Kunden kassiert werden und er aus Versehen die saure Sahne eines anderen Kunden miteingepackt hat, bemerkt er dabei nicht.

Überwiegend C: Der Mitgeher

Nicht zu viel Aufwand treiben, immer höflich sein, nicht auffallen, anderen nicht im Weg herumstehen: Der Typ Mitgeher ist ein angenehmer Aussteiger. Er lässt die Eiligen vor, hat aber selbst keine Lust, einen Sitzenbleiber partout vor sich einfädeln zu lassen. Er findet: Wenn sich alle an die Regeln halten würden, gäbe es nirgendwo Probleme. Da er selbst eher schüchtern ist und sich auch nur ungern über die Maßen anstrengt, käme es ihm nie in den Sinn, die Regeln zu brechen oder sich in den Vordergrund zu schieben. Er hat seinen Kram beisammen, greift sich schnell die Tasche und fädelt sich ohne zu drängeln in die langsam dahintrottende Schlange im Gang ein. Er macht auch sonst gerne, was die anderen machen, solange es im Rahmen des Erlaubten ist. Der Mitgeher ist Mainstream, aber mit Prinzipien. Auch diesen Menschentypen kennt man: Er steht als Pärchen beim Helene-Fischer-Konzert irgendwo in den mittleren Reihen, trägt Jeans und

Bluse/Hoodie und Sneakers/Stiefeletten mit pfiffigen Schnallen – und er sieht aus wie die meisten Arbeitskollegen, die so in der Kantine herumsitzen.

Überwiegend D: Der Sitzenbleiber

Er scheint auf den ersten Blick faul, aber dieser Menschentyp ist ein unauffälliger Stratege und Durchblicker. Er lacht über die Eiligen, weil er weiß, dass die ohnehin noch minutenlang vor der verschlossenen Flugzeugtür stehen und warten müssen, bis die Treppe oder der Aussteigerüssel herbeigefahren sind. Er weiß genau, welcher ältere Herr seinen Rucksack so schwungvoll schultern wird, dass er dem Techie mit Schmackes ins Gesicht fliegt. Er erkennt den Gründlichen schon von weitem. Und er bleibt sitzen, weil Gedränge nicht sein Ding ist, wenn es sich nicht lohnt. Und das tut es im Flieger nicht, da sich nach dem Aussteigen sowieso alle wieder am Gepäckband treffen. Warum also die Hektik? Die Schokoladenherzen, die Stewardessen mancher Airlines beim Aussteigen verteilen, reichen ja ohnehin für alle.

Den Typen kennen im Alltag auch alle: Es ist der, der als »dringend« markierte E-Mails erst nach ein paar Tagen und auch dann nur auf Nachfrage beantwortet. Der erst ans Telefon geht, wenn jemand zum zweiten Mal anruft, und auch dann nur nach dem fünfzehnten Klingeln. Es könnte immerhin sein, dass sich etwas von selbst erledigt. Leider ist es auch der, der zu jeder Verabredung zu spät erscheint, weil er damit rechnet, dass auch die anderen zu spät kommen, und er nicht warten möchte. Besser, die anderen warten und haben Stress – das ist sein Motto.

Im Niemandsland:
Transfer und Gepäckabholung

Angekommen! Den Fuß auf den Boden gesetzt, die Schultern gestrafft, die Augen glänzend, die Unterlippe bebend – die Fluggäste können es kaum fassen, dass die Erde sie wieder hat. Doch der Ort, an dem sie sich jetzt wiederfinden, ist nicht das Paradies, nicht die Heimatstadt und auch nicht das Urlaubsziel. Es ist ein Un-Ort, ein Nicht-Ort. Ein Ort, an dem man nicht sein will und auch nicht bleiben kann oder soll: der Ankunfts- und Transferbereich eines Flughafens. Ihn gibt es eigentlich nicht, denn er gehört nicht einmal wirklich zu dem Staat, auf dessen Boden er sich befindet. Man braucht keinen gültigen Pass, um dieses Niemandsland zu betreten, und kann sich dort auch nicht niederlassen. Er ist nicht gemacht, damit Sie hier verweilen oder sich wohl fühlen, und doch bleibt man regelmäßig dort hängen – entweder, um auf das Gepäck zu warten, oder, um einen Anschlussflug zu bekommen.

Schilder, die an der Decke angebracht sind, sagen den Passagieren, die sich aus dem Aussteigerüssel quälen und nach Luft schnappen, wo es hingeht: »Transfer« und »Baggage Claim«. Seltenreisende kippen auch hier wieder ihren Kopf in den Nacken und bleiben erstmal stehen. Gucken links, gucken rechts, sagen »Achso« und »Aha«, obwohl sie eigentlich nur hinter den anderen Leuten herlaufen müssten.

So viel zur Theorie. Praktisch ist es so, dass einige unten an jeder Rolltreppe stehen bleiben und diskutieren, ob das denn jetzt die richtige Rolltreppe ist – so lange, bis die Leute hinter ihnen zu zetern und zu schubsen beginnen. Oben an der Rolltreppe stehen dann noch Leute von vorhin, die sich orientieren, anstatt weiterzugehen, so dass das Geschubse weitergeht. Um den ersten Gepäckwagen, den die Leute entdecken, gibt es eine Schlägerei, denn keiner hat Lust, seine Handtasche die nächsten drei Kilometer lang zu tragen – so weit ist üblicherweise der Weg durch fensterlose Gänge mit Teppichbodenbelag aus den 80er Jahren, den es vom Flieger bis zum Gepäckband oder Transferbereich zurückzulegen gilt. Ausgeschlagene Zähne säumen die Strecke. Mancher lässt seinem aufgestauten Frust freien Lauf, denn hier gibt es keine Stewardessen oder Air Marshals, die ihn bremsen würden. Auf dem Weg durchs Niemandsland sind die Passagiere sich selbst überlassen und können nun in manch dunkler Ecke auch endlich Rache an den Sitznachbarn des Grauens nehmen. In den Ankunftsbereichen des Flughafens Chicago O'Hare werden jedes Jahr drei Menschen entdeckt, die in Toilettenschüsseln ertränkt wurden – man vermutet als Tatmotiv, dass die Opfer auf einem Langstreckenflug Furzkanonen oder Aufs-Klo-Geher waren. Jetzt haben auch Sie Gelegenheit, Dampf abzulassen. Sie können Ihrem Sitznachbarn ein Bein stellen, Ihren letzten Apfel nach der Saufnase werfen, aus Protest gegen das Gedränge laut einen fahren lassen. Oder Sie bleiben einfach stehen, trennen die letzte Seite aus diesem Buch heraus und reißen sie in kleine Fetzelchen. Die werfen Sie dann in in die Luft, rufen »Narri-Narro«, »Helau« oder »Alaaf« – und schon ist die Stimmung besser. Wenn Sie diese Möglichkeit zur Aufmunterung und Ablenkung bereits beim Landeanflug genutzt haben, müssen Sie wohl doch einen fahren lassen.

In den langen Gängen steht kein Mobiliar (würde zertrümmert oder auf Leute geworfen werden), es befinden sich dort keine Geschäfte (würden geplündert), maximal ein vandalismussicherer Automat duckt sich in einer Ecke. Stewardessen und Piloten nehmen einen anderen, viel kürzeren Weg. Das lange Gehen und die Möglichkeit, sich dabei aktiv abzureagieren, ist Ergebnis genialer Architekturplanung. Im Niemandsland zwischen Gate und Staatsgrenze ist alles erlaubt. Keine Polizei und kein Krankenwagen kommen zur Hilfe. Das hat einen reinigenden Effekt. Es verhindert, dass die Passagiere am Gepäckband sofort aufeinander losgehen, es entzerrt die Menschenmenge etwas und hilft, die größte Anspannung ein bisschen zu reduzieren. Die Gänge werden bewusst sauerstoffarm gehalten, damit die Leute an deren Ende matt und müde sind.

Wer nun weiterfliegen will, hält trotz der Müdigkeit die Augen auf für eine Abzweigung namens »Transfer«. Ein langer Gang führt von hier in die Abflughalle, meistens endet er an einem Informationsschalter. Erschöpft und manchmal auf allen Vieren kommen diejenigen dort an, die noch einen Anschlussflug erreichen müssen. Sie sind zu ausgelaugt, um sich am Schalter zu beschweren oder etwas zu fragen. Sie merken daher auch nicht, dass der Schalter gar nicht besetzt ist. Mit schwindender Kraft lesen einige die Tafel mit den geplanten Abflügen, bereit, nochmal einen Sprint zum Abfluggate hinzulegen, nur um festzustellen, dass der Anschlussflug Verspätung hat und erst in einer Stunde geht. Dann brechen sie üblicherweise auf einer Sitzgelegenheit zusammen.

Mit dem Anschlussflug ist es nämlich, egal wo auf der Welt, genauso wie mit der Trambahn: Man wartet immer 1,2 Mal so lange, wie die Wartezeit im regulären Takt beträgt. Die Trambahn 19 in München zum Beispiel fährt laut

Fahrplan alle zehn Minuten, außer nachts und in den frühen Morgenstunden. Im regulären Takt ist die Wartezeit also maximal 9 Minuten und 56 Sekunden lang, nämlich in dem Fall, in dem einem die Trambahn vor der Nase wegfährt. Tatsächlich kommt die nächste Tram dann aber immer genau zwölf Minuten, nachdem man an der Haltestelle eingetroffen ist.

Wenn Sie also zu denjenigen gehören, die weiterfliegen wollen und Ihr Anschlussflug eigentlich eineinhalb Stunden nach der Landung des anderen Fliegers starten soll, haben Sie ab Erreichen der Wartezone eine Stunde und 48 Minuten Zeit. Die Rechnung beginnt erst ab Erreichen der Wartehalle; die Zeit im Niemandsland zwischen Landung und Halle zählt nicht mit. Wenn Sie die von den Airlines empfohlenen zwei Stunden Aufenthalt zwischen zwei Flügen haben, müssen Sie jetzt fast zweieinhalb Stunden warten. Puh. Eingekauft haben Sie schon beim ersten Abflug und gegessen haben Sie im Flieger. Was also tun? Sammeln Sie Aufkleber. Die Schalter der Airlines haben allerlei Kofferaufkleber mit ihren Logos im Angebot. Laden Sie die umstehenden Reisenden zu einer Runde Scharade ein. Oder schnappen Sie sich eine herumliegende Zeitschrift, reißen Sie sich ein oder mehrere quadratische Stück Papier zurecht und falten Sie hübsche Origami-Schwäne. Schatz wird Sie dafür lieben! Verschenken Sie die Schwäne an Mitreisende oder platzieren Sie sie an ungewöhnlichen Orten, fotografieren Sie sie und zeigen Sie die Bilder anderen Gestrandeten auf der Facebookseite von *Wi wisch ju ä blesänd flight*: www.facebook.com/wiwischju

So geht's:

1) Ein quadratisches Stück Papier, z.B. aus dem Bordmagazin oder einer anderen Zeitschrift, einmal von Ecke zu Ecke knicken, dann die anderen Ecken nach innen falten, so dass ein »Drachen« entsteht. Den Falz glattstreichen.

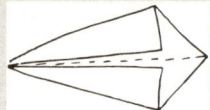

2) Jetzt wieder die äußeren Ecken nach innen falten (aber nicht bis ganz zur Mitte), sodass eine schmalere Drachenform entsteht.

3) Die Mitte nach Außen umknicken, sodass beide Hälften des »Drachens« übereinander liegen.

4) Jetzt kommt das Schwierigste: der Hals. Dazu vorne das Papier zunächst hin- und her knicken (gestrichelte Linie), dann den »Drachen« (Körper) wieder etwas auseinanderklappen und den Hals an beiden Seiten am Falz entlang nach außen bringen. Dazu die Falte mit dem Finger unten etwas eindrücken. Die Spitze dann in Richtung der geschlossenen Seiten des Papiers umlegen, so dass auf beiden Seiten die Innenseiten des Papiers nach außen gekehrt werden. Dann den Körper wieder zusammenklappen. Das braucht ein wenig Übung, aber Sie haben ja Zeit.

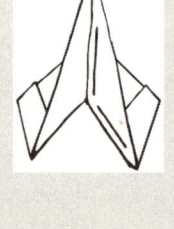

5) Dasselbe nun für das Köpfchen – und schon kann der Schwan auf die Reise durch das Terminal gehen.

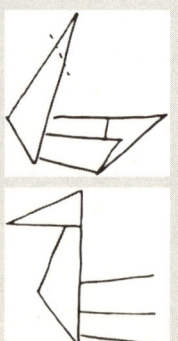

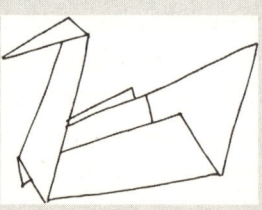

Wenn Sie auf Musik von Richard Wagner stehen, ist jetzt eine gute Gelegenheit, leise vor sich hin zu singen: »Nun sei bedankt, mein lieber Schwan! Zieh durch die weite Flut zurück, dahin, woher mich trug dein Kahn.« Vielleicht lernen Sie ja spontan andere Wagnerianer kennen?

Wenn Sie keinen Anschlussflug haben, sondern schon am Zielflughafen sind, nehmen Sie nicht die Abzweigung, sondern trotten mit den anderen weiter die langen Gänge entlang, Rolltreppen hinauf und hinunter, vielleicht steigen Sie sogar in ein Züglein ein, das Sie quer durch den Flughafen tuckert. Der eine oder andere bleibt auf der Strecke, weil er vor Erschöpfung zusammenbricht oder lang hinschlägt und von den anderen niedergetrampelt wird. Außer sich abzureagieren haben die Menschen nun nämlich auch das Bedürfnis, möglichst schnell bei der Gepäckausgabe zu sein. Die Typen, die das Gepäck ausladen sollten, hocken aber in genau diesen Minuten noch kaffeetrinkend in ihrem Pausenraum. Egal – jeder will den besten Platz am Band haben. Dafür werden schon mal Ellbogen ausgefahren. Wieder haben die Muggenthalers die Nase vorn, denn sie lassen sich auch hier mit dem Elektromobil chauffieren. Möchtegern-Trittbrettfahrer, die versuchen, auf das Elektroauto aufzuspringen, bekommen Schläge mit Heiner Muggenthalers kleinem Taschenschirm. Das Boot, äh, das Auto, ist voll. Nur wenige wissen, dass es gut ist, auf dem Weg zum Gepäckband Kraft zu tanken anstatt sich zu verausgaben. Essen Sie einen Apfel und einen Müsliriegel oder was Sie sonst noch dabei haben und atmen Sie tief durch. Denn gleich kommt der anstrengendste Teil der Reise: das Warten aufs Gepäck.

Am Gepäckband treffen sich alle wieder, die sich eben noch so intensiv bekriegt haben. Nur Guido Fottner und die anderen Nur-Handgepäck-Wichtigtuer sind schon auf und

davon. Alle anderen, auch die Superdrängler, stehen schon
in Lauerposition – und machen lange Gesichter. Wie, die
Koffer sind noch gar nicht da? Jedes Mal wieder ist die Enttäuschung groß. Langsam sollte es sich herumgesprochen
haben, dass das Gepäck nur in Entwicklungsländern schneller am Band ist als die Flugpassagiere. Denn da warten am
Band schon selbsternannte »Aufpasser«, die die Gepäckstücke unter sich aufteilen, sich daraufsetzen und nur gegen
eine »Aufpassgebühr« oder eine Tracht Prügel wieder her-
ausrücken. Wie gesagt, im Niemandsland ist alles erlaubt.
Auch sich zu benehmen wie eine Bullenherde am Gatter: Die
Herren stehen schnaubend vorne am Band, die Frauen direkt hinter ihnen mit dem Gepäckwagen im Anschlag, bereit, andere damit wegzuschubsen, falls diese ihnen die Position streitig machen wollen. Die Bickelbachers machen es
genauso, aber sie sehen schon etwas mitgenommen aus. An
Leon-Lucas Hasenrucksack fehlt ein Ohr. Der Techie zwinkert Sarah Bickelbacher zu. »Ah, da kommt ja das Gepäck«,
sagt Vater Axel, aber das Band bewegt sich noch nicht einmal. Denn erst, wenn alle da sind, setzen sich die Typen in
ihrem Pausenraum in Bewegung, zockeln mit ihrem kleinen Züglein raus zum Flugzeug und beginnen, das Gepäck
zu entladen. Einer der Superdrängler bekommt jetzt schon
Krämpfe im Oberschenkel, weil er der Erste am Band war
und seitdem in »Auf-die-Plätze«-Kniebeuge verharrt hat, genau an der Stelle, an der sich ein dunkles Maul öffnet, aus
dem gleich die Koffer kommen werden. Die Muggenthalers
sagen »Platz da, Entschuldigung«, steigen über den sich am
Boden windenden Superdrängler und erobern so den besten Platz. Sie können es sich derweil auf einer Wartebank
gemütlich machen und erstmal die Akkus Ihrer elektrischen
Geräte aufladen. Sollte es keine Steckdose geben, ziehen Sie

für die Zeit einfach den Stecker des Getränkeautomaten
raus und nehmen dessen Steckdose. Sortieren Sie den Proviant, den Sie noch haben: Äpfel, Bonbons oder Riegel? Genießen Sie dann die Unterhaltungsshow, die sich Ihnen am
Band bietet. Ein reisendes Pärchen hat unterwegs getrödelt,
und jetzt ist kein Platz in der ersten Reihe am Band mehr
frei. Der Mann macht aber einen auf Macker und drängelt
sich trotzdem nach vorne, seinen Schatz mit dem Gepäckwagen im Schlepptau. Das wiederum findet die Kleinfamilie neben ihnen am Band »totaaal rücksichtslos und so«, weshalb
die Frau ihrem Mann von hinten das schreiende Kleinkind
reicht, das der dann so auf dem Arm hält, dass es dem Vor-
drängler genau ins Ohr kreischt. Man sieht dem Vordräng-
ler an, dass er seinen Kinderwunsch in diesem Moment re-
vidiert. Sarah Bickelbacher reicht ihrem Mann ebenfalls das
Kind, weil sie auf die Toilette gehen möchte. Aus dem Augenwinkel sehen Sie, wie der Techie mit breitem Grinsen ebenfalls auf die Toilette zusteuert. Eine ältere Dame, die ein wenig so aussieht wie das Orakel in »Matrix«, geht durch die
Reihen und bietet blaue und rote Pillen, Aspirin und Kondo-
me zum Kauf an. Sie lebt seit Jahren hier in der Ankunftshalle und versorgt sich aus Koffern, die ankommen und
nicht abgeholt werden, mit Kleidung und allem Notwendi-
gen des täglichen Bedarfs. Was sie nicht braucht, verkauft
sie an die Wartenden. Ihren Namen und ihre Herkunft hat
sie vergessen, daher kann man sie auch nicht nach Hause
zurückbringen. Man munkelt, dass sie Australierin ist, aber
Genaues weiß man nicht, denn sie ist wirklich schon lange
hier. Die alte Dame setzt sich irgendwann neben Sie – denn
es ist wirklich selten, dass jemand die Bank wählt und nicht
vorne in der Menschentraube am Band steht. »Möchten Sie
eine Galizoppe kaufen?«, fragt die alte Dame. Ja, das Leben

im Niemandsland der Ankunftshalle ist tatsächlich nicht nur brutal, sondern auch bizarr und surreal. Sie kommen ins Gespräch und tauschen Ihren Apfel gegen einen historischen Kofferaufkleber aus Äquatorialguinea. »Kennen Sie eigentlich meinen Cousin Tafari Makele?«, fragt die alte Dame, als sie erfährt, woher Sie kommen. »Er trainiert für die Meisterschaft im Gate-Running. Vielleicht haben Sie ihn gesehen?« Die Welt ist, wie immer, ein Dorf.

Die alte Dame klopft Ihnen auf die Schulter und schlurft davon. Während Sie versonnen hinter der Dame herblicken, sehen Sie schwarze Limousinen herankurven. Aus einer steigt Cyril Steyner. Die Gäste der First Class sind nun, nachdem alle anderen schon dreißig Minuten am Gepäckband stehen, ebenfalls eingetroffen. Es kann nun nicht mehr lange dauern, bis die Gepäckstücke von Cyril Steyner und seinen Mitreisenden ankommen. Jetzt erblicken einige Leute vom Band Sie, die Sie da gemütlich auf der Bank sitzen. Einige lösen sich aus der Menschentraube und betteln Sie mit Tränen in den Augen um einen Riegel oder Apfel an – der Kampf am Band fordert alle Reserven. Mit null Aufwand bessern Sie Ihre Reisekasse auf, indem Sie nun einen kleinen Handel mit allem eröffnen, was Sie aus dem Handgepäck entbehren können. Ihr Schatz schafft es sogar, das in einem kleinen Plastikbecher zum Aufreißen abgefüllte Wasser aus dem Flieger für ein paar Euro an den Mann zu bringen. Denn komischerweise geht der Getränkeautomat nicht.

Sobald Cyril und die anderen feinen Firstclass-ler das Band erreicht haben, macht es einen Ruck und setzt sich knarrend und quietschend in Bewegung. In die Menge am Band kommt Unruhe, es wird gedrängelt, geschubst und gejauchzt. Einer vom Kegelclub macht sich den Spaß und springt joggend auf das Band auf, als wäre er im Fitnessstudio. Als Erstes erscheint aus dem dunklen Maul ein orangefarbener Plastikkoffer. Alle starren ihn an, aber keiner nimmt ihn vom Band. Dann kommen aus einem anderen Maul die Gepäckstücke der First-Class-Passagiere. Die Unruhe wird größer, denn jetzt sind die, die dachten, den besten Platz am Band zu haben, plötzlich am Weitesten vom dunklen Ausgabemaul entfernt. Es geht dann erstmal zu wie im Autoscooter – alle wollen schneller als alle anderen mit Schatz, Kind und Gepäckwagen zum anderen Ende des Bandes. In Städten mit großen Flughäfen gibt es deswegen übrigens Chirurgen, die sich auf Unterschenkel- und Knöchelfrakturen durch stumpfe Gewalteinwirkung von außen spezialisiert haben. Cyril ist einer der ersten, der seinen Koffer bekommt, aber er sieht irgendwie bedrückt aus. Sein Anzug und sein Gesicht sehen etwas verknittert aus. Er kommt auf Sie zu und fragt: »Haben Sie auch Blumen?« Sie können ihm jetzt das Schokoladenherz vom Aussteigen, Ihr kleines Stofftier oder einen Origami-Schwan (siehe Seite 232) verkaufen – aber tun Sie das nur, wenn Ihnen Cyril zusätzlich auch seinen »Priority Baggage«-Aufkleber für Ihre Sammlung schenkt.

Als Cyril davontrottet, sehen Sie, wie Sarah Bickelbacher und der Techie gemeinsam aus der Toilette kommen. Axel Bickelbacher hat sich vorne gerade einen neuen Platz erkämpft. Alle sind in Habachtstellung. Der orangenfarbene Koffer fährt gerade mal wieder vorbei. Jetzt können Sie und Ihr Schatz ganz bequem an die Stelle gehen, an der sich vorher alle drängten. Das Band bleibt nochmal kurz stehen, ruckelt wieder an – und dann quellen gleichzeitig aus vier Öffnungen die Koffer und Taschen von drei Flügen. Die Leute in der Halle schwirren durcheinander wie ein aufgescheuchter Vogelschwarm. Hätten die Leute nicht schon im langen Gang vom Gate in die Halle Dampf abgelassen, gäbe es spätestens jetzt Tote. Die Menschen stürzen übereinander und treten sich gegenseitig, um an ihr Gepäck zu kommen. Statistisch gesehen gibt es nirgendwo so viele Schürfwunden wie am Gepäckband, nicht einmal beim Motocross, konstatiert eine Studie, die unlängst im medizinischen Fachmagazin *The Lancet* veröffentlicht wurde.

Um unverletzt zu entkommen, bleiben Sie ganz ruhig stehen und warten einfach, bis Ihr Gepäck am Band an Ihnen vorbeitreibt. Sie erkennen es ja an dem schicken personalisierten *Wi wisch ju ä blesänd flight*-Kofferanhänger. Während alle anderen noch durcheinanderspringen, sich um identisch aussehende Schalenkoffer streiten, sich Rucksäcke um die Ohren hauen und den orangenen Koffer, der gerade wieder vorbeikommt, verfluchen, könnten Sie jetzt schon zum Ausgang gehen – wenn denn auch der Koffer von Ihrem Schatz endlich vorbeikäme. Sie beobachten, wie Cyril Steyner, der gewartet hat, bis Siw Miller-Korhonen Dienstschluss hat, vor ihr auf die Knie geht und ihr ein kleines, niedliches Stofftier überreicht. Aber das ist Ihnen jetzt auch egal. Sie warten. Sie ärgern sich ein wenig darüber, dass Sie all Ihren Proviant verkauft haben. Da, schon wieder dieser orangefarbene Koffer! Ihr Schatz zetert, dass das ja klar war. Aber es hilft nichts. Wenn das Band stehen bleibt, alle anderen Leute schon weg sind und in der Halle das Licht ausgeschaltet wird, sollten auch Sie sich in Richtung Ausgang bewegen. Irgendwo finden Sie, wenn Sie Glück haben, einen Schalter Ihrer Airline oder des Flughafens, wo Sie das fehlende Gepäck reklamieren können. Die »Baggage Tag«-Quittung klebt ja in Ihrer Aufklebersammlung auf Seite 70. Am Schalter können Sie wählen, ob Sie den Koffer am letzten Tag Ihrer Reise ins Hotel geliefert bekommen möchten oder ob Sie ihn einfach gleich für die Rückreise nach Hause einchecken wollen.

Gibt's ja wohl:
Die zehn absurdesten Gepäckpannen der jüngeren Luftfahrtgeschichte

Trösten Sie sich – jeder hat schon einmal einen Koffer stehen lassen, pardon, einen Koffer verloren. Sie sind in bester Gesellschaft, denn auch prominenten Reisenden passieren täglich Gepäckpannen. Bevor Sie sich zu sehr ärgern, versuchen Sie lieber herauszufinden, welche dieser zehn Gepäckpannen tatsächlich passiert sind. Können Sie es erraten? Tipp: Die Wirklichkeit ist meist absurder als alles, was man sich ausdenken könnte. Kreuzen Sie an, was Sie denken.

1. Eine Airline hat einen Koffer voller Frauenkleidung in Männergrößen verschlampt und an den Frankfurter Flughafen geliefert. Weil niemand den Koffer abholte, landete dieser bei »stern.tv« und wurde versteigert. Anhand der anderen Accessoires im Gepäck, die zusätzlich zu den Frauensachen im Fernsehen gezeigt wurden, konnte die Fernsehzuschauerin Irmgard B. aus Hamburg den Koffer eindeutig als den ihres Mannes Bernhard erkennen. Das gab mächtig Ärger.
    ☐ **wahr**   ☐ **Unsinn**

2. Der Konzertpianist Krystian Zimerman, einer der besten lebenden Pianisten, reist grundsätzlich mit seinem eigenen Konzertflügel. Er modifiziert sein Instrument selbst, damit es den für ihn optimalen Klang hat. Kurz nach 9/11 flog Zimerman zu einem Konzert in die USA. Die kontrollierenden Zollbeamten waren der Ansicht, der Steinway-Flügel habe einen eigenartigen Geruch – den von Sprengstoff. Daher zerstörten sie das Instrument sicherheitshalber. Der Pianist tritt heute nicht mehr in den USA auf.
    ☐ **wahr**   ☐ **Unsinn**

3. Der französische Industrielle Bertrand B. hatte 1967 Schmuck von hohem Wert in einen unscheinbaren Koffer gepackt und zum Mitnehmen bereitgestellt. Leider hatte sein Hausmädchen einen identischen Koffer und verwechselte die beiden Gepäckstücke, als sie wegen einer Kündigung das Haus verließ. Barnier erkrankte daraufhin an Hirnsausen und hatte allergrößte Mühe, den Schmuck wiederzubekommen.
    ☐ **wahr**   ☐ **Unsinn**

4. Der US-amerikanische Filmemacher Peter Bogdanovich vertauschte 1965 im Flughafen von Hollywood seine karierte Reisetasche mit der seines Kollegen Roman Polanski. Beide warteten am selben Gepäckband, keiner von ihnen verwendete einen Gepäck-Anhänger, da jeder dachte, er sei der einzige mit einer solch exzentrischen Künstlertasche. Beide Taschen enthielten Drehbücher. So kam es, dass Polanski beim Auspacken völlig überrascht ein Original-Skript namens »Tanz der Vampire« vorfand, und Bogdanovich anstatt dessen einen Entwurf

für eine stinklangweilige TV-Doku über einen Regisseur, den keiner kennt. Aus Wut darüber drehte Bogdanovich 1972 den Film »Is was, Doc?«, in dem gleich vier karierte Taschen vertauscht werden. Roman Polanski behauptet bis heute, nie eine karierte Reisetasche vertauscht zu haben und das Drehbuch zu »Tanz der Vampire« zusammen mit einem Kumpel geschrieben zu haben.

☐ **wahr**   ☐ **Unsinn**

5. Kevin L., ein Student aus Sachsen dachte sich nichts weiter, als er in die Außentasche seiner Reisetasche griff. Von seinem Urlaubsort Mosambik hatte er es schon bis an den Berliner Ostbahnhof geschafft. Doch außer seiner Papiere fand er in der Tasche auch einen blinden Passagier: eine Tarantel. Acht Zentimeter groß, ziemlich haarig und etwas verstört. Große Aufregung am Bahnhof, bis ein Bundespolizist den Achtbeiner mit Hilfe einer Margarinedose eingefangen hatte und ein Spinnenexperte das Krabbeltier abholen kam. Die Tarantel war vermutlich im Laderaum des Flugzeugs in die Tasche geklettert.

☐ **wahr**   ☐ **Unsinn**

6. Das Topmodel Naomi Campbell wurde 2008 im Flughafen Heathrow verhaftet. Sie hatte in der First-Class-Lounge eine ihrer drei Handtaschen verlegt, das Personal konnte ihr nicht helfen, der herbeigerufene Polizist auch nicht. Naomi erkrankte an Hirnsausen, beleidigte und attackierte den Polizisten und wurde in Handschellen abgeführt. Ob die Tasche wiedergefunden wurde, ist nicht überliefert.

☐ **wahr**   ☐ **Unsinn**

7. Eine Reise nach Hawaii – für David M., Literaturprofessor an der George-Washington-Universität, und seine Lebensgefährtin muss das regelmäßig sein. Hawaii ist ihre Trauminsel, ihr Ruhepol. David sitzt im Rollstuhl, was bei 30 vorherigen Reisen nie ein Problem war. Bei der 31. Reise fiel der Rollstuhl bei der Zwischenlandung in Phoenix/Arizona von dem Förderband, mit dem er aus dem Gepäckraum des Flugzeuges geladen werden sollte. David musste seine Reise unterbrechen, Flüge umbuchen und einen Ersatzrollstuhl finden, da sein speziell für ihn angefertigter Rollstuhl völlig zerschmettert war. Die Airline musste nicht nur seinen Rollstuhl ersetzen, sondern auch ein Ersatzmodell vom Festland aus nach Līhu'e fliegen. David forderte für den verdorbenen Urlaub auch einen Gratisflug nach Hawaii; die Airline zeigte sich in dieser Sache mäßig spendabel.

☐ **wahr**   ☐ **Unsinn**

8. Der Göttinger Mathematiklehrer Klaus V. war nach Kaschmir gereist, um endlich einmal etwas anderes zu sehen. Der Rückflug kam sehr spät am Flughafen Hannover an, so dass Klaus sich beeilen musste, um noch den Pendelbus zu erwischen. Er entdeckte erst bei seiner Ankunft zu Hause, dass sich in seiner buntkarierten Reisetasche ein fremdes Päckchen befand. Es enthielt ein seltsames weißes Pulver und eine hübsche Elfenbeinschnitzerei. Das Päckchen musste ihm jemand zugesteckt haben. Klaus streute das weiße Pulver nachts um zwei Uhr unbemerkt in den Fluss Leine und behielt die nette Skulptur. In derselben Woche wurde in einer Hannoveraner Rot-

lichtkneipe ein junger Inder mit Stichwunden hinter dem Tresen gefunden. Seine letzten Worte waren: »Der Typ war einfach zu schnell.« Der Mord wurde nie aufgeklärt.

☐ **wahr**   ☐ **Unsinn**

9. Michael H., ein Gastronom, wollte von seiner Heimatstadt München mit einer niederländischen Airline in den Urlaub nach Curacao fliegen. Wie zu erwarten, hatte die Maschine bereits beim Abflug Verspätung, so dass es mit dem Anschlussflug in Amsterdam echt knapp wurde, aber Michael hatte ja immerhin schon die Bordkarten für den Anschluss. Mit hochrotem Kopf erreichte er dann auch das Gate – wurde aber nicht an Bord gelassen, da sein Gepäck noch nicht umgeladen war. Kein Koffer, kein Flug, hieß es. Michael musste eine Nacht in Amsterdam verbringen, was ihn so ärgerte, dass er gegen die Airline klagte – durch mehrere Instanzen. Erst der Bundesgerichtshof entschied, dass Michael (wegen des Verfahrens sind Name und Beruf geändert) 600 Euro Entschädigung und der Ersatz aller Kosten zustünden, da die Airline ihn trotz Gepäckpanne hätte einsteigen lassen müssen.

☐ **wahr**   ☐ **Unsinn**

10. Die deutsche Fußball-Nationalmannschaft landete nach ihrem Sieg in Brasilien 2014 mit zwei Stunden Verspätung in Berlin. Grund: Am Abflughafen Rio de Janeiro hatte beim Beladen ein Gepäckwagen das Flugzeug gerammt und einen dicken Kratzer im Rumpf hinterlassen. Techniker mussten erst überprüfen, ob das Flug-

zeug noch startklar war. Der Fußballer Lukas P. twitterte dennoch »Grüße aus dem Siegerflieger«.

☐ **wahr**   ☐ **Unsinn**

Auflösung:

1: Unsinn 2: wahr 3: Unsinn, ist aus Louis-de-Funès-Film 4: Unsinn 5: wahr 6: wahr 7: wahr 8: Unsinn 9: wahr 10. wahr

Na toll:
Beim Zoll

Bei der Einreise in Ihr Urlaubsland ist alles ganz einfach. Das Visum haben Sie ja im Voraus beantragt, und im Koffer haben Sie nichts, was einen Zöllner aus der Ruhe bringen würde. Meistens müssen Sie ja ohnehin weder durch Zoll noch Passkontrolle, denn da die EU immer weiter wächst, gehören inzwischen auch einst exotisch-abenteuerliche Ziele wie Bulgariens Goldstrand und die von Afrikanern bewohnte Insel Lampedusa zum europäischen Binnenland. Inhaber europäischer Pässe werden überall gerne gesehen, und oft ist es nicht einmal nötig, ein Visum bei der Botschaft zu beantragen, weil Europäer in viele Länder einfach hereinschneien dürfen, wie sie mögen. Meistens sogar gebührenfrei. Anderswo hat die einfache Einreise ihren Preis: In Ägypten muss man sich vor der Einreise im Ankunftsbereich das Flughafens einen Aufkleber kaufen und ihn selbst in den Pass pappen, bevor man sich am Einreiseschalter anstellt, wo der Aufkleber dann abgestempelt wird. Man kann gleich auch noch einen zusätzlichen Aufkleber für die Sammlung kaufen.

Wer nicht mit Pass, sondern nur mit Personalausweis kommt, hat hoffentlich im Flugzeug ein Formular ausgefüllt und ein Passbild dabei, das er auf das Formular kleben kann. In Dubai braucht man weder Formular noch Visum, aber man muss am Einreiseschalter den Namen und die Adresse des Hotels parat haben, in dem man wohnen wird. Ob man die richtige Adresse gesagt hat, prüft niemand nach. Den hübschen Einreisestempel gibt's gratis. In Kuwait-Stadt gibt es den Einreisestempel an einem Kiosk im Flughafen zu kaufen – er kostet mehr als der Ägypten-Aufkleber und ist nicht so hübsch wie andere Stempel. Der Stempel aus Japan hat dieselbe Form wie der aus Kuwait, aber größere exotische Schriftzeichen. Seitenfüllende Angebervisa mit bunten Bildchen und schillernden Banderolen, mit denen Zeitgenossen wie Guido Fottner gerne herumprahlen, gibt es nur bei den Botschaften und nicht bei der Einreise.

Allerlei Grenzbeamte lassen sich aber nicht von allen dieser Visa positiv beeindrucken. Die dekorative Blumengirlande, die schillernde Landkarte und die attraktive Kalligraphie des Visums der »Islamic Republic of Iran« werden in vielen Regionen der Welt nicht entsprechend gewürdigt. Entdeckt ein Grenzer in den USA oder Israel dieses Kunstwerk, kann man sich darauf einstellen, ein paar Stunden in einem fensterlosen Kabuff zu verbringen, viele sich wiederholende Fragen gestellt zu bekommen und dann in den nächsten Flieger nach Hause gesetzt zu werden. Das kann auch demjenigen passieren, der sich für seinen Urlaub im Sultanat Oman ein paar Schweine-Landjäger und eine Flasche Korn als Notration eingepackt hat oder der vor der Einreise in die USA seine Äpfel aus dem Handgepäck nicht verschenkt oder aufgegessen hat. Ihnen passiert das aber nicht, denn Sie sind ja spätestens jetzt über alles informiert. Und wie immer – bei der Einreise geht alles glatt.

Bei der Ausreise ist auch alles fein. Die üblichen Sicherheitskontrollen, und dann geht es in den Flieger. Aber haben Sie auch an die Einreise zu Hause gedacht? Diese letzte Schwelle, bevor man wieder daheim ist? Natürlich wissen Sie, wie hoch die Freimengen bei der Rückreise in die EU sind. Sie schauen ja im Fernsehen gerne »Achtung Kontrolle! – Einsatz für die Ordnungshüter« und lachen sich scheckig, wenn irgendwelche Chinesen, die so tun, als könnten sie kein Englisch, 300 Euro Strafe zahlen müssen, weil sie drei Stangen Zigaretten und eine Dose eingelegten Käse im Koffer haben. Sowas wird Ihnen nicht passieren – oder? Wissen Sie wirklich noch genau, wie viel der ganze Kram, den Sie eingekauft haben, insgesamt wert ist? Sind Sie sicher, dass keiner merkt, dass Ihre Designer-T-Shirts nagelneu und außerdem gefälscht sind? Das merkt keiner, schließlich sehen Sie ja aus wie ein braver Bürger und werden niemals gefilzt. Das erzählen Sie mal dem Zöllner in Ihrem Heimatflughafen, wenn Sie dort nach zwei Wochen Urlaub und fünf Shoppingtouren wieder ankommen. Und dann mal kurz zur Seite gebeten werden, damit der nette Herr einen Blick in Ihr Gepäck werfen kann.

Bullshit-Bingo:
Fragen von Zollkontrolleuren

Spielregeln:

Ihr Schatz und Sie gehen durch den grünen Zollkanal und werden von einem netten Herrn in grüner Uniform ins Nebenzimmer gebeten. Dort bittet man Sie, Ihr Gepäck auf einen Stahltresen zu hieven. Das lassen Sie Ihren Schatz machen und schlagen dann diese Seite auf. Haken Sie jeden Satz ab, den Sie aus dem Mund des Zöllners hören, und wenn Sie eine Reihe oder Spalte voll haben, rufen Sie – nein, nicht »Bingo", sondern: »Das wussten wir alles nicht, ehrlich!«

Könnte ich da mal kurz reinschauen?	Sie wissen, dass die Freimenge 430 Euro ist?	Ist das Ihr persönlicher oder Ihr gemeinsamer Koffer?	Warum sind an Ihren gebrauchten T-Shirts noch die Schildchen dran?
Bisschen was eingekauft?	Wollen Sie mich veräppeln?	Ist das echtes Gold?	Wie viele Zigaretten haben Sie dabei?
Sie bleiben dabei, dass dieses iPhone nur 10 Euro gekostet hat?	Ist das etwa frischer Käse?	Wo haben Sie die Quittung?	Das ist keine Schlange, oder?
Aha. Nur Souvenirs?	Darf ich Ihren Ausweis sehen?	Und diese antiken Schmuckstücke haben Sie tatsächlich von Ihrer Tante geerbt?	Ach, so sieht eine echte Designertasche aus?

Alles wieder auf Anfang:
Meilen sammeln und einlösen

Wieder zu Hause. Endlich. Der Koffer, der bei Ihrem Rück-flug noch einen unfreiwilligen Abstecher nach Riga gemacht hat, ist inzwischen auch angekommen. Der neue Kühl-schrankmagnet, den Sie als Souvenir mitgebracht haben, hat sich gut in die Gruppe der anderen Magnete integriert, die Postkarten von unterwegs sind alle angekommen. Sie haben auch schon ein Fotobuch zusammengestellt, das Sie nun Freunden zeigen, wenn die fragen, wie denn der Urlaub war. Wenn die Freunde fragen: »Wie war der Flug?«, ant-worten Sie und Ihr Schatz: »Ach, gar kein Problem, das geht ja heute alles so leicht.« Das ist gelogen, aber wer will im Freundeskreis schon als Winselwicht gelten, wenn er auch den Weltmann geben kann?

Henry K. aus Osnabrück etwa, einer der schlimmsten Flugängstler und Angstfurzer überhaupt, haut im Freun-deskreis immer ordentlich auf die Kacke, etwa so: »Hey, ich meine, Fliegen, das ist einfach das Größte. Da kannste dich echt mal relaxen und so, halt sieben Stunden lang mal so richtig abschalten, kein Handy, Filme gucken, schön Bier-chen und so. Und wenn's mal wackelt, kannste gut einschla-fen. Fliegen, ey, das ist echt das Größte.« Daher schenk-ten ihm seine Freunde zum Geburtstag einen Rundflug im Segelflugzeug über den Teutoburger Wald. Henry überlegt nun, per Schiff nach Patagonien auszuwandern, um den Gutschein nicht einlösen zu müssen.

Sie und Ihr Schatz träumen inzwischen von einem ganz anderen Gutschein: der Meilengutschrift auf Ihrem Meilenkonto. Es ist ja nicht so, dass Sie beide zu den Rabattmarkenspießern gehören, die im Supermarkt Herzen, Nieren oder Lebern sammeln, aber die Bonusmeilen hätten Sie schon ganz gerne. Bei der Buchung haben Sie ja genau deswegen Ihre Vielfliegernummer angegeben. Aber leider – die monatlichen Meilenstandsmails melden denselben Meilenstand wie vor der Reise. Sie rufen also bei der Hotline an. Die stellt fest, dass Sie bei der Buchung eine falsche Nummer eingegeben haben – nämlich ganz offenbar die des Meilensammelprogramms der Konkurrenzairline. Aber, so flötet die Telefonstewardess, Sie können ja alle Belege nachträglich per Post einreichen. Nein, per E-Mail gehe das nicht, nein, auch wenn Sie ein eTicket hatten – bitte die Bordkarte ausdrucken und mit der Post schicken. Sie freuen sich jetzt, dass Ihr Handy am Flughafen zu Bruch gegangen ist und Ihnen die nette Finnin eine Bordkarte ausgedruckt hat, denn das komische Krisselquadrat haben Sie schon längst gelöscht. Ihr Schatz wird nun beauftragt, die kleinen Abrisse der Bordkarten suchen zu gehen. Nach einer Woche und mehreren heftigen Streitereien finden Sie eine davon als Buch-Einmerker in der Strandlektüre und eines in der rückwärtigen Hosentasche einer Jeans, die allerdings inzwischen gewaschen wurde. Gut, dass Sie zufällig jemanden kennen, der Buchrestaurator ist, der kriegt das wieder hin.

Genauso geht es mit allen anderen Belegen. Jedes Hotel, jede Autoverleihfirma, jeder Ausflugsveranstalter ist ja Mitglied in mindestens einem Meilensammelprogramm. Daher haben Sie ja auch mehrere Meilensammelclub-Mitgliedschaften – bloß nichts durch die Lappen gehen lassen. Aber all die netten, kundenfreundlichen Firmen, die Partnerprogramme von Meilensammelprogrammen sind, schaffen es nicht, die Meilen auch unaufgefordert gutzuschreiben. Selbst wenn man mit der Kreditkarte des Meilensammelprogramms bezahlt und deswegen eigentlich doppelte Meilen bekommen sollte. Ihr Schatz bügelt also mal alle Belege, die Sie auf der Reise so gesammelt haben, macht davon Kopien und schickt dann einen Ordner voller Rechnungen an die jeweiligen Meilensammelprogramme.

Die Mühe lohnt sich. Wer eifrig Meilen sammelt, kann schon bald in der Business-Class nach Dubai fliegen und muss dafür nur die Steuern und Gebühren zahlen.

Der Geizkragen und Schnorrer Martin N. aus Würzburg hat sich sogar eine Weltreise inklusive aller Hotels und Mietwagen mit Bonusmeilen finanziert – ohne dafür auch nur eine Meile geflogen zu sein. Alles, was er dafür wissen musste, hat er sich auf Meilenjunkie-Seiten im Internet zusammengesammelt. Es war eigentlich ganz einfach. Martin musste nur ein kleines Pony für seine Tochter mit der Airline-Kreditkarte bezahlen, ein Los auf Lebenszeit bei der Norddeutschen Klassenlotterie kaufen, einen beliebigen einjährigen Sprachkurs belegen, drei Wochenenden in einem Partner-Puff der Airline in seiner Nachbarschaft verbringen und eine chinesische Großmutter adoptieren. Außerdem musste er zehn Verwandte überreden, bei einem kostenpflichtigen Modelcasting teilzunehmen und allen seinen Freunden entweder professionelle Broker-Konten, Koffersets aus Oasenziegenleder, Mitgliedschaften im »Rocky-Horror-Picture-Show«-Fanclub oder Aktien einer Brauerei in Namibia aufschwatzen. Der Freundeskreis von Martin N. hat sich seit seiner Weltreise extrem verkleinert, was Martin aber ausschließlich auf seine lange Abwesenheit zurückführt.

Die Meilensammelprogramm-Manager reiben sich derweil die Hände. Ein Weltreiseticket direkt zu kaufen wäre günstiger gewesen, als ein Pony anzuschaffen. Aber so haben sie ihren ganzen anderen Kram auch gleich losbekommen.

Ihr Schatz hat das System vollkommen durchblickt und besteht darauf, nur so viele Meilen zu sammeln, bis das Guthaben für einen Kurztripp in eine europäische Hauptstadt reicht, Hotel natürlich inklusive. Sie beide nutzen also eifrig Ihre Airline-Kreditkarten, die Ihnen bei jedem Einkauf Meilen bringen, und stecken auch die Bonusmeilen Ihrer Geschäftsflüge ins Meilensparschwein.

Nur ist es mit den Bonusflügen genauso vertrackt wie mit der Buchung eines regulären Fluges: Man ist ständig auf der Suche nach dem besten Angebot. Und man weiß auch eigentlich gar nicht, wohin man will, denn die Reise ist Bonus, Extra, Luxus. Ist ein Wochenende in Wien denn des Luxus genug? Gibt es nicht noch eine bessere Reise für weniger Meilen? Wie viele Meilen braucht man wohl für eine Woche Trekking in Finnland?

Zur Inspiration haben Sie die Magazine Ihrer Lieblingsairlines als App kostenlos abonniert und aufs Tablet geladen. Manchmal blättern Sie abends auf dem Sofa ein bisschen darin herum. Sie sehen superhochaufgelöste Bilder von Skitouren im Iran, tanzenden Menschen am Strand von Bora Bora in der Südsee und Papageien in Costa Rica. Sie seufzen. Vielleicht doch wenigstens Barcelona? Oder sollten Sie vielleicht noch viel länger Meilen sammeln und doch keine Städtereise, sondern einen Abenteuertrip auf einen anderen Kontinent unternehmen? Je länger Sie Meilen sammeln und je mehr Sie Reisemagazine lesen, desto größer werden die Reiseträume. Ihr neuer Wellensittich surrt Ihnen um den Kopf und Sie denken: »Der kann noch nicht reden, aber ich könnte mal nach Australien fliegen.« Manchmal hält Ihnen Ihr Schatz Zeitschriften unter die Nase, in denen es um Kunstausstellungen in Istanbul oder Boutique-Hotels in Amsterdam geht. Da, zack!, schon haben Sie sich infiziert. Mit dem Traumreisevirus. Es ist ein fieses kleines Ding, das sich über die Augen und Ohren überträgt, wenn man Erzählungen aus fernen Ländern hört oder traumhafte Reisebilder ansieht. Das Traumreisevirus befällt Herz und Seele, entfacht Sehnsucht nach dem Anderen, dem möglichst weit Entfernten, und verwischt gleichzeitig die Erinnerungen an Ihren letzten Flug. War doch eigentlich alles ganz dufte gewesen, versichern Sie sich gegenseitig und planen Ihre nächste Reise. Die Gestalt des Virus ist eine Mischung aus Verkehrsmitteln sowie Eindrücken von fernen Orten, an die Sie immer schon einmal reisen wollten. Es kann zum Beispiel so aussehen:

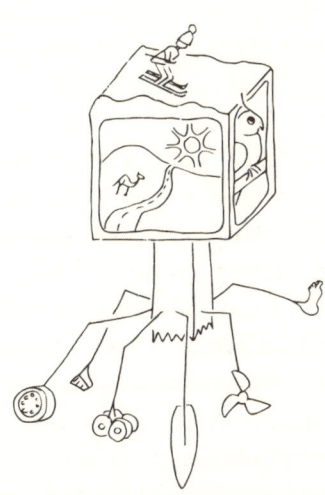

Wie sieht Ihr Traumreisevirus aus? Zeichnen Sie es hier, und dann wissen Sie auch, wo Sie als nächstes hinfliegen werden. Fliegen? Ja, fliegen. Entweder auf Bonusmeilen oder doch mit einem tollen Angebot, das Sie im Internet entdecken, damit Sie die Bonusmeilen für eine noch tollere Reise aufsparen können. Denn es geht alles wieder von vorne los, sobald Sie eine Reiseseite im Internet ansurfen. Da wartet dann schon das nächste Reisefiebervirus auf Sie. Eine Immunität gibt es nicht, im Gegenteil, je öfter Sie reisen, desto anfälliger werden Sie für neue Infektionen. Und es geht alles wieder von vorne los. Beginnen Sie, auf Seite 34 zu lesen. Und denken Sie dran: Nur Autofahren ist schöner.